绩效考核与薪酬体系设计精细化实操手册

（第二版）

史兵峰 曹艳敏 编著

新增电子商务、手游开发等
新型岗位的考核范例与薪酬体系

量化10类人员考核指标
细化各类人员考核办法
构建7类人员薪酬体系

中国劳动社会保障出版社

内 容 提 要

本书立足于解决问题，介绍了人力资源管理工作中两大主要模块——绩效与薪酬。其中，重点设计了销售、生产、采购、物流、物业、财务、行政、人力资源、电子商务、手游开发10类人员的量化指标和考核方案，详细构建了企业经营者、高层管理、中层管理、基层管理、销售、技术、研发7类人员的薪酬体系，具有较强的实操性和参考性。

本书最大的特点是理论与实践有机的结合，一方面提供了有关绩效与薪酬管理所需的模型、工具、方法；另一方面有针对性地设计了大量的绩效考核或薪酬设计的方案、示例。

本书适合于企业人力资源管理经理、绩效考核人员、薪酬管理人员、企业培训师、企业咨询师以及高校教师及学者阅读和使用。

图书在版编目(CIP)数据

绩效考核与薪酬体系设计精细化实操手册/史兵峰，曹艳敏编著. —2版. —北京：中国劳动社会保障出版社，2016

ISBN 978-7-5167-2670-9

Ⅰ.①绩… Ⅱ.①史… ②曹… Ⅲ.①企业管理-人事管理-手册 Ⅳ.①F272.92-62

中国版本图书馆CIP数据核字(2016)第231768号

中国劳动社会保障出版社出版发行

（北京市惠新东街1号 邮政编码：100029）

*

北京市白帆印务有限公司印刷装订 新华书店经销

787毫米×1092毫米 16开本 15.5印张 300千字

2016年9月第2版 2024年12月第2次印刷

定价：37.00元

营销中心电话：400-606-6496

出版社网址：http://www.class.com.cn

前　言

绩效与薪酬是人力资源管理中非常重要且是两个高度相关的组成部分，设计合理的、有激励性的薪酬有助于企业吸引和留住人才，提高企业效率；而有效的绩效考核系统不仅能督促员工提升自身综合素质，而且有助于企业的资源配置和协调，进而提升企业整体经营效益。

为感谢广大读者对本书的厚爱，同时也考虑到一些新兴行业（如电子商务、手游开发）在绩效考核与薪酬设计中遇到的实际问题，本书在保留原版精华内容的基础上，进行了一些结构调整、内容完善与更新工作，形成本书的第 2 版。

综观全书，《绩效考核与薪酬体系设计精细化实操手册（第 2 版）》主要有以下三大特点。

1. 脉络清晰，布局合理

全书分为绩效和薪酬两大部分，根据企业内部不同岗位人员的特点设计出适合他们的绩效指标体系及薪酬管理体系，并给出了相应的实例，为企业管理人员建立一套有效的绩效考核与有激励性的薪酬体系提供参考。

在绩效管理的篇章中，本书按照绩效管理的流程分为四章，其中在绩效考核实施章节中，分别对销售人员、生产人员、采购人员、物流人员、物业人员、财务人员、行政人员、人力资源人员、电子商务人员、手游开发人员共 10 类人员进行量化指标设计，并提供了参照范例和设计方案。

在薪酬管理篇章内容的安排上，从企业的基本薪酬制度设计、福利管理、薪酬体系设计、薪酬调控四方面展开，其中重点对企业经营者、高层管理人员、中层管理人员、基层管理人员、销售人员、技术人员、研发人员这 7 类人员设计出适合他们的薪酬管理体系，并对其中的一些细节问题进行了详细的描述和说明，并给出了实例，以便薪酬管理人员参考。

2. 内容优化，结构完善

本书在梳理以前内容的基础上，对基本薪酬设计相关内容进行了改正和完善，力求逻辑更加清晰，结构更加优化，内容更加全面。

本书对新兴且目前热门的行业如电子商务、手游开发等进行绩效考核量表、考核办法、薪酬管理体系的设计，为新兴行业的企业进行绩效考核与薪酬体系设计提供了可参照的范例。

3. 实用性佳，拿来即用

作为人力资源管理工作的核心内容，本书凸显了内容的丰富性、结构的完整性、理论与实践相结合的导向性等特点，将绩效与薪酬所需的模型、工具、方法加以展现，将绩效考核与薪酬设计的方案和示例加以嵌入，力求为人力资源管理工作实施提供必要指导。

本系列图书实用性与可操作性强，可以“拿来即用”，便于人力资源管理人员随时查阅和参照。

本书适合于企业人力资源管理经理、绩效考核人员、薪酬管理人员、企业培训师、企业咨询师以及高校教师及学者阅读和使用。

在本书编写的过程中，刘伟、孙立宏负责资料的收集和整理，贾月、邹霞负责本书图表编排，李艳参与修订了本书的第 1 章，郭蓉参与修订了本书的第 2 章，王淑敏参与修订了本书的第 3 章，李金山参与修订了本书的第 4 章，权锡哲参与修订了本书的第 5 章，刘俊敏参与修订了本书的第 6 章，董连香参与修订了本书的第 7 章，刘仙梅参与修订了本书的第 8 章，全书由史兵峰、曹艳敏统撰定稿。

目　录

第 1 章

绩效考核与绩效管理

绩效考核也称绩效考评、绩效评估，是针对企业中每个员工所承担的工作，应用科学的方法，对员工的工作行为、工作效果及其对企业的贡献或价值进行考核和评价。

绩效管理是以绩效考核为基础的人力资源管理的子系统，它表现为一个有序的复杂的管理活动过程，它首先要明确企业与员工个人的工作目标，并在达成共识的基础上，采取行之有效的管理方法。

绩效考核与绩效管理是两个不同层次的概念，绩效考核只是绩效管理的一个环节，两者之间的主要区别见表1—1。

表1—1　　绩效管理与绩效考核的主要区别

绩效管理	绩效考核
关注未来绩效的提升	反映过去的绩效，侧重于对员工的评价
侧重管理者的辅导，员工的参与、相互沟通的过程	侧重于上对下的评估行为
注重评估结果和过程	注重评估结果
属于企业管理的程序	属于人力资源管理的程序
是一个循环往复的过程	是绩效管理的环节之一

1.1　绩效考核

绩效考核作为企业人力资源管理的重要内容，对于任何企业而言都是一项十分重要的工作。绩效考核的主要作用有以下几点：

1. 有利于提高企业的劳动生产率和竞争力。
2. 为员工的薪酬管理、职务调整提供依据。
3. 为企业的招聘和培训工作提供方向。
4. 有助于员工更好地进行自我管理。
5. 提高员工工作业绩和满意度。
6. 为人力资源开发与管理决策提供信息。

1.1.1　绩效考核的内容

企业对于员工的考核应从多方面、多角度展开。员工的品德、能力、态度、业绩、个性、适应能力等均可作为绩效考核的内容。通常情况下，绩效考核的内容大体可以归纳为以下三个方面，如图 1—1 所示。

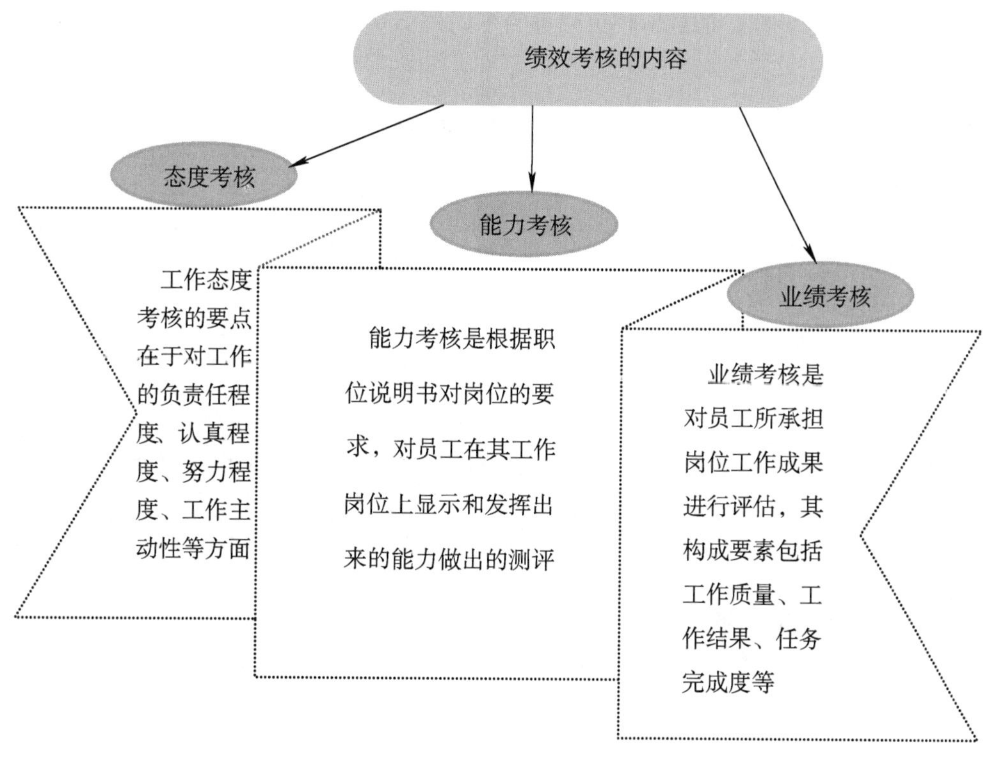

图 1—1　绩效考核的内容

1.1.2　绩效考核的原则

有效的绩效考核应该能够帮助组织、管理者、员工获取成功。在进行绩效考核过程中，应注意把握以下原则，如图 1—2 所示。

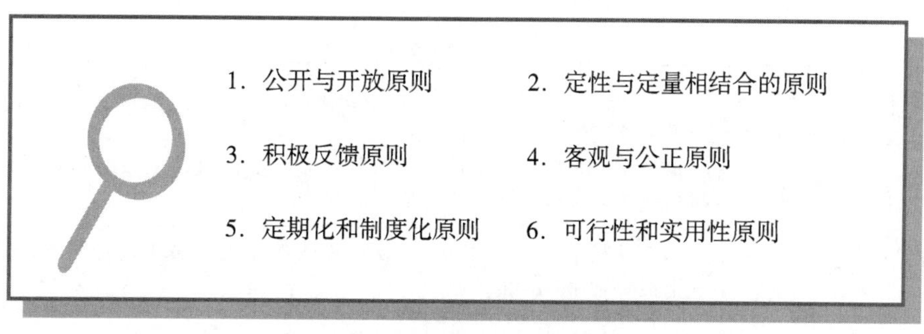

图 1—2　绩效考核中应把握的原则

1.1.3 绩效考核的类别

按照不同的划分标准，绩效考核可划分为不同的类别。绩效考核常用的划分标准和类别见表1—2。

表1—2　　绩效考核的划分标准和类别

划分标准	绩效考核类别
考核性质	定性考核、定量考核
考核时间	日常考核、定期考核、不定期考核、长期考核
考核内容	工作态度考核、工作能力考核、工作业绩考核等
考核目的	例行考核、晋升考核、转正考核等
考核主体	上级考核、自我考核、同事考核、下级考核、客户考核等
考核形式	口头考核与书面考核、直接考核与间接考核、个人考核与集体考核等

1.1.4 绩效考核的管理

1. 选择适当的考核工具

在绩效考核中有多种考核方法可供使用，但在大量考核方法中做出选择，需要对考核工具的实用性、考核所花费的成本、被考核者的工作性质等因素加以综合考虑。

2. 确定合适的评估主体

现代企业中，绩效考核的评定方式主要有以下几种，见表1—3。

表1—3　　绩效考核的评定方式

评估主体	具体内容
直接上级评估	由员工的直接上级对员工进行评定，然后由直接上级的领导对评定结果做出复核，以减少肤浅或有偏见的评估结果
同事评估	同事从员工领导能力、人际交往能力等角度对员工进行绩效评估，以补充上级评估中存在的不足
自我评估	员工在综合绩效考核前针对自己的绩效水平填写评估表
小组考核	将小组成员的工作看成一个整体来考核，以小组考核的结果来替代对员工的考核

续表

评估主体	具体内容
下级考核	下级对上级的授权、计划、组织、沟通等方面的能力进行考核
客户考核	客户从服务对象的角度出发，对员工进行考核

3. 明确考核中存在的问题

绩效考核实施中不可避免地会出现一些问题，影响绩效考核结果的公正性和客观性。在绩效考核实施过程中，应分清问题的不同性质，以便找到行之有效的解决办法。

（1）绩效考核系统本身的问题

由于在实施绩效考核体系时，存在着诸如信息不完全、信息不对称、个人能力和理解有限等客观因素的干扰，考核系统本身存在一些问题，图 1—3 列举了绩效考核系统本身存在的部分问题。

1. 绩效考核标准不完善
2. 绩效考核程序不健全
3. 很难考核创意的价值
4. 很难考核团队工作中的个人价值
5. 评估者的主观因素易导致绩效考核的偏差

图 1—3　绩效考核本身存在的问题

（2）其他因素造成的误差

除绩效系统外，偏见因素、晕轮效应误差、近因误差、感情效应误差、暗示效应误差等因素均对绩效考核产生一定影响，导致绩效考核的偏差。

4. 减少绩效考核中的误差

绩效考核中的误差导致绩效的可信度、有效度大打折扣，因此应采取有效措施减少误差，使考核的有效性达到最大化，确保绩效考核目标的实现。通常情况下，企业可采取以下措施减少误差，如图 1—4 所示。

1. 消除对绩效考核功能存在的疑虑
2. 确定明确的绩效标准，并明确绩效标准的特征
3. 设定适当的绩效考核实施程序
4. 注重绩效考核结果的反馈和面谈
5. 进行员工自我考评，以减少与上级摩擦

图 1—4　减少绩效考核误差的措施

1.2　绩效管理

绩效管理是一个完整的系统，主要包括制订绩效计划、绩效实施与管理、开展绩效评估、进行绩效面谈与反馈四个环节，图 1—5 展现了这四个环节之间的联系。

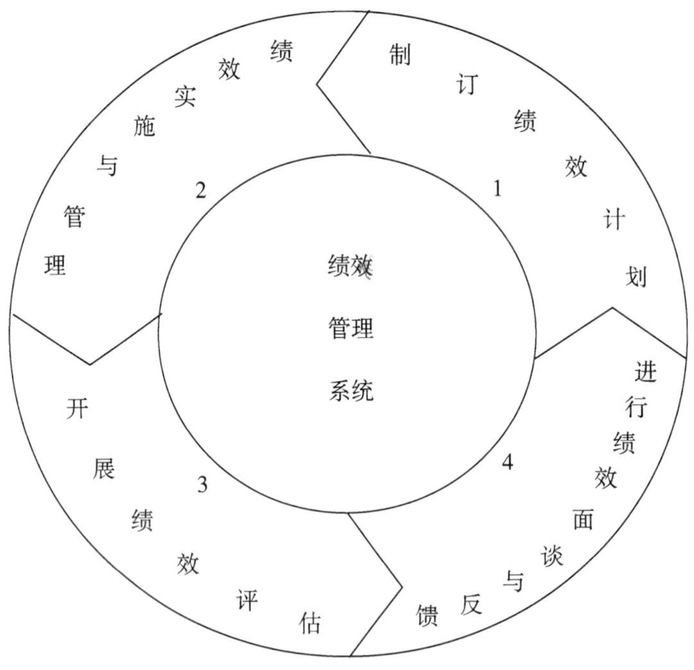

图 1—5　绩效管理循环系统

1.2.1　制订绩效计划

制订绩效计划是在绩效管理开始前，由管理者和被管理者共同讨论确定员工考核期内应该完成的工作和达到的绩效水平的过程。作为绩效管理的起点，它的主要内容包含以下两个方面。

1. 明确绩效计划目标

绩效计划目标是在绩效考核期间内所要达到的工作目标。它的设立是公司目标、期望和要求的责任传递过程，同时也是牵引工作前进的前提。

（1）绩效计划目标的来源

绩效计划目标与岗位 KPI 一样，来源于部门目标的层层分解和职位应负的责任。绩效计划目标通常有以下三个方面来源，如图 1—6 所示。

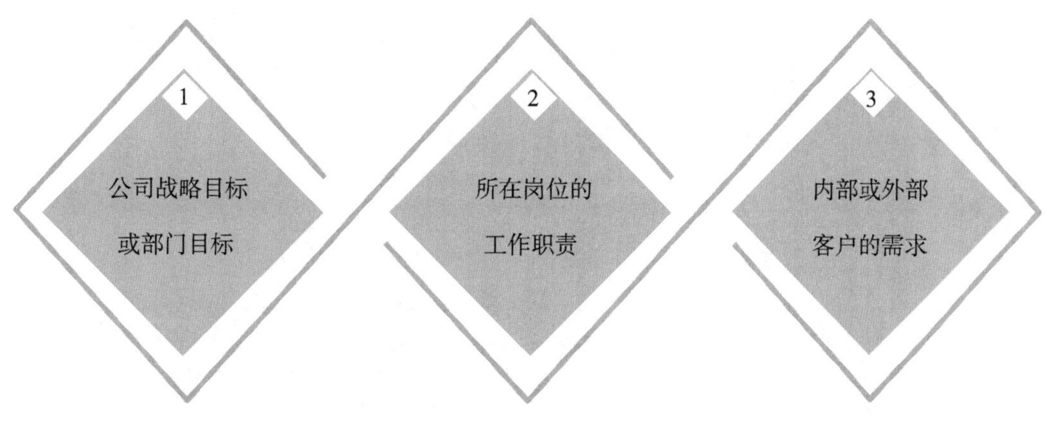

图 1—6　绩效计划目标的来源

（2）绩效计划目标的内容

绩效指标包括 KPI 和行为指标两部分，因此，绩效计划目标也应分为针对 KPI 的绩效计划目标和针对行为指标的绩效计划目标。

（3）绩效目标的设定

为了确保各级绩效目标得以恰当设定，绩效目标的设定除了可以参考其他绩效评估方法所使用的绩效指标设计的原则外，还必须注意四点要求（见图 1—7）。

（4）绩效计划目标的衡量标准

绩效目标是在特定时间内，按数量或质量标准对需要实现的结果所进行的陈述。通常情况下，绩效计划的衡量标准主要包括数量、质量、成本、时限等方面，详情如图 1—8 所示。

（5）绩效目标的设定方法

目标的设定方法一般分为传统的目标设定方法和参与式目标设定方法两种，详情见表 1—4。

1. 目标必须与在更高的组织层次上所设定的目标相一致
2. 目标必须是具体的且富有挑战性的
3. 目标必须是现实的和可实现的
4. 目标必须是可测量的

图 1—7　绩效目标的设定要求

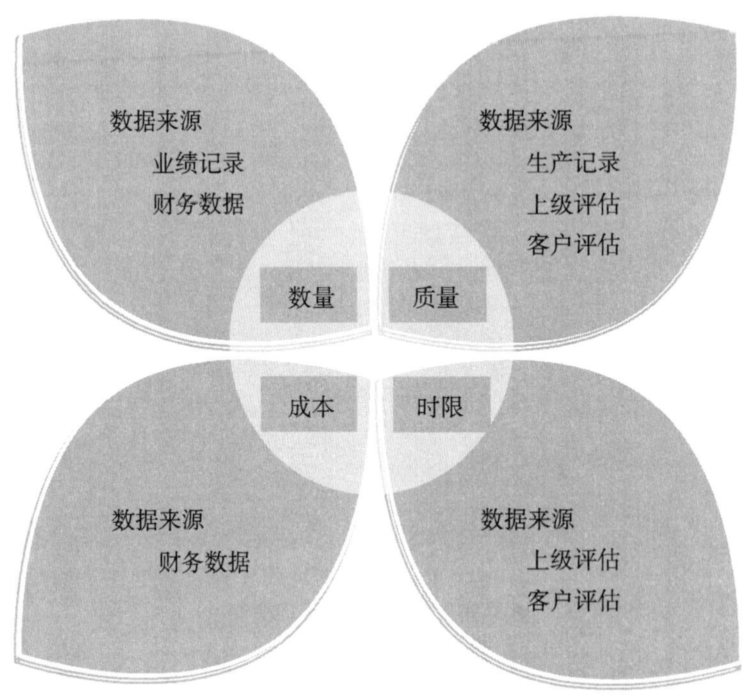

图 1—8　绩效计划目标的衡量标准

表 1—4　绩效目标的设定方法

设定方法	具体内容	主要特点
传统目标设定方法	一般由企业的最高管理者商定，然后分解为子目标落实到各个组织和层次中	1. 从上往下，逐级进行设定 2. 对于上级目标的理解至关重要
参与式目标设定方法	由上级与下级共同决定具体的绩效目标，并定期检查目标完成情况，它是由上至下和由下至上的反复的过程	1. 目标达成的程序是自上而下 2. 目标的分解程序是自下而上 3. 既要设定目标，又要制定措施手段

2. 绩效计划的制订程序

（1）准备阶段

绩效计划通常是由管理者与员工进行双向沟通得到的，为达到预期的绩效结果，事先需要准备必要的信息和选择绩效计划的沟通方式。

1）相关信息准备

在绩效计划沟通前需要准备的信息主要分为三类，见表 1—5。

表 1—5　绩效计划沟通前需要准备的信息

信息类型	具体内容
关于组织的信息	主要包括：组织的战略发展目标和计划、公司年度经营计划等
关于团队的信息	主要包括：业务单元的经营或工作计划、员工所处团队的目标和计划等
关于个人的信息	主要包括：员工个人职责描述、员工上一阶段绩效评价结果等

2）选择沟通方式

在绩效计划的准备阶段，采取何种方式进行绩效沟通也非常重要。在选择沟通方式上，需考虑不同的企业文化氛围、环境、员工的特点、所要达成的工作目标内容等因素。

（2）沟通阶段

沟通阶段是整个绩效计划阶段的核心，在这个阶段，管理者和员工经过充分的沟通和交流，对员工绩效考核期间的工作目标和计划达成共识。

1）沟通环境

在沟通阶段，管理者和员工应首先营造一个适宜的沟通环境，在这个环境中，沟通的气氛要宽松，而且不会有其他事情打扰。

2）沟通原则

在进行沟通时，应遵循的原则如图 1—9 所示。

3）沟通过程

绩效计划是双向沟通的过程，但受多种因素的影响，沟通的过程也并非完全一致。图 1—10 是一个最为常见的沟通过程，供读者参考。

（3）对绩效计划的审定和确认阶段

在绩效计划制订后，还应对绩效计划的成功与否进行审定和确认。通常情况下，成功的绩效计划应达到的结果如图 1—11 所示。

1. 管理者和员工在沟通中是平等的关系
2. 更多发挥员工的主动性，多听取员工的意见
3. 确保员工个人绩效目标与组织目标保持一致
4. 管理者和员工一起做决定，不能代替员工做决定

图 1—9　沟通中应遵循的原则

1. 回顾各种相关的信息
2. 确定员工KPI指标
3. 讨论主管人员能够为员工提供的帮助
4. 结束沟通，并约定下一次沟通时间

图 1—10　制订绩效计划的沟通过程

1. 员工的绩效目标与组织的绩效目标一致
2. 员工工作职责描述能够反映绩效期的工作内容
3. 管理人员和员工对工作内容、程序、标准、权限等达成共识
4. 清楚绩效目标中可能遇到的困难和主管领导所能提供的帮助
5. 形成包含工作目标、实现工作目标的主要成果、衡量指标和标准、各项工作目标所占权重等内容的文档

图 1—11　成功绩效计划应达到的结果

1.2.2　绩效实施与管理

绩效的实施与管理处于绩效管理过程中的中间环节，也是绩效管理循环中耗时最长、最为关键的环节。绩效实施与管理主要包含以下两个方面的内容。

1. 绩效沟通

绩效沟通始终贯穿于企业绩效管理的整个过程，是管理者与员工就绩效目标的设定及实现而进行的持续不断双向沟通的一个过程。绩效沟通对于主管人员和下属员工都具有十分重要的意义，如图 1—12 所示。

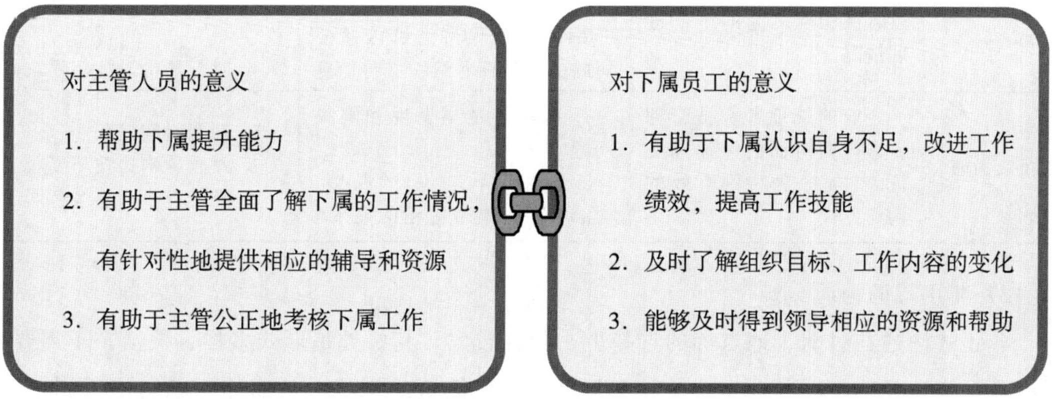

对主管人员的意义

1. 帮助下属提升能力
2. 有助于主管全面了解下属的工作情况，有针对性地提供相应的辅导和资源
3. 有助于主管公正地考核下属工作

对下属员工的意义

1. 有助于下属认识自身不足，改进工作绩效，提高工作技能
2. 及时了解组织目标、工作内容的变化
3. 能够及时得到领导相应的资源和帮助

图 1—12　绩效沟通的意义

（1）绩效沟通的内容

通常情况下，企业所开展的绩效沟通主要包含四个方面的内容，如图 1—13 所示。

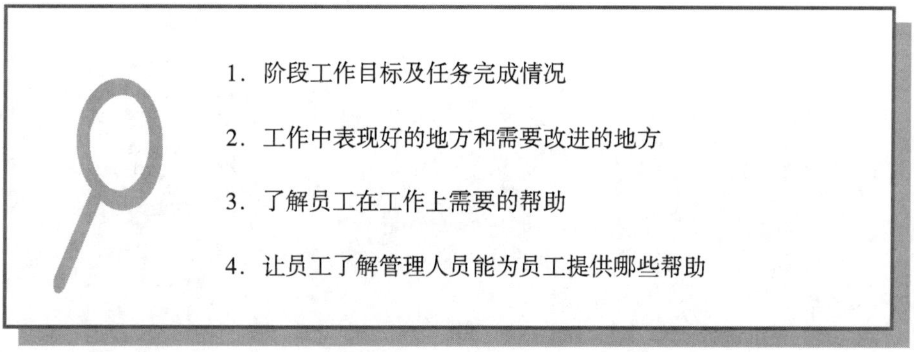

1. 阶段工作目标及任务完成情况
2. 工作中表现好的地方和需要改进的地方
3. 了解员工在工作上需要的帮助
4. 让员工了解管理人员能为员工提供哪些帮助

图 1—13　绩效沟通的内容

（2）绩效沟通的方法

1）正式的沟通

正式的沟通方式是指在正式的情境下进行的事先经过计划和安排，并按照一定规则进行

的沟通。常用的正式沟通方法主要有书面报告、会议沟通、面谈沟通等方式，具体内容见表1—6。

表1—6　　常用的正式沟通方法

沟通方法	具体内容	优点	缺点
书面报告	通过文字或图表形式报告工作进展，其主要的形式有：周报、月报、季报、年报等	1. 不需面谈，传递方便 2. 培养员工理性系统思考的能力 3. 不需要额外的文字工作	1. 信息是单向流动的 2. 易导致沟通流于形式 3. 无法满足团队工作需要
会议沟通	企业的管理者和被管理者在会议中沟通和交流，以掌握相互之间的工作进展情况	1. 能满足团队交流的需要 2. 成员可相互掌握工作进展 3. 主管领导可借机传递公司的战略目标和组织文化信息	1. 比较耗费时间和精力 2. 易对正常工作造成影响 3. 有些问题不便在会中讨论 4. 对领导沟通技巧要求高
面谈沟通	企业的管理者和被管理者进行面对面的沟通和交流。它是一种特别有效的沟通方式	1. 有利于及早发现和解决问题 2. 可讨论不宜公开的观点 3. 有利于建立融洽的关系	1. 耗费时间较长 2. 对领导沟通技巧要求高 3. 易带有个人感情色彩

2）非正式的沟通

非正式沟通在时间、地点等的选择上，弹性较大，其好处是形式多样、灵活，不需要刻意准备；沟通及时，问题发生后，马上就可以进行简短的交谈，从而使问题很快得到解决，容易拉近主管与员工之间的距离。常用的非正式沟通方式如图1—14所示。

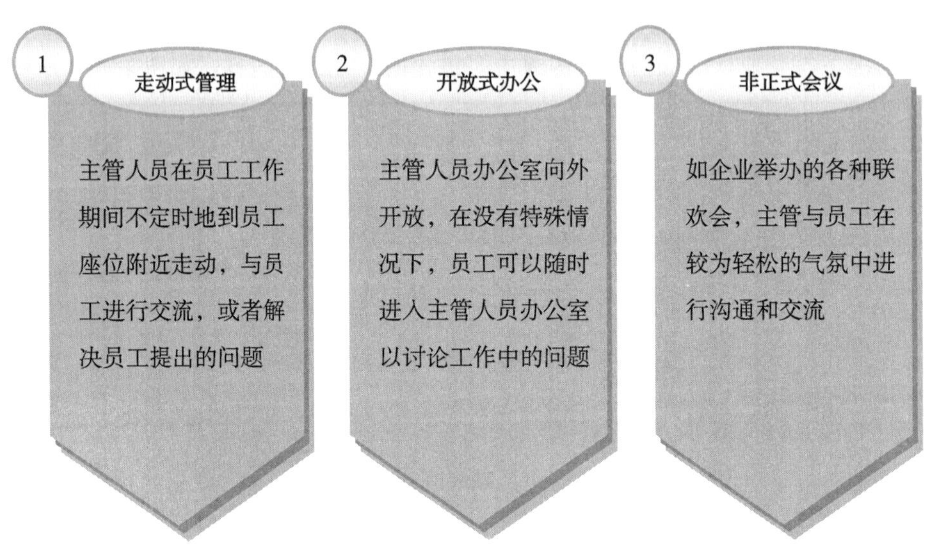

图1—14　常用的非正式沟通方式

2. 绩效信息收集

在绩效实施与管理阶段，进行绩效信息的收集可以为绩效考核提供事实依据，便于找出员工绩效中存在的问题，为改进绩效提供有力依据等。

（1）绩效信息收集方法

绩效信息收集方法包括生产记录法、定期抽查法、项目评定法、关键事件法、减分搜集法、他人反馈法等，具体内容见表1—7。

表1—7　　常用的绩效信息收集方法

收集方法	具体内容
生产记录法	按规定填写生产、加工、销售、运输、服务的数量、质量、成本等原始记录
定期抽查法	定期抽查生产、加工、服务质量，用以考核员工的表现
项目评定法	采取问卷调查的形式对员工进行逐项评定
关键事件法	对员工工作中特别突出或异常失误的情况进行记录
减分搜集法	按照员工职位要求制定违反规定的扣分方法，定期进行考察和登记
他人反馈法	管理者通过他人对被考核员工工作情况的汇报和反映来了解员工的工作情况

（2）绩效信息收集的内容

在绩效信息收集中，不可能将所有员工的绩效表现都记录下来，必须有选择地进行信息收集。通常情况下绩效信息收集的内容主要有四个方面，如图1—15所示。

1. 工作目标或工作任务的完成情况
2. 来自客户的积极的、消极的反馈信息
3. 工作绩效的突出行为
4. 绩效中有问题的行为表现

图1—15　绩效信息收集的内容

1.2.3 绩效监控与辅导

绩效监控与辅导是连接绩效计划与绩效评估的桥梁，它贯穿于绩效实施的整个过程中，对于绩效计划的顺利执行、绩效考核公正客观进行及绩效目标的达成有重要意义。

1. 绩效监控

绩效监控是指在绩效考核期间内，管理者为了掌握下属的工作绩效情况，预防和解决可能发生的各种问题，从而进行的一系列观测、沟通、记录等活动。在绩效监控阶段，管理者主要承担两项任务，具体如图 1—16 所示。

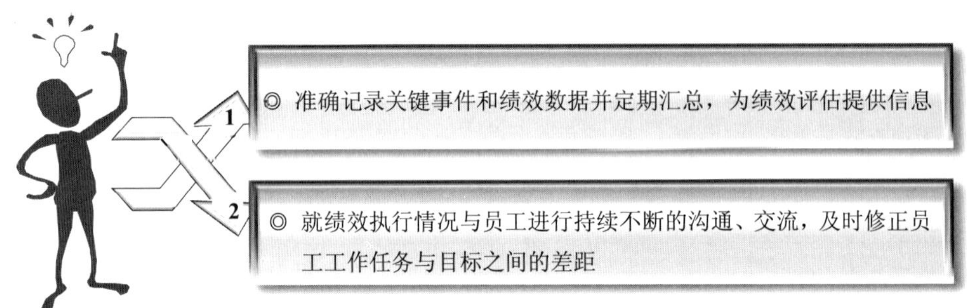

图 1—16 绩效监控的两大任务

2. 绩效辅导

绩效辅导指的是在掌握了下属工作绩效的前提下，管理者根据绩效计划，对下属进行持续的指导，从而提高其工作能力，帮助其达成绩效计划目标。与绩效反馈面谈不同，绩效辅导始终贯穿于绩效实施的整个过程中，是一种经常性的管理行为，它致力于帮助员工解决当前绩效实施过程中出现的问题，不断提升其素质能力。

（1）绩效辅导的内容

绩效辅导的目的是帮助员工找到实现绩效目标、提高绩效水平的途径和方法，因此其典型工作内容主要包括以下两个方面。

1）探讨绩效现状。管理者与员工探讨绩效现状，回顾月度工作，并形成“绩效目标月度回顾表”。其中工作辅导包含具体指示、方向引导、鼓励促进等，而“绩效目标月度回顾表”包括月度总体目标完成情况、主要差距、下月工作计划、上月问题汇总、工作总结等。

2）寻找改进绩效的方法。管理者与员工双方就绩效问题达成一致后，开始探讨、寻找、确定改进绩效的方法。根据具体情况，管理者应提供必要的指导和支持。

（2）绩效辅导的时机

绩效辅导时机可以是根据制度规定的固定时间，也可以是应需求随机的。一般来说，图 1－17 所示的情形是管理者开展绩效辅导的绝佳机会。

1. 员工请教问题时
2. 员工征求意见、建议时
3. 员工遇到难以解决的问题，希望得到帮助时
4. 自己发现一个可以改进绩效的方式、方法时
5. 员工通过培训掌握了新技能，希望其能应用到实际工作中

图 1－17　绩效辅导的时机

（3）绩效辅导的步骤

一个完整的绩效辅导包括 7 个步骤，具体如图 1－18 所示。

步骤	内容
收集资料	在进行绩效辅导前，管理者应当全面地搜集关于员工的绩效资料，如员工的绩效计划书、岗位说明书、绩效执行数据信息等
制定辅导提纲	绩效辅导前，管理者应根据收集的信息制定绩效辅导提纲，以保障辅导的效果及效率
营造良好氛围	绩效辅导前，管理者应通过辅导地点选择、环境步骤、开场白等营造良好的沟通氛围
达成一致	进入正式话题后，管理者应首先就目前的绩效现状与员工进行沟通，促使双方就目前的绩效达成一致，此时管理者应当给员工发表自己见解的机会
制订方案	双方互相探讨，形成绩效改进的方案
制订计划	根据方案制订实施计划表，进一步明确改进的步骤、时间表、要达成的阶段性成果和相应的资源支持等
鼓励员工	在绩效辅导结束前，管理者应对员工表达鼓励和支持，增强员工落实改进计划的信心

图 1－18　绩效辅导的步骤

1.2.4 开展绩效评估

绩效评估阶段，管理者要依据绩效计划阶段所确立的标准和绩效信息收集的数据，对员工在考核期内的绩效进行评估。

1. 绩效评估方法

绩效评估的方法很多，根据评估内容、对象的差异等所选取的评估方法也不尽相同。设计者在选择评估方法时，应根据企业特点和各评估方法的优缺点进行综合对比和选择。

（1）排序法

排序法是将员工按照某个评估要素上的表现从绩效好的员工到绩效差的员工进行排序，确定每人的相对等级或名次的一种评估方法。表1—8为××公司排序法样表。

表1—8　　××公司排序法

部门		员工人数	
评估时间		评估者/部门	
评估排序			
等级排序（1→5依次为好→差）		姓名	
1			
2			
3			
4			
5			
其他说明			
1. 2.			

（2）对偶比较法

对偶比较法是将全体员工按照每一评估要素逐一配对比较，然后统计每一个被评估者"获胜"的次数，并根据"获胜"次数排列评估者的等次。当员工数量较多时这种评估方法的工作量就比较大。表1—9说明了如何运用对偶比较法进行操作。

表 1—9　　员工绩效评估对偶比较法实例

员工	甲	乙	丙	丁	排序名次
甲		＋	＋	＋	1
乙	－		＋	－	3
丙	－	－		－	4
丁	－	＋	＋		2
说明：1. 考核要素：团队合作 2. 在这一考核要素上，若甲优于乙则在表格栏里标记“＋”，反之则标记“－”，空白处表示二者无可比性					

（3）强制分布法

强制分布法是按照某种分布规律，对评价结果或考核进行合并归类或归档。强制分布法可减少考核中个人因素产生的考核误差，避免考核中常见的“趋中效应”的出现。

每个组织都有自己的特点，所以每个组织都可以根据自己的组织特点来设计预期的考核结果分布区间。通常情况下，强制分布法中各个比例分布接近于正态分布。图 1—19 为强制分布法的正态分布图。

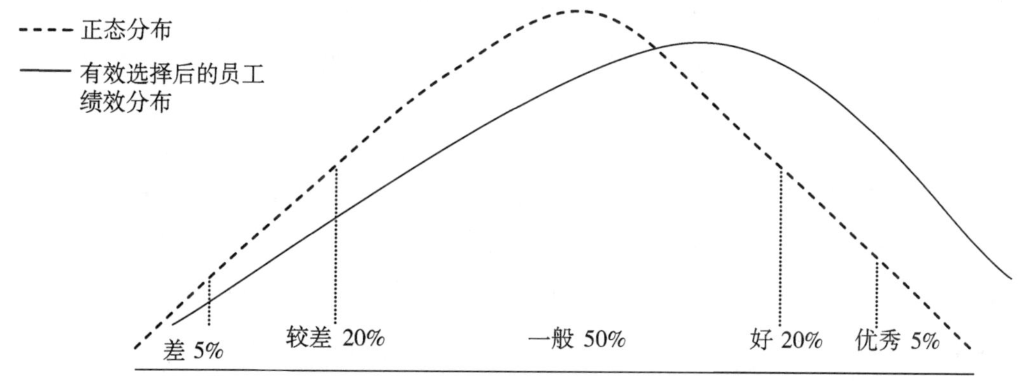

图 1—19　强制分布法的正态分布

（4）关键事件法

关键事件法指员工的上级在绩效考核的过程中回忆他所观察到的员工突出的工作行为，列出一张员工行为的清单，从而将员工好的行为和差的行为分别记录在表格中，据此对员工进行评价。关键事件法的优点和缺点如图 1—20 所示。

（5）行为锚定等级评定法

行为锚定等级评定法是基于关键事件法的一种等级量化的评定方法，它是在关键事件法基础上的选择可以区分的员工关键工作行为，并为每种行为赋值，将有用的行为项目按照维

关键事件法的优点

1. 为考核者提供客观的事实依据
2. 具有较大的事件跨度，可观察到员工的长期表现，避免短期表现造成误导
3. 可弥补其他方法的不足

关键事件法的缺点

1. 关键事件法耗费时间和精力
2. 很难在员工之间进行横向比较
3. 易造成上级对下级的过分监视，导致二者之间关系紧张

图 1—20 关键事件法的优点和缺点

度和赋值量的顺序整理排列，从而形成实用的评定量表。行为锚定式的评定量表步骤如图 1—21 所示。

1. 选定绩效评价要素
2. 获取关键事件
3. 将关键事件分配到评定要素中
4. 对关键事件重新进行审定、分配和排序
5. 评定关键事件

图 1—21 行为锚定式的评定量表步骤

表 1—10 提供了一份某企业对内部培训讲师的课堂教学技巧进行评价的行为锚定量表，供读者参考。

表 1—10　　培训讲师课堂教学技巧考核表

评估要素	课堂教学技巧
等级	行为描述
1	讲课方式乏味、枯燥，经常讲错一些概念
2	对稍有难度的问题讲不清楚，很难接受学生提出的意见
3	能够清楚讲解内容，且讲解内容重点突出
4	能够将关联性的问题进行前后联系，并引导学生形成完整的知识体系
5	能使用多样化的教学方法，并提高学生的自我学习能力

（6）目标管理考核法

目标管理考核法是通过使主管人员和下属共同参与制定双方同意的目标，使组织的目标得到确定和满足。在以双方确定的客观绩效标准为中心的绩效测评期间，每一项进步的取得和目标的实现是可以测量和监控的。

目标管理的实质是以目标来激励员工的自我管理意识，激发员工的自觉性、创造力，以期最终形成员工与企业同呼吸、共命运的组织。目标管理考核法的应用步骤如图 1—22 所示。

1. 设定战略目标
2. 分解目标，进行逐级传递，制定被考核者的工作目标
3. 根据业务或环境变化对目标进行修改或调整
4. 评价目标的完成情况
5. 制定下一期的工作目标和绩效目标

图 1—22　目标管理考核法的应用步骤

（7）360 度考核法

360 度考核法是由被考评者的上级、同事、下级和客户（内部客户或外部客户）以及考评者本人担任考评，从多个角度对被考评者进行 360 度的全方位的评价。360 度考核法的优缺点如图 1—23 所示。

360 度考核法的优点

1. 集中多个角度的反馈信息，信息可靠
2. 减少了偏见对于考核结果的影响
3. 可增强员工的自我发展意识，提高员工的自主性和对工作的控制

360度考核法的缺点

1. 考核成本相对较高
2. 容易流于形式
3. 可能会出现不同方面的意见冲突

图 1—23　360 度考核法的优点和缺点

（8）平衡计分卡

平衡计分卡是从企业的战略目标出发，在财务、客户、内部流程及学习与成长四方面，

设定有助于达成企业战略目标的绩效管理指标。

它是一个对企业战略目标进行综合评价的方法，对企业各部门和员工的绩效进行评价和引导，共同实现企业战略价值的管理体系。

2. 绩效评估中的误区

在绩效评估实施中，容易造成七大误区，如表1—11所示。

表1—11　　绩效评估容易造成的误区

误区	具体内容
平均趋势	无法区分被评估者之间的差异，难以进行绩效改进
晕轮效应	在评估中，对被评估者某种品质或特点有清晰的知觉，掩盖了其他品质和特点
刻板影响	对被评估者的评价，受到被评估者所属社会团队性质的影响
极端倾向	评估者将业绩评价定在过宽或过严的两个极端倾向
近因影响	过分注重被评估者近期的表现和成绩，据此来代替整个考核期的表现情况
个人情感	在评估中，评估者带有个人的好恶对被考评者进行评估
不适合替代	评估者在评估中选择不当的考核标准作为评价标准

3. 绩效评估中误区的修正

为消除或尽量减少绩效评估中的误区，企业可以从以下三个方面进行努力。

（1）对评估中易出现的问题有清楚的了解。

清楚地了解评估中容易出现的问题，有助于避免一些误区的出现。表1—12提供了一些解决措施。

表1—12　　避免绩效评估误区可以采取的措施

误区	规避方法
平均趋势	强制分布法、对比法
近因影响	季度考核法与年度考核法相结合
晕轮效应	增加考核的次数、不定期进行考核
极端倾向	强制分布法、加强上级的审核和监督
个人情感	建立员工投诉制度、加强评估中的信息沟通

（2）选择适当的评估方法。

（3）加强对评估者的培训，提高评估者的素质和水平。

1.2.5　进行绩效面谈与反馈

绩效管理过程并不是到绩效评价打出一个分数就结束了，主管人员还需要与下属进行面对面的交谈。

绩效面谈是在绩效评估后将结果反馈给被评估者的过程，它是达成绩效评估目标的重要环节。通过绩效反馈面谈使下属了解主管对自己的期望，了解自己的绩效，认识自己有待改进的方面；下属也可以提出自己的完成绩效目标中遇到的问题，请求上司指导。

1.2.6　考核结果应用

绩效结果的应用，对于绩效考核的成功与否至关重要。绩效考核结果如果得不到合理的运用，那么绩效管理对员工业绩和能力提升的激励作用也会大打折扣。

总体来说，绩效结果主要应用于绩效奖惩和绩效提升两个方面，二者相辅相成，共同促进和发展。具体来说，绩效结果主要应用于以下六个方面，如表 1—13 所示。

表 1—13　　绩效结果的应用

绩效结果用途	具体内容
薪酬的分配	员工的薪酬与绩效挂钩，体现对员工的长期激励，主要表现在两个方面：一是用于年度薪酬总额的调整，二是用于薪酬的定期调整
奖金的分配	绩效结果用于奖金的分配，体现企业对员工的短期激励，绩效结果为奖金的发放提供了较好的依据，奖金的发放形式和水平视企业的具体情况而定
职务的晋升调配	员工的历史绩效记录为职务晋升和干部选拔提供基础依据，使员工在业绩突出的方面承担更多的责任，从事更加适合的工作
培训教育	通过对绩效结果的分析，可以发现员工与企业要求的差距，从而及时组织相关的培训教育活动
衡量招聘/培训的效果	招聘员工的绩效考核表现、培训后员工的业绩提高水平可用来衡量招聘选拔和培训的有效性，为招聘和培训工作的开展提供参考
制订个人发展计划	绩效结果反馈给个人，使得员工改进工作有了依据和目标，在组织目标的指导下，可帮助员工据此制订个人的发展计划

1.3　制定绩效管理制度

下面提供了两份公司绩效管理制度的范本，以供参考。

1.3.1 绩效管理制度范本

<table>
<tr><td rowspan="2">制度名称</td><td rowspan="2">某公司绩效管理制度</td><td>编　号</td><td></td></tr>
<tr><td>执行部门</td><td></td></tr>
</table>

某公司绩效管理制度

第1章　总则

第1条　目的

为了客观公正地评价员工工作业绩与综合素质，激励员工的积极性和创造性，提高公司的绩效管理水平，建设公司以绩效为导向的企业文化，保持员工与企业的可持续发展，特制定本制度。

第2条　适用范围

本制度适用于公司所有员工和所有绩效管理项目。但以下人员不包括在内。

1. 公司总经理。

2. 因公休、请假等原因，考核期间出勤率不足20%的员工。

3. 试用期员工、实习人员、临时工。

第3条　绩效管理原则

1. 战略性原则：绩效管理要配合公司的战略管理和经营目标。

2. 可行性原则：绩效方案一定要可行、可操作，不能使绩效管理流于形式。

3. 客观性原则：绩效管理一定要客观公正，避免掺杂任何个人主观因素。

4. 双向沟通原则：绩效管理中考核者与被考核者要进行双向沟通。

第2章　绩效计划与指标体系的制订

第4条　每年11月底总经理确定公司下年经营战略及年度目标并在会议上发布，各部门根据公司目标及战略确定部门目标，于12月10日之前报送考核委员会，由考核委员会报送总经理审批。

第5条　部门负责人与部门员工充分沟通，根据部门目标与员工岗位说明书，与员工一起制定员工目标，确定绩效计划。

第6条　指标体系包括公司指标体系、部门指标体系、员工指标体系，指标体系的建立应结合公司战略计划与岗位说明书，既有业绩指标又含行为指标。

第7条　做好计划与指标体系后要进行辅导实施，与员工进行充分的沟通。

第3章　绩效考核

第8条　考核周期

1. 绩效考核分为年度考、季度考和月度考。对于副总经理以上的职位实行年度考核，对于中层管理者实行季度考核，对于其他员工实行月度考核。如遇法定节假日，考核时间顺延。

2. 每季度开始后的10日内，部门负责人与主管领导共同完成部门KPI考核表，并转交人力资源部。人力资源部将各部门的季度KPI考核交总经理审批，经总经理审批后，人力资源部将各部门KPI考核表存档，并将复印件返回给各部门负责人。

3. 部门KPI考核表确定后，部门负责人应组织部门内员工在5日内完成员工KPI考核表的编制，经部门负责人审批通过后，原件保留在经理处，复印件返回给员工。

4. 公司以每年1月初作为出具上期考核结果的时点，部门以每年7月初、10月初、1月初作为出具上个季度绩效考核结果的时点，员工以每月初作为出具上个月绩效考核结果的时点。

第9条　考核组织

1. 公司和部门的绩效考核工作主要由公司考核委员会、人力资源部两个部门组织完成，其他部门在考核工作中负责本部门的考核工作和相关数据的提供与收集。

2. 员工的绩效考核主要由部门负责人完成，人力资源部指导绩效考核工作。

第 10 条　考核内容

考核内容包括：关键业绩指标和关键行为指标，不同的考核对象二者的权重不同。

1. 工作绩效表现考核

（1）指对员工按照主要工作职务完成的工作结果或履行职务的结果进行评价。

（2）主要工作职务的考核指标一般由考核人依照被考核者的工作目标和任务，结合《职位描述》的主要职能，经过双方沟通，达成一致后予以确定。

2. 整体表现考核

（1）指对影响员工完成工作结果的行为、表现和素质等方面进行评价。

（2）具体通过对员工的工作能力、工作态度、纪律和其他四个方面的内容。

（3）此部分内容为通用表现项目，考核指标及评价标准由公司统一制定，适用于所有员工。

3. 领导及管理技巧评核

（1）指对公司具有领导及管理职能的员工在领导能力及工作、激励士气、培育下属等方面进行的综合评价。

（2）此部分内容为领导及管理项目，适用于公司领导人员的考核。

第 4 章　绩效评定与沟通

第 11 条　绩效考核的评定一定要客观公正，公开透明，避免个人因素的掺杂。

1. 考核完成后，主管与员工进行充分沟通，讨论员工的优势和需要改进的地方，共同分析期望与实际结果存在差距的原因，达到组织绩效与个人绩效目标一致。绩效改进计划的制订流程如右图所示。

2. 在绩效管理的过程中，每半年至少开展一次绩效面谈，各部门可根据工作需要增加面谈次数；考核者与被考核者就考核事项、考核评定交换意见，相互沟通，达成一致。

第 12 条　面谈要以正式的、一对一的、面对面的方式进行，面谈时至少提前一天通知员工，使双方都做好必要的准备工作；面谈结束后的当日在《员工绩效面谈记录表》上形成记录，由双方认可后与评估表一起提交。

第 5 章　绩效反馈与应用

第 13 条　绩效反馈应当及时进行，而且应关注行为。管理者应做到客观、诚实，力求与事件紧密相关，不应对员工个人进行攻击。反馈应围绕员工有能力改变的事情进行探讨。反馈应以辅导为重点，重点在于培养员工能力以提高总体绩效水平。

第 14 条　要把考核结果应用到以下五个方面：绩效工资的计算与发放、员工薪酬层级的调整、员工职位的变动、人员培训与开发的依据、招聘决策提供支持。

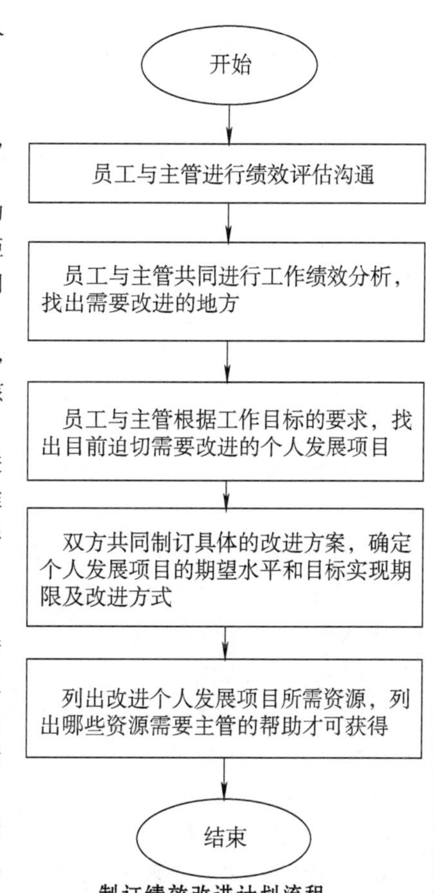

制订绩效改进计划流程

第 6 章　存档与申诉

第 15 条　绩效考核数据应在考核结束后以部门为单位送达公司人力资源部。

第 16 条　人力资源部对所报考核数据进行审查汇总分析，考核数据和报告作为存档资料由人力资源部及时存档，并妥善保管。

第 17 条　绩效考核申诉

如果被考核者对自己的考核结果有意见，可以向直接上级的上一级领导申诉；如果仍然存在异议，可向人力资源部负责人申诉。

第 7 章　附则

第 18 条　公司各部门应在本制度指导下开展绩效管理工作。

第 19 条　本制度由人力资源部起草并负责监督实施。

第 20 条　本制度最终解释权归公司人力资源部。

编制人员		审核人员		批准人员	
编制日期		审核日期		批准日期	

1.3.2　绩效管理实施细则

制度名称	××公司绩效管理实施细则	编　号	
		执行部门	

×××公司绩效管理实施细则

第 1 章　总则

第 1 条　目的

1. 通过绩效管理，将部门和员工个人的工作表现与公司的战略目标紧密地结合起来，确保公司战略快速而平稳地实现。

2. 在绩效管理过程中，促进管理者与员工之间的交流与沟通，形成良好的沟通机制，增强企业凝聚力。

3. 通过绩效管理，提高公司的管理水平、提升每个员工的工作绩效，促进公司快速发展。

4. 通过对员工工作绩效、工作能力等进行客观的评价，为员工薪资调整、职位变动、培训与发展等人力资源管理工作提供有效的依据。

第 2 条　绩效考核原则

1. 在客观公正的基础上，通过各级管理者，对全体员工的工作行为与工作结果，进行实事求是的考核评价。

2. 各级管理者是考核工作的责任主体。各级管理者必须承担起责任，运用考核评价的方式，指导、帮助、约束与激励下属员工。

3. 坚持考核结果反馈原则。考评结果（评语）一定要反馈给被考核者本人，就评语进行说明解释，肯定成绩、指出不足，提供今后努力的参考意见。

4. 考核的等级之间应带有鲜明的差别界限，针对不同的结果在薪资、晋升、使用等方面应体现明显差别，使考核带有激励性，鼓励员工的上进心。

第 3 条　适用范围

公司所有正式员工，但下列人员除外：

1. 公司总经理；
2. 兼职人员；
3. 连续出勤不满 6 个月者；
4. 考核期间休假停职 6 个月以上者。

第 2 章　考核维度设定

第 4 条　考核维度是对考核对象考核时的不同角度、不同方面。包括绩效维度、能力维度、态度维度。每一个考核维度由相应的测评指标组成，对不同的考核对象采用不同的考核维度、不同的测评指标

1. 绩效：指被考核人员通过努力所取得的工作成果，从三个方面考核，见表 1。

表 1　　绩效分类

绩效类别	主要内容
任务绩效	体现本职工作任务完成的结果。每个岗位都有对应岗位职责的任务绩效指标。具体应根据本单位的整体年度工作任务分解确定本部门的任务
周边绩效	体现对相关部门服务的结果
管理绩效	体现管理人员对部门工作管理的结果

2. 能力：指被考核人完成各项专业性活动所具备的特殊能力和岗位所需要的素质能力。能力维度考核分为素质能力和专业技术能力。其考核指标由考核单位根据岗位特点和实际情况选定。

3. 态度：指被考核人员对待工作的态度和工作作风。态度考核分为积极性、协作性、责任心、纪律性等考核。

第 3 章　考核实施

第 5 条　员工个人考核

1. 考核频率

本企业的考核分为月度考核、季度考核与年度考核三种，其具体内容如表 2 所示。

表 2　　考核实施时间

考核时间	考核类别	考核实施时间	考核结束时间	考核对象
1 月 1 日至 12 月 31 日	年度考核	1 月×日	1 月×日	所有人员
每个季度	季度考核	下个季度第一个月的上旬		所有人员
每月	月度考核	次月的前三天		销售人员

2. 考核实施主体

(1) 考核总体上由人力资源部负责组织，督促和指导各级主管对其下属员工的考核工作，并对考核中出现的问题给予协调和处理。

(2) 员工考核的具体评价工作由部门经理组织实施；中高层领导考核由总经理组织实施。

(3) 绩效考核者需要熟练掌握绩效考评相关的表格、流程、考核制度，做到与被考核者的及时沟通与反馈，公正地完成考核工作。

第 6 条　部门考核

1. 考核依据

各部门的职责和月度工作计划。

2. 考核周期

每季度考核一次，上季度工作考核在下季度第一个月 1—10 日进行。

3. 考核要素

对公司各部门的考核，按工作目标、工作职能、团队建设三个方面进行综合考评。考评要素具体描述如表 3 所示。

表 3　部门考核要素

考核要素	说明
工作目标	工作计划是否按时完成或提前，与实际要求是否有差距；工作质量是否精益求精，是否满足公司内/外部门需求
工作职能	日常职能工作是否达到有效管理，管理是否规范化，监管工作是否正常运作
团队建设	协作精神、敬业精神、团队士气、创新精神、合理化建议

第 4 章　绩效沟通与反馈

第 7 条　绩效沟通

在评估结束后，部门负责人应与被考核者就考核结果进行面谈，让员工了解自身的优势和不足之处，从而制订下一阶段的绩效改进计划。

第 8 条　绩效申诉

1. 员工对自己的考核结果不满，可在考核结束后的一周之内，向人力资源部申诉。

2. 人力资源部接到员工申诉后，会同员工所在的部门经理对考核者再次进行评估。复评的成绩作为员工最终的结果。

第 5 章　其他事项

第 9 条　加分事项

1. 年度内曾受奖励或惩戒者，其年度考绩应依下列规定增减其分数。

2. 记大功 1 次加×分；记功 1 次加×分；嘉奖 1 次加×分。

3. 记大过 1 次减×分；记过 1 次减×分；申诫 1 次减×分。

第 10 条　有下列情形之一者，其考绩不得列为一等：

1. 曾受任何一种惩戒；

2. 迟到或早退累计扣分××分以上者；
3. 请假超过限定日数者；
4. 旷工 1 日以上者。
第 11 条　有下列情形之一者，其考核不得列入一等至三等：
1. 在年度内曾受记过以上处分者；
2. 迟到或早退累计××次以上者；
3. 旷工两日以上者。

第 6 章　考核结果管理

第 12 条　根据个人评分情况与比例限制综合评定个人等级。综合评定结果共分为五级，分别是优、良、中、基本合格、不合格，具体定义见表 4。

表 4　员工综合评定等级定义表

等级	分数	详细描述
优	90～100 分	实际表现显著超出预期计划/目标或岗位职责/分工要求，在计划/目标或岗位职责/分工要求所涉及的各个方面都取得特别出色的成绩
良	80～89 分	实际表现达到或部分超过预期计划/目标或岗位职责/分工要求，在计划/目标或岗位职责/分工要求所涉及的主要方面都取得比较出色的成绩
中	70～79 分	实际表现基本达到预期计划/目标或岗位职责/分工要求，无明显失误
基本合格	60～69 分	实际表现基本达到预期计划/目标或岗位职责/分工要求，在某些方面有明显不足或失误
不合格	69 分以下	实际表现未达到预期计划/目标或岗位职责/分工要求，在很多方面有失误或主要方面有重大失误

第 13 条　部门考核结果评定划分情况如表 5 所示。

表 5　部门考核结果评定等级

考核等级	具体要求描述	分数
S	1. 部门工作按工作计划进行或提前完成，工作质量出色 2. 部门管理效率高、规范化程度高 3. 部门团队凝聚力强，员工满意度评价达××%以上	90～100 分
A	1. 部门工作较工作计划延期，但控制在××%以内，工作质量良好 2. 部门管理效率较高，较规范 3. 部门团队凝聚力较强，员工满意度评价达××%以上	80～89 分
B	1. 部门工作较工作计划延期，但控制在××%以内，工作质量一般 2. 部门管理效率一般，规范化一般 3. 部门团队凝聚力一般，员工满意度评价达××%以上	70～79 分

续表

考核等级	具体要求描述	分数
C	1. 部门工作较工作计划延期，但控制在××%以内，工作质量较差 2. 部门管理效率较低，规范化程度较差 3. 部门团队凝聚力较弱，员工满意度评价低	60～69分
D	1. 部门工作较工作计划延期达××%以上，工作质量差 2. 部门管理效率较低，规范化程度亟须加强 3. 部门团队凝聚力很差，员工满意度评价低于××%	59分以下

第14条　员工的考核结果最后交由人力资源部存档。

第15条　考核结果运用

1. 教育培训。
2. 合理配置人员。
3. 晋升、薪资调整。
4. 奖励。
5. 其他。

第7章　附则

第16条　本制度自颁布之日起生效，其未尽事宜，另行参照人力资源部制定的相关制度。

第17条　本制度的解释权归人力资源部所有。

编制人员		审核人员		批准人员	
编制日期		审核日期		批准日期	

第 2 章

绩效考核工具与方法

绩效考核与薪酬体系设计
精细化实操手册

2.1 绩效考核方法

2.1.1 360度考核法

“360度考核法”又称为“全方位考核法”，它是指从与被考核者发生工作关系的多方主体那里获得被考核者的信息，以此对被考核者进行全方位、多维度的绩效评估的过程。

这些信息的来源包括：来自上级监督者的自上而下的反馈（上级）；来自下属的自下而上的反馈（下属）；来自平级同事的反馈（同事）；来自企业内部的协作部门和供应部门的反馈；来自公司内部和外部的客户的反馈（服务对象）以及来自本人的反馈。360度考核法强调从与被考核者发生工作关系的多方主体那里获得被考核者的信息，如图2—1所示。

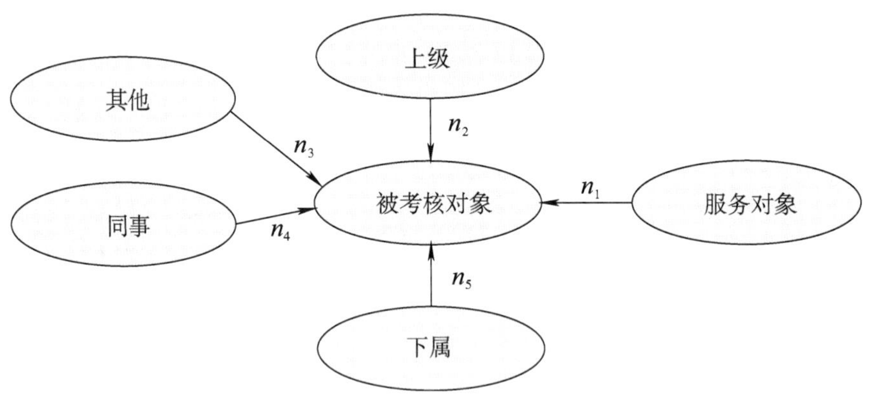

图2—1 360度考核法示意

注：n_1、n_2、n_3、n_4、n_5分别代表权重。

与单向考评方式相比，360度绩效考核法的优点表现在：它从全方位、多角度对员工进行考核，可以减少偏见对考核结果的影响；从员工周围的人那里获得反馈信息，可以增强员工的自我发展意识；通过强调团队和内部及外部客户，推动了全面质量管理等方面的工作。

1. 360度考核法评估主体

（1）客户评估

客户作为与被评估者有密切交往的人，有机会能够经常观察到员工的行为，也因此成为绩效考核信息的重要来源。随着现代企业制度的不断完善，越来越多的公司将客户纳入到绩效考核系统中。表 2—1 是一份××公司客户满意度调查表，供读者参考。

表 2—1　　客户满意度调查表

尊敬的女士/先生：

首先非常感谢您对我们公司的信任和支持。为了更好地了解您的意见和想法，完善公司的各项服务，请您在百忙之中抽出宝贵时间填写本调查表，以便于我们今后为您提供更好的服务，谢谢您的帮助！

请按等级评分：A=优秀　B=比较满意　C=一般　D=不满意

被评估者		职务				
填表人		填表时间				
类别	评估项目描述		A	B	C	D
工作态度	被评估者工作的积极性和主动性					
	被评估者的责任心					
	……					
服务意识	耐心解答客户的疑难问题					
	被评估者承诺的可信度					
	……					
工作能力	被评估者对于产品和专业知识的掌握					
	被评估者处理问题的形式和途径					
	被评估者工作中的变通能力					
	被评估者对于客户意图的理解能力					
	……					
意见或建议						

（2）主管领导评估

主管领导评估是绩效评估中最常采用的方式，是由被评估对象的主管领导来执行绩效评估工作。表 2—2 为××公司主管对下属的评估表。

（3）下级评估

对一个企业中的管理人员来说，他的很多工作是对下属人员进行管理，他的上级领导很难观察到他对下属人员的管理情况。因被考评者的下属员工与被考评者直接接触，所以可以成为被评估者管理能力、执行能力、领导能力的重要评判者。被考评者的下级为其进行考评有助于发现被考评者管理中存在的问题，培养企业民主作风，并提升企业员工的凝聚力。表 2—3 为××公司经理绩效评估表。

表 2—2　　××公司主管对下属员工评估表

说明：作为管理人员，对下属的工作信息掌握有助于提高管理的效率。请您根据被评估者的实际工作表现，仔细考虑后认真填写下表，谢谢您的合作！

被评估者________　工作岗位________　工作部门________

评估者________　工作岗位________　评估日期________

1. 您认为该员工属于　□常规型　□现实型　□探索型　□艺术型　□社会型

2. 您认为该员工在工作中的业绩表现　□非常好　□很好　□一般　□较差　□很差

3. 您认为该员工的工作态度　□非常好　□很好　□一般　□较差　□很差

4. 您认为该员工的工作能力　□非常强　□很强　□一般　□较弱　□很弱

5. 您认为该员工的自我学习能力　□非常强　□很强　□一般　□较弱　□很弱

6. 请列举该员工在工作过程中最成功的一次工作事件，并分析其成功的最主要原因________

7. 请列举该员工在工作过程中最失败的一次工作事件，并指出其失败的最主要原因________

8. 请指出该员工在职业发展中还应在哪些方面做出努力________

9. 请指出您能为该员工的职业发展提供哪些帮助________

10. 请用一句话概括您对该员工的总体评价________

表 2—3　　××公司经理绩效评估表

填表说明：

1. 本次评估结果会影响到被评估经理的绩效评估结果，希望您客观、公正地评估您的上级，以帮助他们提高管理技能。

2. 其中，表中的分数分别代表：5—完全同意，4—基本同意，3—中立，2—基本不同意，1—完全不同意。

基本信息	被评估经理姓名		工作部门				
	评估者姓名		评估者职位				
评估项目	项目内容		5	4	3	2	1
	1. 经理帮助我设立清晰、准确的工作目标						
	2. 在经理帮助下，我的工作能力有很大提升						
	3. 经理能够给我充分的工作自主权						
	4. 经理经常与我进行工作上的沟通						

续表

评估项目	5. 经理能够协调好与各部门的关系					
	6. 当团队遇到困难时，经理能鼓舞大家士气					
	7. 经理能够带领我们按时完成工作任务					
	8. 经理工作具有很强的计划性					
	9. 经理具有很强的时间观念					
	10. 经理具有丰富的业务知识					
	……					
综合得分						
其他说明						

（4）同级考评

同级考评一般由与被考评者工作联系较为密切的人员进行，他们对被考评者掌握的工作技能、方法和成果较为熟悉。表 2—4 为××公司设计的一张同级考评表。

表 2—4　　××公司同级考评表

基本信息	被考评者		所属部门	
	职务		考评时间	
考核阶段				
考核内容	1. 被考评者具有的专业知识水平		□很高　□高　□一般　□较差　□很差	
	2. 被考评者完成工作任务的态度		□非常积极　□比较积极　□一般　□不积极	
	3. 被考评者与同事之间的关系		□非常融洽　□融洽　□一般　□不融洽	
	4. 被考评者是否在工作中经常提出好的建议或想法		□是　□否	
	5. 被考评者对自己的工作任务安排		□很有条理　□一般　□没有条理	
	6. 被考评者的沟通协调能力		□很强　□强　□一般　□较差　□很差	
总体评价				
其他说明				

（5）员工自我考评

自我考评是被考评者本人对自己的工作表现进行评价的一种活动，它一方面有助于员工提高自我意识，使员工更好地认识到自己的优点和不足；另一方面可以获取员工对绩效考核工作的支持。员工自我考评量表见表2—5。

表2—5　员工自我考评量表

<table>
<tr><td colspan="2">员工姓名</td><td></td><td>所属部门</td><td></td></tr>
<tr><td colspan="2">工作职务</td><td></td><td>考评日期</td><td></td></tr>
<tr><td colspan="5">工作评估</td></tr>
<tr><td>工作目标</td><td>目标分解</td><td>任务完成情况</td><td>绩效标准</td><td>个人评分</td></tr>
<tr><td rowspan="2"></td><td></td><td></td><td></td><td></td></tr>
<tr><td></td><td></td><td></td><td></td></tr>
<tr><td rowspan="2"></td><td></td><td></td><td></td><td></td></tr>
<tr><td></td><td></td><td></td><td></td></tr>
<tr><td colspan="5">经验教训</td></tr>
<tr><td colspan="2">取得的经验</td><td colspan="3">得到的教训</td></tr>
<tr><td colspan="2">1.
2.</td><td colspan="3">1.
2.</td></tr>
<tr><td colspan="5">自我评价</td></tr>
<tr><td colspan="5">1.
2.</td></tr>
</table>

2. 360度考核法流程

为保证考评达到预期目的，360度绩效考核法具有严格的流程要求。360度考核法的流程如图2—2所示。

（1）准备阶段

1）获取高层领导的支持

绩效考核是企业中一项重要的管理活动，在具体的实施过程中，获取高层领导者的支持是非常必要的。一方面，企业的高层领导者是考核评估中重要的考评者之一；另一方面，他

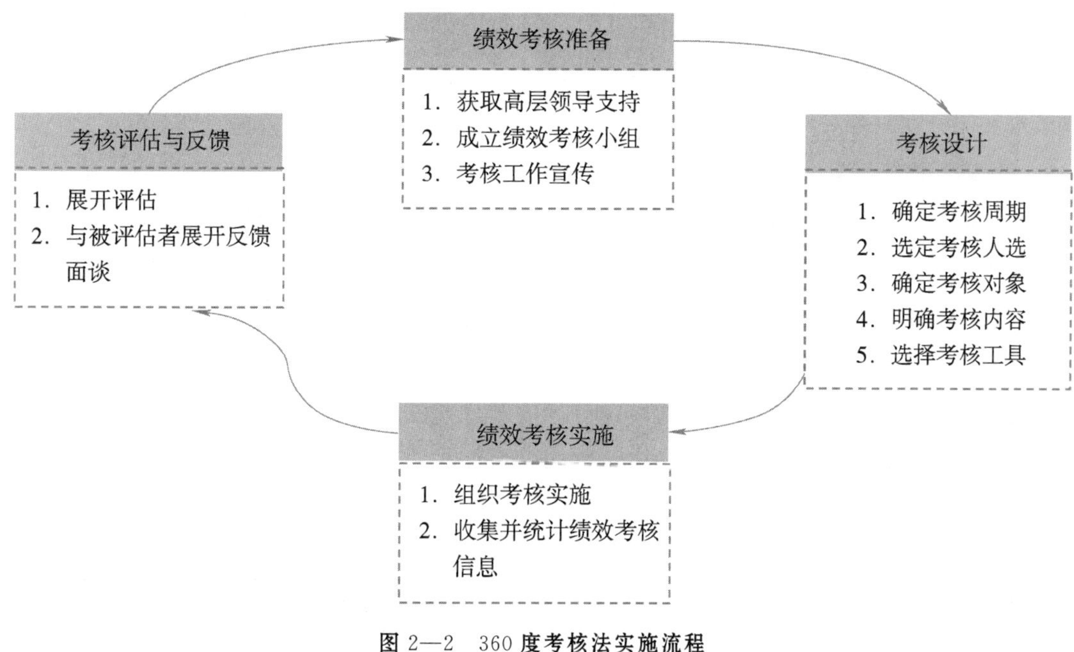

图 2—2　360 度考核法实施流程

们从宏观上决定了绩效考核的政策，指引着绩效考核的方向，也是绩效考核得以顺利推进的强大动力。

2）成立绩效考核小组

绩效考核工作小组一般由企业领导、人力资源部工作人员、外部聘请的专家等组成，负责对整个绩效考核工作进行统筹领导。

3）考核工作宣传

考核评估前的宣传工作主要是向员工讲解有关绩效考核的内容，同时说明进行绩效考核的目的，它对企业、对员工都有哪些好处，它与员工的职业生涯规划有哪些关系，让员工真正地认识到绩效考核对他们的益处等，从而消除他们对绩效考核工作的顾虑，增加他们参与绩效考核工作的积极性，提高评估的效果。其采取的方式可以是集体会议、公司文件传达等。

（2）设计阶段

如图 2—2 所示，在此阶段，主要包括确定考核周期、选定考核人选、确定考核对象、明确考核内容及选择考核工具五项工作，下面重点介绍其中的三项。

1）确定考核周期

严格来说，绩效考核的周期并没有唯一的标准，一般的考核周期为月、季、半年或一年，还可以选择在一项特殊任务或项目完成之后进行。

考核频率不宜太高，否则一方面浪费一定的精力和时间，另一方面造成员工的心理负担；同时，考核周期不宜太长，否则不仅会降低考核的效果，而且也不利于员工绩效的稳定。

2）选定考核人选

360 度考核的实施主体一般由多人组成，一般为被评估者的上级领导、同事、下级、被评估者本人及其他工作关系密切的人员，但并不是所有的上级、同事、下级及其他相关人员都是被评估者的考核人选，而是其中那些与被评估者在工作上接触较多，比较了解其工作表现的人才能成为考核人选。

另外，也并不是所有的考评者对被考评者的所有考核内容进行评估，例如，评价被评估者的服务意识，选择由其服务的对象来评估则更为合适。

3）选择考核工具

360 度考核的重要工具之一是调查问卷。

表 2—6 为××公司员工 360 度绩效考核表。

在设计考核问卷时应注意以下三个问题。

第一，确定科学的绩效考核指标体系。一套科学有效的考核指标体系应根据企业的组织目标、价值观及工作分析等各方面的因素确定。指标应尽可能量化。

另外，当职位对岗位任职者的某一项或几项素质有特殊的要求时，可以给每个考核指标赋予一定的权重，以示其重要性的区别。例如，人力资源经理这一职位，要求岗位任职者具有较好的人际沟通能力、较强的沟通协调能力和观察能力等，因此在进行问卷设计时，可赋予这几项指标较高的权重。

第二，考评问卷设计的差异化。不同的工作岗位，其工作内容、工作职责、工作技能要求等各方面是不一样的，这就要求在设计问卷时，针对不同的考评者，在考评指标和考评内容上有所差别。

第三，要考虑不同考评主体考评内容的侧重点。不同层面的考核者从不同角度对被考核人的工作行为进行考评，上级考核者主要注重考核被考核人的领导能力、计划决策能力、创新力等。同级考核者主要考核被考核人的协作力，包括部门合作、同事协作发挥团队优势、创造和维护良好的工作氛围等。下级考核者主要考核被考核人的领导水平，以身作则、知人善任、驾驭局面的能力和业务能力，以及对员工的培养等。客户考核人主要考核被考核人的服务态度、服务水平、服务质量、服务效果等。

即使同是上级考核，对不同被考核人着重点也不一样，例如，业务部门总经理考核的是其业务能力、经营管理和沟通谈判能力等，而职能部门主要看其组织协调能力、部门人员管理等。

表 2—6　　××公司员工 360 度绩效考核表

<table>
<tr><td rowspan="2">基本信息</td><td>被考核者</td><td></td><td colspan="2">所在部门</td><td colspan="3"></td></tr>
<tr><td>职务</td><td></td><td colspan="2">填表日期</td><td colspan="3"></td></tr>
<tr><td>考评阶段</td><td colspan="7"></td></tr>
<tr><td>评分尺度</td><td colspan="7">5—优秀　4—良好　3—一般　2—需要改进　1—亟须提高</td></tr>
<tr><td>考评内容</td><td colspan="2">考评项目</td><td>权重（%）</td><td>客户评估</td><td>上级评估</td><td>同事评估</td><td>自我评估</td></tr>
<tr><td rowspan="4">工作业绩</td><td colspan="2">员工工作目标的达成率</td><td></td><td></td><td></td><td></td><td></td></tr>
<tr><td colspan="2">员工工作的效率</td><td></td><td></td><td></td><td></td><td></td></tr>
<tr><td colspan="2">员工工作质量</td><td></td><td></td><td></td><td></td><td></td></tr>
<tr><td colspan="2">员工工作创新效能</td><td></td><td></td><td></td><td></td><td></td></tr>
<tr><td rowspan="4">工作态度</td><td colspan="2">工作热情度</td><td></td><td></td><td></td><td></td><td></td></tr>
<tr><td colspan="2">工作责任心</td><td></td><td></td><td></td><td></td><td></td></tr>
<tr><td colspan="2">工作纪律</td><td></td><td></td><td></td><td></td><td></td></tr>
<tr><td colspan="2">团队合作精神</td><td></td><td></td><td></td><td></td><td></td></tr>
<tr><td rowspan="3">专业知识</td><td colspan="2">业务知识</td><td></td><td></td><td></td><td></td><td></td></tr>
<tr><td colspan="2">相关专业知识</td><td></td><td></td><td></td><td></td><td></td></tr>
<tr><td colspan="2">所获取的新知识</td><td></td><td></td><td></td><td></td><td></td></tr>
<tr><td rowspan="3">工作能力</td><td colspan="2">岗位技能</td><td></td><td></td><td></td><td></td><td></td></tr>
<tr><td colspan="2">获取新知识能力</td><td></td><td></td><td></td><td></td><td></td></tr>
<tr><td colspan="2">解决问题的能力</td><td></td><td></td><td></td><td></td><td></td></tr>
<tr><td>优势、劣势分析</td><td colspan="7"></td></tr>
<tr><td>发展与培训项目的建议</td><td colspan="7"></td></tr>
</table>

制表人：　　　　　　审核人：　　　　　　批准人：

（3）实施阶段

在考核工作的实施阶段，主要包括考核的组织实施和考核信息的收集及统计两部分内容。在具体的执行过程中，要注意对具体实施过程加强监控和管理，例如做好考核问卷的分发、收集和保密管理。另外，人力资源部还要对考核参与人员给予积极的引导，提高他们的参与率与积极性，以保证考核信息的真实性。

（4）评估与反馈阶段

1）展开评估

根据收集到的各种相关信息，采用各种科学的方法对评估者的工作绩效予以评估，找出评估者的优点和不足之处。

2）反馈面谈

在对评估者的评估工作完成之后，应及时将考核结果的相关信息反馈给被评估者。一般可由被评估者的直接上级、人力资源部工作人员或者外部专家，根据评估结果，以面谈的方式向被评估者提供反馈，帮助其分析工作中哪些地方做得比较好，哪些地方还需改进，以及如何改进等问题。

2.1.2 目标管理考核法

目标管理考核法是根据被考核人完成工作目标的情况来进行考核的一种绩效考核方式。在开始工作之前，考核人和被考核人应该对需要完成的工作内容、时间期限、考核标准等达成一致。在时间期限结束时，考核人根据被考核人的工作状况及原先制定的考核标准来进行考核。

1. 对目标的要求

一旦确定以目标管理为基础进行绩效考核，那就必须为每个员工设立绩效目标，目标管理系统是否成功，很大程度上取决于这些绩效目标陈述的贴切性和清晰性。

绩效目标的设定除了可以参考其他绩效考核方法中所使用的绩效指标设计的原则外，还必须注意六点（见图2—3）。

2. 目标管理考核法的管理

（1）建立工作目标计划

员工工作目标计划表的编制由员工和上级共同完成，目标的实现者同时也是目标的制定者，这样有利于目标的实现。

1. 目标要清楚、明确
2. 目标要可评估
3. 目标要有相容性
4. 目标必须与在更高的组织层次上所设定的目标相一致
5. 目标必须是具体的和富有挑战性的
6. 目标必须是现实的和可实现的

图 2—3　目标设定的要求

各部门管理人员根据部门目标，结合工作岗位的职责，在相互讨论、平等沟通的基础上制订员工工作目标计划表。表 2—7 为××公司销售部员工工作目标计划表，供读者参考。

表 2—7　××公司销售部员工工作目标计划表

姓名		工作部门	
岗位名称		考核期限	
工作概述			
工作目标计划			
序号	工作计划内容	工作目标	备注
1	具体执行产品销售工作	完成销售额不低于______万元	
2	根据签订的合同，按规定收取合同款	货款回收及时率达______%	
3	与客户沟通、联络，做好客户服务工作	客户有效投诉发生次数少于______次	
4	收集产品市场信息，寻找潜在客户	客户开发数量达到______家	
5	及时、准确填写销售记录、报表	销售记录、报表填写及时率达______%	
……	……	……	
审核签字			
被考核者		考核者	
签字日期		签字日期	

（2）明确业绩衡量标准

一旦某项目标被确定用于绩效考核，就必须收集相关的数据，明确如何以该目标衡量工作业绩，并建立相关的检查和评估机制。在明确业绩衡量标准时，应遵守以下原则，如图2—4所示。

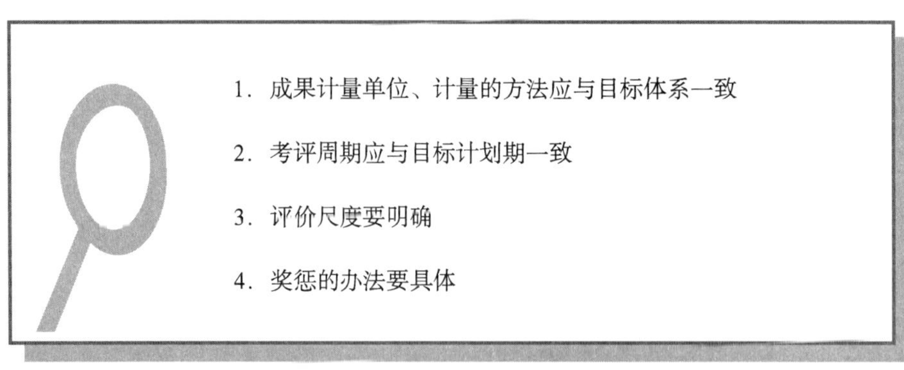

图2—4　确定业绩衡量标准应遵守的原则

（3）实施业绩评价

实施业绩评价，将实际达到的绩效水平与预先设定的绩效目标相比较，找出两者之间的差距，这既有助于确定对培训的需求，又能帮助确定下一绩效周期的绩效目标。

（4）提供反馈

部门领导定期召开绩效评价会议，与下属人员展开讨论，一起对预期目标的达成和进度进行讨论。

3. 目标管理考核法实施流程

目标管理考核法是众多国内外企业进行绩效考核的常见方法之一，其具体操作流程如图2—5所示。

设定绩效目标	明确业绩衡量标准	实施业绩评价	设定新绩效目标
1. 上下级共同参与 2. 目标尽量量化 3. 对标准达成共识	1. 确定指标单位方法 2. 明确指标评价尺度 3. 制定具体奖惩办法	1. 找出差距 2. 达成绩效改进共识 3. 制定解决办法	1. 调整绩效目标 2. 为新一轮绩效循环设立绩效标准

图2—5　目标管理考核法实施流程

4. 目标管理考核表

目标管理考核法被大量应用于企业考核，企业可根据自身的组织目标和考核需求进行相关设计。表 2—8 为××公司部门工作目标考核表。

表 2—8　　××公司部门工作目标考核表

<table>
<tr><td colspan="3">考核部门</td><td colspan="2"></td><td colspan="2">考核阶段</td><td colspan="2"></td></tr>
<tr><td colspan="3">考核者</td><td colspan="2"></td><td colspan="2">考核日期</td><td colspan="2"></td></tr>
<tr><td colspan="9">考核内容</td></tr>
<tr><td rowspan="2">序号</td><td rowspan="2">目标类别</td><td rowspan="2">所占比重</td><td colspan="2">预定目标</td><td colspan="2">完成目标</td><td rowspan="2">末完成
原因说明</td></tr>
<tr><td>目标名称</td><td>目标值</td><td>完成程度</td><td>目标达成率</td></tr>
<tr><td rowspan="2">1</td><td rowspan="2"></td><td rowspan="2"></td><td></td><td></td><td></td><td></td><td></td></tr>
<tr><td></td><td></td><td></td><td></td><td></td></tr>
<tr><td rowspan="2">2</td><td rowspan="2"></td><td rowspan="2"></td><td></td><td></td><td></td><td></td><td></td></tr>
<tr><td></td><td></td><td></td><td></td><td></td></tr>
<tr><td rowspan="2">3</td><td rowspan="2"></td><td rowspan="2"></td><td></td><td></td><td></td><td></td><td></td></tr>
<tr><td></td><td></td><td></td><td></td><td></td></tr>
<tr><td rowspan="2">…</td><td rowspan="2"></td><td rowspan="2"></td><td></td><td></td><td></td><td></td><td></td></tr>
<tr><td></td><td></td><td></td><td></td><td></td></tr>
<tr><td colspan="9">考核结果</td></tr>
<tr><td colspan="9"></td></tr>
</table>

2.1.3　基于 KPI 的考核法

关键绩效指标（Key Performance Indicator，KPI）是用来衡量某一职位工作人员工作绩效表现的具体量化指标，它来自对企业总体战略目标的分解，最能反映有效影响企业价值创造的关键驱动因素。

作为一种绩效评估体系设计的基础，我们可以从以下三个方面对关键绩效指标加以深入理解。如图 2—6 所示。

1. 关键绩效指标是用于考核和管理被评估者绩效的可量化或行为化的标准体系
2. 关键绩效指标体现为对组织战略目标有增值作用的指标
3. 员工和管理人员可通过在关键绩效指标上达成的承诺，对员工工作进行展望，对员工现在及未来发展进行沟通

图 2—6　对关键绩效指标的理解

1. 关键绩效指标体系的建立

关键绩效指标体系是对公司宏观目标进行层层分解后，产生的具有可操作性的一系列关键绩效指标。企业关键绩效指标体系的建立通常有以下三种方式，如图 2—7 所示。

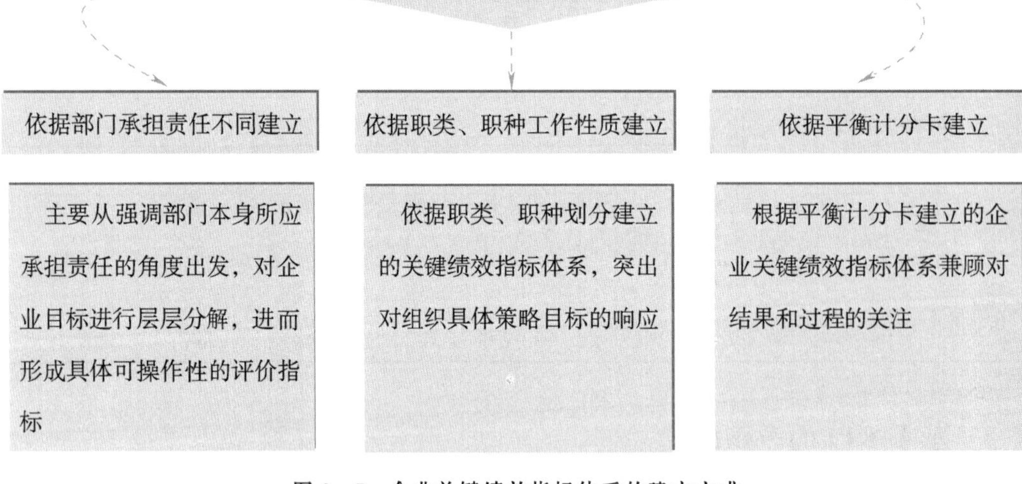

图 2—7　企业关键绩效指标体系的建立方式

2. 关键绩效指标的确立

（1）选择关键绩效指标

通常情况下，企业中能够用于绩效考核的指标很多，其涵盖的范围也比较广，如果对全部指标均进行监控和考核，指标过多，因此确定和挑选企业重点关注的关键绩效指标显得尤为重要。

1）关键绩效指标确立的原则

关键绩效指标的确立有一个很重要的原则，即 SMART 原则，其具体内容如图 2—8 所示。

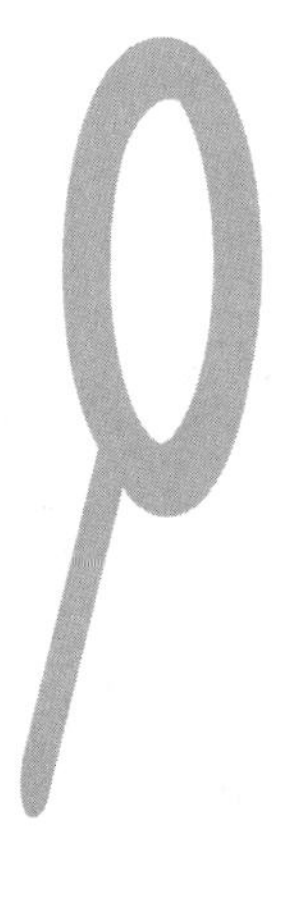

1．Specific，明确的、具体的

是指绩效指标要切中特定的工作目标，不是笼统的，而是应该适度细化，并且随情境变化而发生变化

2．Measurable，可度量的

是指绩效指标或者是数量化的，或者是行为化的，同时需验证这些绩效指标的数据或信息是可以获得的

3．Attainable，可实现的

是指绩效指标在付出努力的情况下可以实现，主要是为了避免设立过高或过低的目标，从而失去了设立该考核指标的意义

4．Realistic，现实的

是指绩效指标是实实在在的，可以证明和观察得到的，而并非假设的

5．Time-bound，有时限的

是指在绩效指标中要使用一定的时间单位，即设定完成这些绩效指标的期限，这也是关注效率的一种表现

图 2—8　关键绩效指标确立的原则

2）关键绩效指标确定的常用方法

企业确定关键绩效指标的常用方法有三种，见表 2—9。

表 2—9　确定关键绩效指标的方法

确定方法	方法说明
标杆基准法	企业将自身的关键绩效行为与本行业最强企业的关键绩效行为进行比较，分清这些基准企业的绩效形成原因，并在此基础上确定本企业的关键绩效指标
成功关键法	通过寻找企业成功的关键要点，并对这些关键要点进行重点监控和层层分解，从而选择和确立企业评估的关键绩效指标
策略目标分解法	通过建立财务指标与非财务指标的综合指标体系对企业的绩效水平进行监控，进而确立企业的关键绩效指标

（2）确定指标所占权重

在选定关键绩效指标之后，需确定各指标所占权重。关键绩效考核指标权重的确定方法有经验法、强行排序法和权值因子判断表法等，详情见表 2—10。

表 2—10 确定关键绩效指标权重的方法

确定方法	方法说明
经验法	依据历史数据和专家直觉判断来确定权重的方法，这种方法的决策率高、成本低，容易被人接受，但也存在片面性、可靠程度不高等方面的问题
强行排序法	将所有的关键绩效指标按照重要程度进行强行排序，然后根据“20/80”原则确定每个关键绩效指标的权重，这实际上是经验法的一种延续
权值因子判断表法	由评价人员组成评价的专家组，由专家组制定和填写权值因子判断表，然后根据各位专家所填权值因子判断表来确定关键绩效指标的权重值

(3) 审核关键绩效指标

在设定关键绩效指标和标准后，还应该对关键指标进行审核，以确认这些指标能否全面、客观地反映被评估者的工作绩效以及是否适合于评价操作，审核关键绩效指标的要点主要有五点，如图 2—9 所示。

1. 工作产出是否为最终产品
2. 指标是否可以被证明和观察
3. 对同一指标多个评估者的评估结果是否一致
4. 是否从客户角度来界定关键绩效指标
5. 这些关键绩效指标是否可以操作

图 2—9 审核关键绩效指标的要点

(4) 制定评估方法

关键绩效指标作为可以量化的指标，其计算方法包括百分比率法、层差法、非此即彼法、说明法、负分考核法五种，详情见表 2—11。

表 2—11 绩效计划指标的计算方法

计算方法	方法说明
百分比率法	百分比率法是用 KPI 的实际完成值除以标准值，计算出百分比值，然后乘以权重分数，从而计算出 KPI 的实际考核值

续表

计算方法	方法说明
层差法	层差法不对 KPI 的实际完成值进行精确的连续分数计算，而是按照区间进行划分，与区间的分数对应
非此即彼法	非此即彼法主要是针对强制性指标设计的，这种方法针对绩效评估的结果只有两种，要么满分，要么零分
说明法	说明法是针对绩效评估中可能出现的多种情况进行说明，并且设定出各种情况对应的计分方法
负分考核法	负分考核法是对 KPI 在完成过程中出现异常情况的时候，按照一定标准进行扣分，它是一种针对标准分只扣不加的评估方法

2.1.4　平衡计分卡考核法

罗伯特·卡普兰和大卫·诺顿共同开发了名为“平衡计分卡”的绩效评估方法，它把对企业业绩的评价划分为财务、内部运营、客户、学习与发展四个方面。

平衡计分卡不仅是一个指标评价系统，而且还是一个战略体系系统，是企业战略执行和监控的有效工具。实施平衡计分卡的意义主要有五点，如图 2—10 所示。

1. 有利于企业战略管理的实施
2. 有利于改善内部运营，有效推动组织的变革
3. 有助于实现利益相关者的需求
4. 可以实现有效的激励
5. 有助于促进沟通，形成良好的企业文化

图 2—10　实施平衡计分卡的意义

1. 平衡计分卡的维度

维度体现了企业战略的基本关注点，平衡计分卡分为财务、客户、内部运营、学习与发展四个维度，如图 2—11 所示。

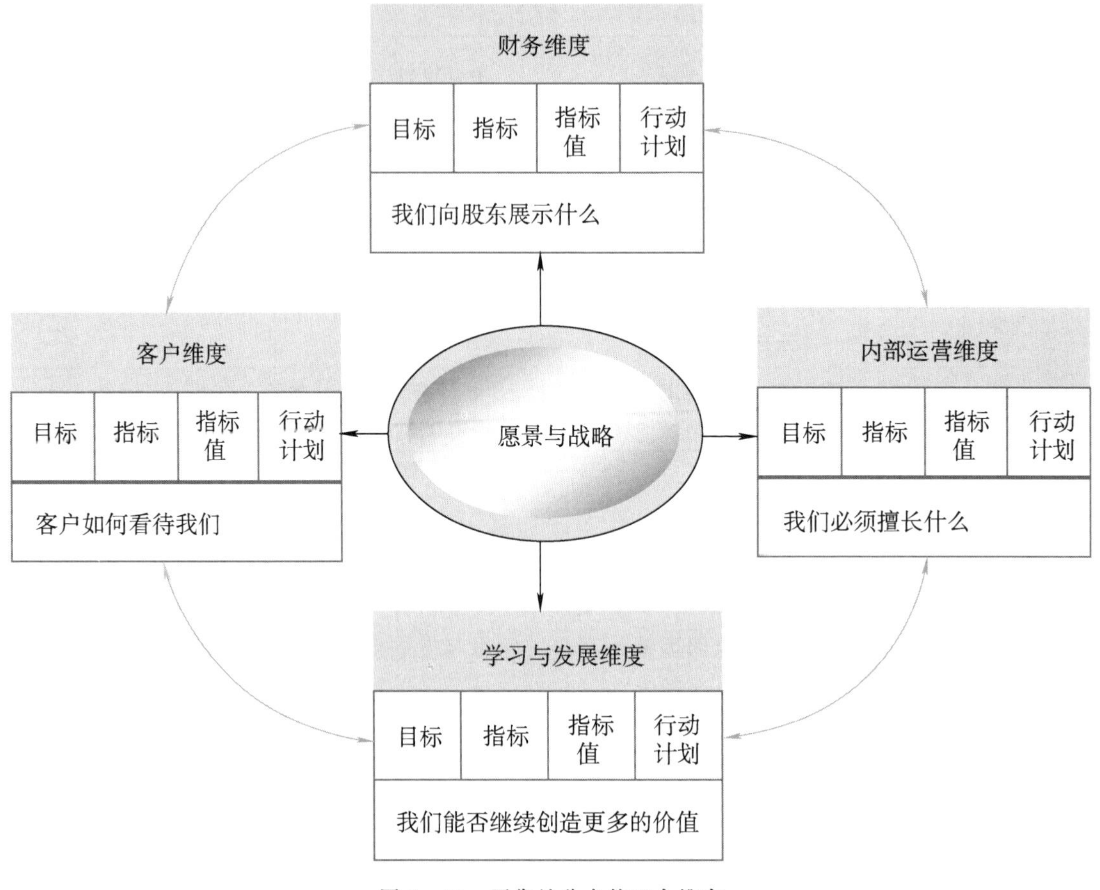

图 2—11　平衡计分卡的四个维度

2. 平衡计分卡的指标体系

从平衡计分卡的四个维度出发，企业设计了财务衡量指标体系、客户导向型指标体系、内部运营指标体系、学习和创新指标体系等一系列指标体系。表 2—12 为××公司销售部绩效考核指标体系。

表 2—12　　××公司销售部绩效考核指标体系

维度	关键业绩指标	权重	目标值
财务	销售额	10%	达到______万元
	新产品销售额占现有产品销售额比重	10%	达到______%
	呆坏账比率	10%	控制在______%以内

续表

维度	关键业绩指标	权重	目标值
客户	目标市场占有率	10%	达到______%以上
	重要客户满意度	10%	满意度评分达______分以上
	客户保有率	10%	达到______%以上
	新客户开发数	10%	达到______个以上
内部运营	销售计划完成率	10%	达到______%以上
	销售增长率	10%	达到______%以上
学习与发展	培训计划完成率	5%	达到 100%
	员工满意度	5%	达到______%以上

不同企业的愿景规划与战略不同，其设计的平衡计分卡也有所不同。通常情况下，企业在采用平衡计分卡进行管理时，需遵守以下原则，如图 2—12 所示。

1. 要与本企业的实际情况相符
2. 与企业的战略目标紧密相连
3. 指标的数量适中并选用关键的综合性指标
4. 指标选择不完全局限于固有的四个维度

图 2—12　平衡计分卡的制定原则

3. 平衡计分卡实施规划

为发挥平衡计分卡的积极作用，必须将平衡计分卡纳入到企业的组织管理制度中，使之成为企业进行管理分析、重要决策的基础。为确保平衡计分卡的有效实施，在构建平衡计分卡之前，必须做好计划。其内容主要包含以下几点，如图 2—13 所示。

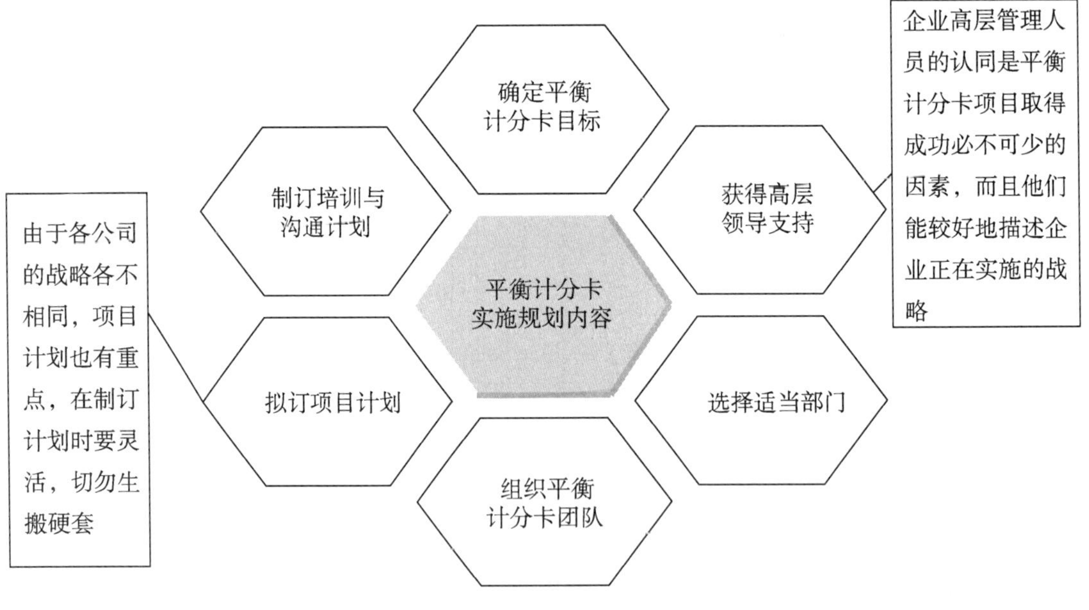

图 2—13　平衡计分卡实施规划内容

2.2　绩效考核文案

2.2.1　绩效考核实施工作计划

<table>
<tr><td rowspan="2">文本名称</td><td rowspan="2">××公司绩效考核实施计划书</td><td>受控状态</td><td></td></tr>
<tr><td>编　　号</td><td></td></tr>
<tr><td colspan="4">

一、目标概述

本公司自20××年开始推行绩效考核工作以来，在员工绩效改善方面取得了一定成绩，但在具体实施中也存在很多问题，为规范公司的绩效考核管理工作，不断提高和改进公司、部门和员工的工作业绩，确保公司战略目标的实现，公司特编制此年度绩效考核计划书。

二、绩效考核计划

在参考行业先进企业绩效考核办法，并结合本公司发展实际的基础上，公司将对原有绩效考核的内容、方法、体系做出相应调整，具体情况如下。

1. 绩效考核内容

公司对员工的考评将从多方面、多角度着眼进行立体的、多维的考评，主要包括三个方面：工作业绩、工作能力、工作态度。

（1）工作业绩。工作业绩的考评是对员工工作质量和数量的考评，主要包括工作方法、成本、部门主要工作目标以及完成效率、部门人员培养与保持等方面。

</td></tr>
</table>

（2）工作能力。在此主要是指专业能力，包括专业学识、业务技术、组织管理、开拓创新、个人开发、发展潜力等方面。

（3）工作态度。工作态度主要指员工的出勤情况、奉献精神、服务态度等方面。

2. 绩效考核体系

20××年，在原有绩效考核的基础上，参考先进企业的绩效考核办法，将绩效考核与薪资挂钩，对公司内部绩效考核制度、规则、管理办法等相关制度进行修订，以提高绩效考核的权威性和有效性。

三、具体计划安排

20××年，公司绩效考核计划的时间安排如下。

1. 本年度底，完成《公司绩效考核制度》《绩效考核规则》《绩效考核实施管理办法》等的修订，并提交总经理审核。

2. 下年度 1 月，依据公司发展战略目标和内部流程，提取关键绩效考核指标，最终形成关键指标体系，报人力资源部经理和总经理审批。

3. 20××年 6 月和 12 月，对全体员工实施绩效考核，并于考核结束后及时向公司领导汇报考核结果。

四、考核注意事项

1. 绩效考核工作牵涉到各部门各员工的切身利益，因此在绩效考核实施中，要做好各部门绩效考核的宣传与培训工作，引导员工用积极的心态对待绩效考核，以达到改善工作流程，提高工作绩效的目的。

2. 绩效考核实施中，人力资源部要积极听取各方面人员的意见和建议，及时对工作中的问题进行调整和改进。

3. 在绩效考核完成后，上级领导或人力资源部人员应针对考核结果与被考核者进行面对面沟通，以明确被考核者在完成绩效目标中需要改进的地方，同时对绩效考核指标体系进行完善。

五、所需的支持与配合

1. 修订后的绩效考核内容、指标、制度表单等文本需经公司各部门经理、主管副总经理及董事会共同审议。

2. 为保证绩效考核工作的顺利推行，公司需成立绩效考核推行委员会对绩效考核的推行与实施负责。建议至少有一名副总经理及以上高层领导参加，人力资源部作为具体承办部门将承担方案起草、方法制定、协调绩效考核组织实施、记录核查及汇总统计等职责。

编制人员		审核人员		批准人员	
编制日期		审核日期		批准日期	

2.2.2 绩效考核实施总结报告

文本名称	××公司绩效考核实施总结报告	受控状态	
		编　　号	

一、总体运行说明

本年度公司围绕整体发展战略和年度经营目标，严格按照公司的绩效考核安排，在公司高层领导下，各部门工作人员的主动配合下，积极开展绩效考核工作。在本年考核结束之时，为更好地总结本年度绩效考核的经验与不足，便于下年度绩效考核工作的开展，特总结如下。

二、绩效考核结果说明

本年度绩效考核中包含了员工 KPI 指标、岗位 KPI 指标、部门 KPI 指标三种，通过对绩效考核相关数据的收集和分析，客观地认定我公司的绩效考核初步达到了绩效考核量化管理的目标，下面针对各指标的达成情况进行详细说明。

1. 公司 KPI 指标

公司 KPI 指标包括客户开发量、销售额、新产品开发数量、企业生产能力、成本利润率、净资产增值率 6 项指标，在本公司全体员工的共同努力下，所有指标完成率均达到或超过 100%，其中新产品研发量、销售额、净资产增值率分别比目标值超出 3.6%、2.9%、3.5%。

2. 部门 KPI 指标

本年度，公司年度各部门的 KPI 指标完成情况见表 1。

表 1　　20××年度各部门绩效考核完成情况

职能部门	设定量		完成量		综合得分
	指标项数	权重（%）	指标项数	权重（%）	
生产部	10	100	8	80	80
销售部	10	100	10	100	100
技术部	8	100	8	100	100
采购部	8	100	7	85	85
财务部	7	100	7	100	100
人力资源部	10	100	8	80	80

3. 员工 KPI 指标

20××年度，员工绩效考核成绩分布情况见表 2。

表 2　　员工绩效考核成绩分布情况

考核分数	所占比重（%）
60 分以下	5
60～69 分	40
70～89 分	45
90 分以上	10

三、绩效考核体系中存在的问题

1. 考核体系设计问题

绩效考核本身需要稳定的组织结构、科学的职位描述等。但公司实施的本年绩效考核中，还缺乏科学的职位描述体系，导致某些绩效考核指标及流程设计不够全面。

2. 绩效考核认识问题

在考核实施过程中，有部分员工认为绩效考核无非就是考核者给他们的工作增添不必要的麻烦，这些负面的认识误区使员工在操作中会产生明显的抵触与排斥情绪。

3. 绩效考核申诉处理

在此次实施的绩效考核工作中，员工普遍反映对绩效考核结果无申诉途径，只能被动接受考核结果。这一现象导致员工对绩效考核的科学性、公平性存在质疑。

四、应对策略

1. 通过探索和改善，在实践中不断完善和优化绩效考核体系，尤其是那些反映问题较多或所占权重较大的考核指标。

2. 加强对员工绩效考核知识的培训，逐步导入考核理念，使之形成积极参与绩效考核的习惯。

3. 人力资源部加强与各职能部门之间的沟通与引导工作，并通过表格或其他各种方式引导部门经理与员工之间的考核沟通与互动。

4. 合理运用考核结果，当员工绩效与薪酬、职位晋升、奖惩等挂钩时，能充分引起员工的重视，也才能够暴露一些原来无法暴露的问题，然后通过调整达到考核体系不断优化的结果。最终考核体系才能真正达到激励员工不断改进绩效的作用。

5. 针对绩效考核结果无处申诉的问题，逐步完善绩效申诉处理机制，在其中规定申诉形式、申诉受理时间及答复，以稳定员工被动考核心态。

编制人员		审核人员		批准人员	
编制日期		审核日期		批准日期	

第 3 章

绩效考核实施

3.1 销售人员绩效考核

3.1.1 销售经理考核量表

<table>
<tr><td>被考核人姓名</td><td colspan="2"></td><td>所属部门</td><td colspan="2">销售部</td></tr>
<tr><td>考核人</td><td colspan="2"></td><td>考核时间</td><td colspan="2"></td></tr>
<tr><td>考核项目</td><td>KPI 指标</td><td colspan="2">指标说明</td><td>权重（%）</td><td>得分</td></tr>
<tr><td rowspan="5">销售目标管理</td><td>销售额</td><td colspan="2">—</td><td>10</td><td></td></tr>
<tr><td>销售计划完成率</td><td colspan="2">$\frac{实际销售额}{计划销售额}\times 100\%$</td><td>15</td><td></td></tr>
<tr><td>销售增长率</td><td colspan="2">$\frac{当期销售额-上期销售额}{上期销售额}\times 100\%$</td><td>5</td><td></td></tr>
<tr><td>销售毛利率</td><td colspan="2">$\frac{销售收入-销售成本}{销售收入}\times 100\%$</td><td>5</td><td></td></tr>
<tr><td>新产品市场占有率</td><td colspan="2">$\frac{新产品销售额或销售量}{当前该类产品销售额或销售量}\times 100\%$</td><td>15</td><td></td></tr>
<tr><td>销售费用控制</td><td>销售费用节省率</td><td colspan="2">$\frac{销售费用预算-实际发生的销售费用}{销售费用预算}\times 100\%$</td><td>5</td><td></td></tr>
<tr><td rowspan="2">客户管理</td><td>新增大客户数量</td><td colspan="2">考核期内交易金额在××万元以上的新增客户数量</td><td>10</td><td></td></tr>
<tr><td>客户保有率</td><td colspan="2">是考核客户关系维护情况的重要内容之一</td><td>10</td><td></td></tr>
<tr><td rowspan="2">销售账款管理</td><td>销售账款回收率</td><td colspan="2">$\frac{实际回收款}{计划回收款}\times 100\%$</td><td>10</td><td></td></tr>
<tr><td>坏账率</td><td colspan="2">—</td><td>5</td><td></td></tr>
<tr><td rowspan="2">销售人员管理</td><td>培训计划完成率</td><td colspan="2">$\frac{实际完成的培训项目（次数）}{计划培训的项目（次数）}\times 100\%$</td><td>5</td><td></td></tr>
<tr><td>部门员工任职资格达标率</td><td colspan="2">$\frac{当期任职资格考核达标的员工}{当期员工总数}\times 100\%$</td><td>5</td><td></td></tr>
<tr><td colspan="5">本次考核得分合计</td><td></td></tr>
<tr><td>被考核人签字</td><td colspan="2"></td><td>日期</td><td colspan="2"></td></tr>
<tr><td>考核人签字</td><td colspan="2"></td><td>日期</td><td colspan="2"></td></tr>
</table>

3.1.2　促销主管考核量表

被考核人姓名			所属部门	销售部
考核人			考核时间	
考核项目	KPI 指标	指标说明	权重（%）	得分
促销方案管理	方案目标达成率	$\frac{\text{达到预期目标的促销方案}}{\text{促销方案总数}}\times 100\%$	10	
	宣传品制作完成率	$\frac{\text{完成宣传品制作种类}}{\text{计划宣传品制作种类}}\times 100\%$	10	
促销费用管理	促销费用支出	促销活动各项费用之和	10	
	促销费用节省率	$\frac{\text{促销费用预算}-\text{实际促销费用}}{\text{促销费用预算}}\times 100\%$	10	
促销活动管理	促销额	考核期内促销收入总计/促销数量总计	10	
	促销计划完成率	$\frac{\text{实际完成的促销次数}}{\text{计划促销次数}}\times 100\%$	20	
	因促销导致的销售增长率	$(\frac{\text{活动后当月销售额}}{\text{活动前当月销售额}}-1)\times 100\%$	15	
客户管理	客户投诉处理率	$\frac{\text{完成投诉处理数量}}{\text{接到投诉数量}}\times 100\%$	10	
促销员管理	培训计划完成率	$\frac{\text{促销人员培训实际完成量}}{\text{促销人员培训计划完成量}}\times 100\%$	5	
本次考核得分合计				
被考核人签字		日期		
考核人签字		日期		

3.1.3 区域主管考核量表

被考核人姓名		所属部门		销售部
考核人		考核时间		
考核项目	KPI指标	指标说明	权重（%）	得分
销售计划管理	区域市场销售额	所辖区域考核期内完成的产品销售合同签订的销售额	20	
	片区销售计划完成率	$\frac{\text{销售计划实际完成量}}{\text{销售计划完成量}} \times 100\%$	20	
	销售增长率	$\frac{\text{当期销售额}-\text{上期销售额}}{\text{上期销售额}} \times 100\%$	10	
销售计划管理	销售毛利率	$\frac{\text{销售收入}-\text{销售成本}}{\text{销售收入}} \times 100\%$	10	
销售费用与货款管理	销售费用率	销售费用占销售收入的比率	10	
	销售回款率	反映企业实收的销售款与销售收入的总额的比率	5	
区域市场管理	区域市场占有率	反映公司的产品销量在该区域市场中占该类产品整个市场销售总量的比例	15	
	新增客户（渠道成员）数量	—	5	
销售人员管理	培训计划完成率	$\frac{\text{培训计划的实际完成量}}{\text{培训计划的计划完成量}} \times 100\%$	5	
本次考核得分合计				
被考核人签字		日期		
考核人签字		日期		

3.1.4　销售专员考核量表

被考核人姓名		所属部门	销售部
考核人		考核时间	

考核指标	指标说明	权重（%）	得分
产品销售额	—	20	
销售计划达成率	$\frac{\text{实际完成的销售额或销售量}}{\text{计划销售额或销售量}}\times 100\%$	20	
销售回款率	反映企业实收的销售款与销售收入的总额的比率	15	
销售合同的履约率	$\frac{\text{实际履约合同数量}}{\text{签订合同数量}}\times 100\%$	10	
销售费用率	$\frac{\text{支出的销售费用}}{\text{产品的销售收入}}\times 100\%$	15	
新增客户数量	考核期内销售专员开发的新增客户数量	15	
销售报告提交及时率	规定时间内销售报告的完成情况	5	
本次考核得分合计			
备注	除了上述考核指标外，另外还可将销售制度执行情况、市场信息收集情况等纳入考核范围		

被考核人签字		日期	
考核人签字		日期	

3.1.5　销售人员考核办法

制度名称	销售人员绩效考核管理办法	编　　号	
		执行部门	

第 1 章　总则

第 1 条　考核目的

1. 正确评价销售管理人员的工作绩效，了解销售管理人员的工作态度和工作能力。
2. 调动销售部管理人员工作的积极性和创造性，确保销售任务高效、圆满完成。
3. 为销售管理人员的薪资调整、职务晋升及奖励的发放提供依据。

第2条　适用对象

本办法适用于销售部中高层销售管理人员绩效考核。销售专员绩效考核将实行销售佣金制，其佣金提取办法见公司《销售专员佣金提取管理办法》。

第3条　考核原则

绩效考核将本着公平、公正、公开的原则，尽量做到全面、客观地评估。

第2章　考核办法

第4条　考核组织机构管理

1. 人力资源部作为绩效考核的主管单位全面负责销售管理人员绩效考核的实施。

2. 总经理办公室负责绩效考核管理制度的审批、绩效结果的评议和审定工作。

3. 销售部在人力资源部的指导下，负责绩效考核和等级评定工作，并帮助员工制订绩效改进计划。

第5条　考核时间安排

销售部中高层管理人员绩效考核主要分为月度考核和年度考核两种，具体考核时间如下。

1. 月度考核：在考核月度结束后下月的×日—×日完成。

2. 年度考核：在下年度的1月×日—×日完成。

第6条　考核维度选择

1. 销售管理人员月度绩效考核主要从任务绩效、管理绩效两个维度开展。其中任务绩效主要由被考核者的直接上级进行考核，管理绩效主要由被考核者的直接下级进行绩效考核。考核表详见附件。

2. 销售管理人员年度绩效考核主要从任务绩效、管理绩效、能力素质等维度开展。其中任务绩效、管理绩效考核主题与月度绩效考核一致，能力素质考核则由直接上级、直接下级、自评三部分构成，三部门所占比重分别为50%、30%、20%。考核表详见附件。

第7条　考核程序

1. 月度考核

(1) 人力资源部向被考核人员的直接上级发放“业绩绩效考核表”、向被考核人员直接下级发放“管理绩效考核表”，就其相应的考核内容予以评分。

(2) 人力资源部统计、计算考核得分，并将考核结果报总经理办公会审定。

(3) 由被考核人员的直接上级，根据考核结果，与被考核人进行沟通和面谈。

2. 年度考核

(1) 人力资源部分别向相关人员发放“年度业绩考核表”“能力素质年度考核表”“管理绩效考核表”，并就其相应的考核内容予以评分。

(2) 人力资源部统计、计算考核得分，并将考核结果报总经理办公会审定。

(3) 被考核者直接上级与被考核者进行绩效面谈和反馈，使被考核者认识自己的成就和不足，并探讨下一步的绩效改进计划。

(4) 根据绩效考核结果，进行职务、薪酬等方面的调整。

第8条　考核结果应用

对于绩效考核成绩和销售业绩优异的管理人员，公司将给予更多的培训机会，并给予广阔的发展空间，对于连续两年绩效结果均不合格的管理人员，将撤销销售管理人员职务。

第3章　附则

第9条　本办法由人力资源部制定、修改并负责解释

第10条　本办法自颁布之日起实施

第11条　附表

附表 1　　管理绩效考核表

被考核人		部门		职位					
考核阶段	____年____月____日～____年____月____日								
考核指标	权重（%）	考核标准			A	B	C	D	E
沟通效果	25	与下属沟通顺畅，人际关系和谐；下属碰到各种问题愿意主动和上级沟通							
工作分配	25	合理分派工作，充分发挥下属潜能；对下属工作中的重要问题及时给予指导							
下属发展	25	帮助下属明确自己的发展道路，并且得到下属认同；及时指出下属的改进点							
管理力度	25	能够有效规范下属行为，使下属行为成为其他部门员工效仿的榜样							

注：A—达到或超过考核标准　B—基本达到考核标准　C—接近考核标准　D—低于考核标准　E—远远低于考核标准

附表 2　　能力素质考核表

考核指标	分值	评分标准					考核得分			
		很好	较好	一般	较差	很差	自评	上评	下评	综合
团队建设能力	30 分	20～30	15～20	5～10	0～5	0				
协调能力	20 分	15～20	10～15	5～10	0～5	0				
领导能力	20 分	15～20	10～15	5～10	0～5	0				
分析判断能力	10 分	8～10	6～8	4～6	2～4	0～2				
公关谈判能力	20 分	15～20	10～15	5～10	0～5	0				
备注：1. “上评”是被考评者直接上级的评价，“下评”是被考评者直接下级的评价 2. 综合得分＝自评×20%＋下评×30%＋上评×50%										

附表 3　　业绩考核表

考核指标	权重（%）	资料来源	绩效目标值	得分
产品销售额	15	销售部	产品销售额达到______万元以上	
销售回款率	10	销售部	销售回款率达到______%以上	
销售成本费用控制	5	财务部	销售成本控制在预算之内	

续表

考核指标	权重（%）	资料来源	绩效目标值	得分
销售目标达成率	10	销售部	销售目标达成率达到______%	
销售合同履约率	10	销售部	销售合同履约率达到______%	
销售增长率	15	销售部	销售增长率达到______%	
产品市场占有率	10	销售部	产品市场占有率达到______%	
新客户开发率	10	销售部	新客户开发率不低于______%	
客户满意度	5	售后服务部	综合评价在______分以上	
培训计划完成率	5	人力资源部	培训计划完成率达到______%	
员工满意度	5	人力资源部	综合评价在______分以上	

编制人员		审核人员		批准人员	
编制日期		审核日期		批准日期	

3.2 生产人员绩效考核

3.2.1 生产经理考核量表

被考核人姓名		所属部门	生产部
考核人		考核时间	

考核项目	KPI 指标	指标说明	权重（%）	得分
1. 生产计划完成情况	生产计划完成率	$\frac{\text{实际生产量}}{\text{计划生产量}}\times 100\%$	15	
	交期达成率	$\frac{\text{交期达成批数}}{\text{交货总批数}}\times 100\%$	15	
2. 产品质量管理	产品质量合格率	$\frac{\text{合格产品数量}}{\text{总产品数量}}\times 100\%$	15	
3. 设备管理	设备利用率	$\frac{\text{全部设备实际工作时数}}{\text{设备工作总能力（时数）}}\times 100\%$	10	
	设备完好率	$\frac{\text{完好设备台数}}{\text{在用设备总台数}}\times 100\%$	10	

4. 成本控制	单位生产成本	—	10	
	能耗控制率	反映企业节能降耗的情况	10	
5. 安全生产管理	生产安全事故发生数	考核期内生产安全事故发生次数合计	10	
6. 部门员工培训管理	培训计划完成率	$\frac{\text{实际完成的培训项目（次数）}}{\text{计划培训的项目}}\times100\%$	5	
本次考核得分合计				

被考核人签字		**日期**	
考核人签字		**日期**	

3.2.2　车间主任考核量表

被考核人姓名		**所属部门**	生产部
考核人		**考核时间**	

考核指标	指标说明	权重（%）	得分
生产计划完成率	$\frac{\text{实际生产量}}{\text{计划生产量}}\times100\%$	20	
交期达成率	$\frac{\text{交期达成批数}}{\text{交货总批数}}\times100\%$	15	
产品质量合格率	$\frac{\text{合格产品数量}}{\text{总产品数量}}\times100\%$	20	
生产成本下降率	$\frac{\text{上期生产成本}-\text{当期生产成本}}{\text{上期生产成本}}\times100\%$	10	
生产事故发生次数	—	15	
人员培训计划完成率	$\frac{\text{实际完成的培训项目（次数）}}{\text{计划培训的项目（次数）}}\times100\%$	10	
生产计划制订的及时性	生产计划制订以不影响生产正常进行为标准	10	
本次考核得分合计			
备注	对车间主任的考核，还应将原料供应情况、5S 及现场管理情况、车间生产环境维护情况等纳入考核范围		

被考核人签字		**日期**	
考核人签字		**日期**	

3.2.3 生产人员考核办法

<table>
<tr><td rowspan="2">方案名称</td><td rowspan="2">车间生产人员考核办法</td><td>编　　号</td><td></td></tr>
<tr><td>执行部门</td><td></td></tr>
</table>

一、制定目的

1. 全面、客观、真实地了解和评估生产车间员工的工作表现。

2. 帮助生产员工了解自身优缺点，作为自我改善的指标，从而自觉改进和提高工作绩效，不断提升车间的整体素质以增强企业的核心竞争力。

3. 为员工升（调）职、嘉奖、处罚、培训提供依据。

二、适用范围

适用于生产车间员工的考核。

三、考核原则

1. 坚持公开、公平、公正的原则。

2. 定量与定性相结合的原则。

3. 坚持考核管理工作的连续性、整体性与完善性原则。

四、考核时间

于每月×日—×日内完成上月度考核工作。

五、考核形式

采取上级主管评估与自我评估相结合的方式进行考评。

六、考核内容

对车间生产人员的考核，主要从生产任务完成情况、岗位知识技能掌握情况、安全文明生产、劳动纪律、工作态度五个方面进行，具体内容见下表。

车间生产人员考核内容

<table>
<tr><th>考核项目</th><th>考核内容</th><th>权重</th><th>评价标准</th><th>考核得分</th></tr>
<tr><td rowspan="3">生产任务</td><td>生产计划完成率</td><td>15</td><td>1. 完成率100%，×分
2. ××%～99%，×分
3. ××%～99%，×分
4. ××%以下，×分</td><td></td></tr>
<tr><td>生产定额完成率</td><td>10</td><td>1. 完成率100%，×分
2. ××%～99%，×分
3. ××%～99%，×分
4. ××%以下，×分</td><td></td></tr>
<tr><td>产品质量合格率</td><td>15</td><td>1. ××%以上，×分
2. ××%以上，×分
3. ××%以上，×分
4. ××%以下，×分</td><td></td></tr>
</table>

续表

考核项目	考核内容	权重	评价标准	考核得分
岗位知识技能	岗位技能	15	1. 全部掌握本工段技能，×分 2. 掌握本工段三项以上的技能，×分 3. 掌握本工段两项以上的技能，×分 4. 基本掌握本工段所需最基础的技能，×分	
	对公司的产品质量要求及其岗位所需知识的理解程度	5	1. 深刻理解，×分 2. 基本理解，×分 3. 有一些了解，×分 4. 不了解，×分	
安全文明生产	劳保用品的穿戴程度	5	1. 穿戴齐全，×分 2. 偶尔会有穿戴不齐全的情况出现，×分 3. 经常不穿戴劳保用品或者穿戴不齐全，×分	
	安全操作	5	1. 有极强的安全防范意识，严格执行安全操作规程，×分 2. 有较强的安全防范意识，基本按照操作规程进行操作，×分 3. 安全意识淡薄，操作无序，×分	
	工作现场、卫生包干区的清洁程度	5	1. 环境整洁、物品摆放有序，×分 2. 环境有×处不整洁的地方，物品摆放有序，×分 3. 环境有×处以上不整洁的地方，物品摆放杂乱，×分	
劳动纪律	—	10	1. 无串岗、脱岗及聚堆聊天现象，×分 2. 着装整洁、规范，×分	
工作态度	工作主动性	5	1. 能积极主动地完成自己的本职工作，×分 2. 在别人的监督下能较好地完成工作，×分 3. 工作懈怠且工作业绩不能达到工作标准，×分	
	工作责任心	5	1. 具有较强的责任心，能彻底、顺利地完成工作任务，×分 2. 尚有责任心，能如期完成工作任务，×分 3. 缺乏责任心，需要时时督促才能勉强完成工作任务，×分	
	工作协作性	5	1. 总与本车间的或相关部门的人员紧密合作，×分 2. 能与本车间或相关部门的人员紧密合作，×分 3. 与本车间或相关部门人员缺乏合作，×分	

七、考核实施管理

1. 车间管理人员根据生产员工的实际工作表现填写“生产员工工作评价表”。

2. 人力资源部负责收集填具完整的“生产员工工作评价排列表”并汇总各生产员工的综合名次，将评价后的总体结果报送由人力资源部经理和车间主任组成的评审领导组，由评审领导组对最终结果进行审核。

3. 考核结果应在考核结束后 3 日内反馈给员工。

八、考核结果运用

1. 考核名次直接与上月度奖金挂钩。

2. 对于连续 3 个月考评受奖者，享受季度奖。

3. 对考核不合格者，公司予以培训或转岗、调岗等处理。

编制人员		审核人员		批准人员	
编制日期		审核日期		批准日期	

3.3 采购人员绩效考核

3.3.1 采购经理考核量表

被考核人姓名			所属部门	采购部
考核人			考核时间	
考核项目	KPI 指标	指标说明	权重（%）	得分
物资采购管理	采购计划完成率	$\frac{\text{考核期内采购总金额（数量）}}{\text{同期计划采购金额（数量）}}\times 100$	20	
	采购及时率	$\frac{\text{规定时间内完成采购订单数}}{\text{应完成采购订单总数}}\times 100\%$	10	
	采购物资合格率	$\frac{\text{采购物资的合格数量}}{\text{采购物资总量}}\times 100\%$	15	
	错误采购次数	—	5	
	采购成本	—	10	

供应商管理	供应商开发计划完成率	$\frac{实际开发数量}{计划开发数量}\times 100\%$	10	10
	供应商履约率	$\frac{履约的合同数}{订立的合同数量}\times 100\%$	10	
	供应商满意度	供应商满意度评价情况	10	
部门员工管理	员工培训计划完成率	$\frac{实际完成的培训项目（次数）}{计划培训的项目}\times 100\%$	10	
本次考核得分合计				
被考核人签字		**日期**		
考核人签字		**日期**		

3.3.2 采购专员考核量表

被考核人姓名		**所属部门**	采购部
考核人		**考核时间**	
考核指标	指标说明	权重（%）	得分
采购计划完成率	$\frac{考核期内采购总金额（数量）}{同期计划采购金额（数量）}\times 100\%$	30	
采购及时率	$\frac{规定时间内完成采购订单数}{应完成采购订单总数}\times 100\%$	15	
采购质量合格率	$\frac{采购物资的合格数量}{采购物资总量}\times 100$	15	
采购价格的合理性	在同等质量、采购条件下材料价格与市场平均价格相比较的情况	15	
供应商履约率	$\frac{履约的合同数}{订立的合同数量}\times 100\%$	15	
新供应商开发个数	—	10	
本次考核得分合计			
备注	除上述指标外还应该综合考虑以下指标：订单的处理时间、相关单据的准确及时性、供应商信息的完整性、准确性等		
被考核人签字		**日期**	
考核人签字		**日期**	

3.3.3 采购人员考核方案

方案名称	××公司采购人员绩效考核方案	编　　号	
		执行部门	

一、目的

为了客观公正地评价采购人员的工作绩效，提高员工工作绩效，促进企业发展，并为下一期工作开展打下一个良好的基础，特制订本方案。

二、遵循原则

1. 明确化、公开化原则

考评标准、考评程序和考评责任都应当有明确的规定，而且在考评中应当遵守这些规定。同时，考评标准、程序和对考评责任者的规定在企业内部应当对全体员工公开。

2. 客观考评的原则

明确规定的考评标准，针对客观考评资料进行评价，避免掺入主观性和感情色彩。

3. 差别化的原则

考核的等级之间应当有鲜明的差别界限，针对不同的考评评语在工资、晋升、使用等方面应体现明显差别，使考评带有激励性。

4. 反馈原则

考评结果（评语）一定要反馈给被考评者本人。在反馈考评结果的同时，应当向被考评者就评语进行说明解释，肯定其成绩和进步，说明不足之处，提供今后努力方向的参考意见等。

三、适用范围

本方案适用于本企业的除采购部经理之外的所有采购人员，但以下人员除外。

1. 因公休、请假等原因，考核期间出勤率不足20%的员工。

2. 试用期员工。

四、绩效考核小组成员

人力资源部负责组织绩效考核的全面工作，其主要成员有：人力资源部经理、采购部经理、采购部主管、人力资源部绩效考核专员、人力资源部一般工作人员。

五、采购绩效考核实施

1. 采购人员绩效考核指标

采购人员绩效考核以适时、适质、适量、适价、适地的方式进行，主要从采购时间、采购品质、采购数量、采购价格、采购效率五个方面对采购人员进行绩效考核。量化指标见表1。

表1　　采购人员绩效考核指标

绩效考核方面	权重（%）	考核指标/指标说明
时间绩效	15	停工断料，影响工时的情况
		采购及时率
品质绩效	20	采购物资合格率
		物料使用的不良率或退货率

续表

绩效考核方面	权重（%）	考核指标/指标说明
数量绩效	20	呆物料金额
		呆物料损失金额
		库存金额
		库存周转率
价格绩效	30	实际价格与标准成本的差额
		实际价格与过去平均价格的差额
		比较使用时之价格和采购时之价格的差额
效率绩效	15	采购金额
		采购部门费用
		新开发供应商数量
		采购完成率
		错误采购次数
		订单处理时间

2. 绩效考核周期

采购部经理对于短期内工作产出具有较清晰的记录和印象以及对工作的产出及时进行评价和反馈，有利于及时地改进工作，适于以月度为周期进行考核；对于周边绩效指标，以季度或年度进行考核。

3. 绩效考核方法及说明

采购人员绩效考核采用量化指标与日常工作表现考核相结合的方式进行：量化指标占考核的 70%，日常工作表现考核占 30%。两次考核的总和即为采购人员的绩效。采购人员绩效考核计算方式如下。

采购人员绩效考核分数＝量化指标综合考核得分×70%＋日常工作表现×30%

4. 绩效考核实施

绩效考核小组工作人员根据员工的实际工作情况展开评估，员工本人将自己考核期间的工作报告在考核期间交与人力资源部，人力资源部汇总并统计结果，在绩效反馈阶段将考核结果告知被考核者本人。

5. 考核结果应用

考核结果分为五个层次（划分标准见表 2），其结果为人力资源部奖金发放、薪资调整、员工培训、岗位调整、人事变动等提供客观的依据。

表 2　　绩效考核结果等级划分标准

杰出	优秀	中等	需提高	差
A	B	C	D	E
90 分以上	80～89 分	65～79 分	50～64 分	50 分以下

（1）年度考核杰出且每月考核优秀以上者（含优秀）次年工资可晋升一到三级，视公司工资制度规定而行，其中年度考核得分计算为月度考核得分的平均分。

（2）年度考核优秀且每月考核优秀以上者（含优秀）次年工资可晋升一到两级，视公司工资制度规定而行。

（3）年度考核一般和合格者，需进行相关培训，以提高绩效水平。

（4）年度考核连续两次为差者，自动调离采购岗位。

（5）以上考核根据公司《绩效管理规定》而确定并发放绩效奖金。

六、绩效沟通

采购部门经理就被考核人员的考核结果与被考核人员进行沟通，使其客观地认识自己的优势和劣势，围绕其有能力改变的行为进行讨论，并提出合理化、可操作的改进意见，努力培养员工的能力，提高公司整体绩效水平。

编制人员		审核人员		批准人员	
编制日期		审核日期		批准日期	

3.4　物流人员绩效考核

3.4.1　物流经理考核量表

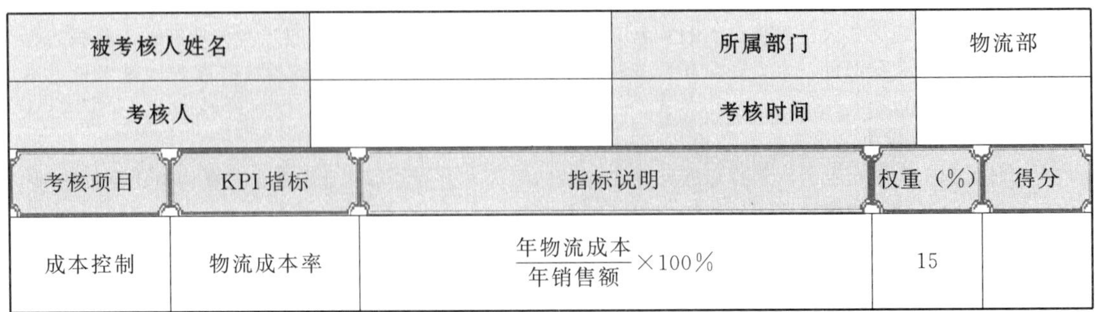

被考核人姓名			所属部门	物流部
考核人			考核时间	
考核项目	KPI 指标	指标说明	权重（%）	得分
成本控制	物流成本率	$\frac{\text{年物流成本}}{\text{年销售额}}\times 100\%$	15	

物流配送管理	送货准时率	$\frac{\text{准时送达订单数}}{\text{（可统计）订单总单数}}\times 100\%$	10	
	货损率	$\frac{\text{货损量}}{\text{货运总量}}\times 100\%$	10	
	货差率	$\frac{\text{货差量}}{\text{货运总量}}\times 100\%$	10	
	订单满足率	指一定时期内满足订单的数量与订单总数的比率	10	
	完美订单率	送货准时率、货损货差率、准时回单率、查询响应率 100%达标占可统计订单总单数的比例	10	
	运输/库存破损赔偿率	在某一时间段内，由于运输、仓储所造成的货物破损赔偿占在该时间段内的物流业务收入的比率	10	
	货运质量事故次数	指报告期内由于承运部门的责任造成的货损、货差等货运质量事故的实际件数	10	
客户满意度管理	客户投诉率	客户投诉的次数与总的服务次数的比率	5	
	客户满意度	客户满意度评价	5	
员工培训管理	培训计划完成率	$\frac{\text{实际完成的培训项目（次数）}}{\text{计划培训的项目}}\times 100\%$	5	
本次考核得分合计				

被考核人签字		日期	
考核人签字		日期	

3.4.2 运输主管考核量表

被考核人姓名		所属部门	物流部
考核人		考核时间	

考核指标	指标说明	权重（%）	得分
订单响应时间	从接到订单到答复能否满足订单的平均时间	10	
订单处理正确率	$\frac{无差错订单处理数}{订单总数}\times 100\%$	15	
运输准点率	在规定时间内运送货物到指定地点的次数与总运输次数的比率	15	
货损率	$\frac{货损量}{货运总量}\times 100\%$	15	
货差率	$\frac{货差率}{货运总量}\times 100\%$	15	
车辆满载率	表明车辆标记载重量被实际有效利用的程度	10	
运输信息及时跟踪率	每一笔货物运输出去以后，物流企业向客户反馈运输信息的比率	10	
信息反馈时间	从客户发出信息需求到客户收到准确信息所用的时间	10	
本次考核得分合计			
备注	除了上述量化的考核指标外，运输路线规划的合理性（有无重复运输、空载等现象发生）也是考核运输主管工作绩效的重要内容		

被考核人签字		日期	
考核人签字		日期	

3.4.3 物流人员考核方案

<table>
<tr><td rowspan="2">方案名称</td><td rowspan="2">物流人员绩效考核方案</td><td>编　　号</td><td></td></tr>
<tr><td>执行部门</td><td></td></tr>
</table>

一、考核目的

1. 提高运营服务的质量，增强服务意识。

2. 加强部门团队的管理和建设，提升在岗人员的专业素质，鼓励先进，教育落后。

3. 为员工奖惩、培训、职务调动等提供依据。

二、考核对象

运营工作各环节的在岗操作人员，包括信息、作业、运输等岗位人员。

三、考核指标设立原则

1. 全面性。指标应能够全面、系统地评价物流部门工作的质量。

2. 代表性。影响工作绩效的因素有很多，代表性原则要求选择关键性因素，在指标设计时要注意在这方面进行权衡。

3. 经济性。在设计指标时，应充分考虑到成本效益因素，必须在指标数据的获取成本和带来的效益之间进行权衡。

4. 可操作性。主要是指指标项目的易懂性和有关数据的可行性。这是设置评价指标体系必须考虑的一项重要因素。

四、考核内容

对物流人员的考核，主要包括表 1 所示的五部分内容。

表 1　物流人员考核内容

考核项目	考核指标	权重（%）	分数	评分标准	得分
运输计划	需求满足率	10	10	每低于目标值×%，减×分	
运输过程	货物及时发货率	10	10	每低于目标值×%，减×分；低于××%，此项得分为 0	
	货物准时送达率	15	15	每低于目标值×%，减×分；低于××%，此项得分为 0	
	货物完好到达率	15	15	每低于目标值×%，减×分；低于××%，此项得分为 0	
	运输信息及时跟踪率	5	5	每低于目标值×%，减×分	
库存管理	库存完好率	10	10	每低于目标值×%，减×分；低于××%，此项得分为 0	
	发货准确率	10	10	每低于目标值×%，减×分；低于××%，此项得分为 0	
客户服务	客户投诉率	10	10	每高出目标值×%，减×分	
	客户投诉处理时间	5	5	每出现一次不及时处理的情况，减×分	
成本控制	运输/库存破损赔偿率	5	5	每高出目标值×%，减×分	
	物流成本率	5	5	每高出目标值×%，减×分	

五、考核实施管理

1. 考核规定及操作培训

(1) 公司人力资源部负责考核规定及操作的培训工作。

(2) 物流部门负责人负责在部门内宣传、讲解考核规定及对本部门员工实施评估。

2. 考核结果评定与运用

考核结果分为表2所示的五个等级。

表2　考核结果划分

考核等级		占考核人数比例（%）
优秀	A	5
良好	B	15
一般	C	55
基本合格	D	20
不合格	E	5

考核结果为A等和B等的员工在下年度可按比例调薪；公司在有适当职位空缺或新的职位需求时会在考核结果为A等的员工中进行升迁和调配；对考核结果为C、D、E的员工，薪资等级不变；考核结果为D、E的员工，公司对其进行培训、转岗等处理。

编制人员		审核人员		批准人员	
编制日期		审核日期		批准日期	

3.4.4　快递人员考核量表

被考核人姓名		所属部门	物流部
考核人		考核时间	

考核指标	指标说明	权重（%）	得分
派件及时率	$\frac{\text{及时派件数量}}{\text{派件总数}} \times 100\%$	20	
派件准确率	$\frac{\text{准确派件数量}}{\text{派件总数}} \times 100\%$	20	
派件任务完成率	$\frac{\text{完成派件数量}}{\text{派件任务数}} \times 100\%$	15	

派送件完整率	$(1-\frac{派送件受损量}{派件总数})\times100\%$	20	
客户有效投诉次数	客户有效投诉的次数总和	25	
本次考核得分总计			
备注	除了上述量化的考核指标外，快递路线的合理性、款项交付情况、回单完整情况等也是考核快递人员工作绩效的重要内容		
被考核人签字		日期	
考核人签字		日期	

3.5　物业人员绩效考核

3.5.1　物业经理考核量表

被考核人姓名			所属部门	物业部
考核人			考核时间	
考核项目	KPI 指标	指标说明	权重（%）	得分
费用管理	部门费用预算达成率	$\frac{实用部门费用}{计划费用}\times100\%$	15	
物业管理	环境卫生达标率	$\frac{环境卫生考评达标次数}{环境卫生考核总次数}\times100\%$	20	
	绿化完好率	$\frac{完好的绿化面积}{绿化总面积}\times100\%$	20	
	共用设施设备完好率	$\frac{共用设施设备完好数}{共用设施设备总数}\times100\%$	15	
	（消防、治安）安全事故发生次数	辖区内消防、治安事件发生的次数	10	

业主满意度管理	有效投诉处理率	$\frac{完成处理的有效投诉数}{有效投诉总数}\times100\%$	10	
	物业服务满意度	业主对物业服务的满意度评价	10	
本次考核得分合计				

被考核人签字		日期	
考核人签字		日期	

3.5.2 维修主管考核量表

被考核人姓名		所属部门	物业部
考核人		考核时间	

考核指标	指标说明	权重（%）	得分
设施设备维修及时率	$\frac{及时维修次数}{报修总次数}\times100\%$	15	
维修计划完成率	$\frac{本期实际完成检修数量}{本期计划检修数量}\times100\%$	20	
公共设施完好率	$\frac{公共设施完好数}{公共设施总数}\times100\%$	15	
设备故障次数	—	10	
返修率	$\frac{需要返修的设备数量}{维修的设备送检总量}\times100\%$	10	
维修费用	—	20	
维修服务满意度	业主（客户）对维修服务工作的满意度评价	10	
本次考核得分合计			
备注	维修主管的绩效考核不仅涉及上述量化指标，还涉及专业技术水平、服务态度、下属员工的技术培训等内容的评估		

被考核人签字		日期	
考核人签字		日期	

3.5.3　绿化主管考核量表

被考核人姓名		所属部门	物业部
考核人		考核时间	

考核指标	指标说明	权重（%）	得分
绿化计划完成率	—	25	
绿化完好率	$\frac{\text{完好的绿化面积}}{\text{绿化总面积}} \times 100\%$	25	
环境卫生达标率	$\frac{\text{环境卫生考评达标次数}}{\text{环境卫生考核总次数}} \times 100\%$	20	
绿化成本	—	20	
绿化满意度	业主对绿化工作的满意度评价	10	
本次考核得分合计			
备注	对绿化主管的考核，除上述量化指标外还应该综合考虑绿化保洁服务标准编制的规范性、绿化保洁作业程序编制的合理性等方面的内容		

被考核人签字		日期	
考核人签字		日期	

3.5.4　物业人员考核办法

方案名称	××公司物业人员考核实施办法	编　　号	
		执行部门	

一、考核目的

本办法的制定是基于以下目的：

1. 为了能够对员工的工作态度和工作业绩做出科学的评价。

2. 为员工的晋升、薪资调整等人事决策提供依据。

二、适用范围

部门经理级以下的所有员工。

三、考核职责划分

1. 人力资源部

（1）负责本次考核的组织和管理工作。

（2）负责考核标准的核定和确认。

（3）负责考核结果的核实。
（4）负责考核过程的监督和协调。
2. 部门经理
负责考核的实施和绩优员工的推荐工作。
四、考核内容
对物业人员的考核主要是完成工作的效率和完成质量、服务态度等，具体内容见下表。

物业人员考核内容

考核项目	考核内容
岗位绩效	平日完成工作的质量和效率、岗位工作量等
岗位职责熟悉程度	是否熟悉本岗位职责，对本岗位相关的国家、行业法律法规、制度、政策的掌握情况
工作能力	岗位所需具备的工作能力，如协调沟通能力，即平日与同部门同事之间以及与合作部门同事之间协调处理问题的能力
工作态度	平日对待工作的态度是否端正，是否遵守公司制度，服从安排，与同事相处是否和睦，发现问题是否及时向上级汇报
工作纪律	是否遵守岗位工作纪律，是否经常故意无视工作纪律，我行我素
成本意识	是否有节约成本的意识，是否故意浪费工、料

需要说明的是，按公司具体各工种的工作岗位职责，各工种不同，考核侧重点应有所不同。
五、奖惩规定
1. 奖励
（1）文明服务、乐于助人，屡受业主、住户表扬者，奖×分/次。
（2）保护公共财产安全，防止重大事故者奖×分/次。
（3）拾金（物）不昧、好人好事，受到业主表扬者奖×分/次。
（4）提出合理化建议，对公司物业服务工作有实际收获和较好推动作用，奖×～××分/次。
（5）精打细算、修旧利废、厉行节约、降低物管成本有较大成果，奖×～××分/次。
（6）见义勇为，事迹突出者，给予通报表扬，奖×～××分/次，特别突出者，加倍奖励。记功一次。
（7）及时制止治安、消防及其他突发事件，保护了生命财产安全，减少经济损失，奖×～××分/次。记功一次。
2. 处罚
（1）迟到、早退、旷工，按《考勤制度》规定执行。
（2）着装不规范、佩戴不完整，扣×分/次。
（3）工作不认真、不负责，造成工作管辖区域秩序、环境混乱，疏导不利而造成影响者，扣×分/次。
（4）利用工作时间外出做与工作无关的事，扣×分/次。
（5）辖区内拾到物品不报告、不上交，扣留物品不登记、不上交者，扣×～××分/次。
（6）语言粗俗，服务被业主有效投诉，扣×～××分/次。
（7）在工作时间，由于处理方式不得当与业主（住户）或来访人员争吵，第一次扣×分，第二次扣××分。

(8) 由于工作失误或违反工作制度和操作规程，造成公司或业主（住房）重大的损失，行为第一次者，减××分，并作记过处理，经公司研究给予辞退处理的作辞退处理。

无论奖、罚一律作为员工季度或年度考核评比的依据。

注：员工奖惩记录纳入考核体系中。

六、考核实施流程

1. 员工个人当月绩效考核情况由员工直接主管与部门经理共同进行评价，并将最后考核结果送交人力资源部。

2. 人力资源部将各部门考核结果进行汇总，并综合员工各方面表现确定员工的晋升、培训等事项。

编制人员		审核人员		批准人员	
编制日期		审核日期		批准日期	

3.6 财务人员绩效考核

3.6.1 财务经理考核量表

被考核人姓名		所属部门	财务部
考核人		考核时间	

考核项目	KPI 指标	指标说明	权重（%）	得分
财务预算管理	计划、预算编制准确及时率	预算编制的偏差及完成时间的延误情况	10	
应收账款管理	应收账款周转率	公司一定时期内营业收入（销售收入）与平均应收账款余额的比率	5	
	应收账款回收率	反映企业应收账款的变现速度	10	
	坏账率	反映公司财务管理能力	10	
资金管理	筹资计划完成率	用于考核筹资的及时性、足额性	10	
	资金供应及时性	因资金供应不及时而影响公司经营活动顺利进行的情况	10	
成本费用管理	财务费用率	$\frac{\text{财务费用}}{\text{主营业务收入}} \times 100\%$	10	
	成本费用利润率	$\frac{\text{利润总额}}{\text{成本费用总额}} \times 100\%$	10	

财务报表管理	财务报表及分析报告编制及时性	报表及分析报告提交的延迟情况	5	
	财务报表数据的准确性	各类财务报表数据是否准确无误	10	
客户管理	内部客户满意度	公司各部门、分支机构的综合满意程度	5	
	外部客户满意度	外部客户的综合满意程度	5	
本次考核得分合计				
被考核人签字		**日期**		
考核人签字		**日期**		

3.6.2　会计人员考核量表

被考核人姓名		**所属部门**	财务部
考核人		**考核时间**	
考核指标	指标说明	权重（%）	得分
财务报表完成的及时性	财务报表及时完成的情况	20	
财务报表准确性	会计核算、财务报表出现差错的情况	30	
账务处理及时性	$\frac{\text{财务及时处理次数}}{\text{财务处理总次数}} \times 100\%$	30	
账实相符率	当期账面价值与资产实际情况相符程度	20	
本次考核得分合计			
备注	除了上述列举的考核指标外，费用报销审核的准确性、原始凭证填制的准确性、会计资料保管完好性也是考核会计工作的重要内容		
被考核人签字		**日期**	
考核人签字		**日期**	

3.6.3 出纳人员考核量表

被考核人姓名		所属部门	财务部
考核人		考核时间	
考核指标	指标说明	权重（%）	得分
记账凭证编制的准确性	发生差错凭证与总编制凭证的对比情况	20	
现金收支的准确度	现金收支的差错情况	30	
记账工作的及时性	各种凭证及时记录	30	
纳税申报的及时性	按有关规定及时完成纳税申报和办理工作	20	
本次考核得分合计			
备注	费用报销手续办理的完备性；现金、票据、印章的安全完好性及其他业务完成情况也是考核出纳工作不可缺少的内容		
被考核人签字		日期	
考核人签字		日期	

3.6.4 财务人员考核办法

方案名称	××公司财务人员考核办法	编　　号	
		执行部门	

为加强公司财务工作的规范管理，进一步强化财务人员工作责任，提高工作效率，促进财务人员今后自身的发展，特制定本考核办法。

一、考核对象

财务部财务人员（总会计师和财务经理除外）。

二、考核频率

对本公司财务人员的考核，采取季度考核与年度考核相结合的形式。

三、考核内容

考核的内容主要围绕公司财务人员岗位职责履行情况、服务质量、工作纪律、额外工作完成情况四个方面。

1. 岗位技能：履行职责的业务水平，完成工作任务数量、质量、效率，相关财经法规、制度、办事流程、财务系统的熟悉程度等。对公司材料会计、成本会计、出纳三个岗位的岗位职责履行情况的考核内容见下表。

部分岗位职能履行情况考核内容

岗位	考核内容
材料会计	1. 材料和费用报销审核的准确性 2. 固定资产管理账实相符和计提的准确性 3. 稽核仓库出入手续的及时准确性 4. 原始凭证填制的准确性
成本会计	1. 生产费用分配的合理性 2. 材料稽核的及时准确性 3. 成本管理分析总结的及时准确性
出纳	1. 现金、银行存款、有价证券和各种印鉴保管的安全完整性 2. 纳税申报的及时性、准确性 3. 办理银行承兑的准确性和及时性

2. 服务质量：职业道德表现，工作态度，敬业精神，领导、同事以及客户满意度等。

3. 工作纪律：公司规章制度遵守情况。

4. 额外工作的考核

(1) 额外工作分为指令性工作和创造性工作两大类，指令性工作为领导临时安排完成的工作，创造性工作为因个人在工作中主动思考发现的特殊情况，且经领导同意后而开展的临时性工作。

(2) 对于额外工作的完成情况考核：额外工作按计划进度完成，且符合目标要求者得到相应分数。未按计划进度完成者，超过第一天扣除该项分数的××%，超过第二天扣除该项分数的××%，超过第三天扣除该项分数的××%，超过第四天扣除该项分数的××%。

四、绩效管理

1. 建立沟通和动态监控制度

日常工作中，考核人要对被考核人加强动态管理，督促检查被考核人的工作完成进度。在考核结束之后，考核人要做好与被考核人的沟通谈话，指出工作中的优点和不足，及时指出下一步工作努力的方向，帮助被考核人不断提高工作能力和综合素质。

2. 考核评估管理

(1) 每月×号前考核人依据每个人的考核资料完成量化打分、综合评价等，并确定被考核人完成情况。

(2) 总会计师和财务部经理对各中心的主管、初级主管和财务部本部工作人员进行考核和综合打分；各中心主管对其下属工作人员进行考核和综合打分。最后由财务部汇总考核结果，排队列出每一位人员的综合得分，最后由总会计师召集人员讨论，完成对每一位财务人员的考核定格。

五、考核结果具有的效力

1. 决定员工职位升降的主要依据。

2. 与员工工资奖金挂钩。

3. 与福利（培训、休假）等待遇相关。

4. 决定对员工的奖励与惩罚。

5. 决定对员工的解聘。

编制人员		审核人员		批准人员	
编制日期		审核日期		批准日期	

3.7 行政人员绩效考核

3.7.1 行政经理考核量表

被考核人姓名			所属部门	行政部
考核人			考核时间	
考核项目	KPI指标	指标说明	权重（%）	得分
行政费用控制	办公费用预算达成率	$\frac{实际办公费用}{计划费用}\times 100\%$	15	
行政事务管理	文件处理的及时率	$\frac{在规定时间内完成的文件数}{在规定时间内应完成的文件数}\times 100\%$	20	
	办公用品供应的及时性	所需办公用品未能及时供应的次数	15	
	行政办公设备完好率	$\frac{完好设备台数}{设备总台数}\times 100\%$	15	
	合理化建议被采纳数量	当期提出合理化建议被公司采纳的数量	10	
	文件资料归档率	$\frac{已归档的人事档案数}{应归档总数}\times 100\%$	10	
满意度管理	行政服务满意度	公司内部对本部门服务支持的满意度评价	15	
本次考核得分合计				
被考核人签字			日期	
考核人签字			日期	

3.7.2 后勤主管考核量表

被考核人姓名		所属部门	行政部
考核人		考核时间	

考核指标	指标说明	权重（%）	得分
行政后勤费用	实际行政后勤费用支出情况与计划预算费用的偏差	10	
车辆完好率	该指标反映在考核期内，技术状况良好可随时出车进行工作的车辆的情况	15	
车辆调度合理性	相关部门因车辆调度不合理而引起的投诉情况	15	
环境卫生达标率	$\frac{\text{环境卫生考评达标次数}}{\text{环境卫生考核总次数}}\times 100\%$	15	
（公司）基础设施故障率	$\frac{\text{出故障设施}}{\text{设施总数}}\times 100\%$	15	
安全事故发生次数	—	15	
后勤服务满意度	员工对后勤部服务工作满意度评分情况	15	
本次考核得分合计			
备注	本处所指的安全事故是指企业辖区内所有消防安全、意外事故及盗窃事件等，车间工伤除外		

被考核人签字		日期	
考核人签字		日期	

3.7.3 车辆主管考核量表

被考核人姓名		所属部门	行政部
考核人		考核时间	

考核指标	指标说明	权重（%）	得分
车辆完好率	该指标反映在考核期内，技术状况良好可随时出车进行工作的车辆的情况	20	

出车及时率	$\frac{出车及时次数}{总的出车次数}\times 100\%$	15	
每百公里耗油量	—	15	
车辆维修成本	—	20	
办理车辆年检等手续的及时性	考核期内未能及时办理各种车辆手续的次数	15	
派车管理的合理性	考核期内相关部门因车辆调度不合理引起的投诉情况	15	
本次考核得分合计			
备注			
被考核人签字		**日期**	
考核人签字		**日期**	

3.7.4　行政秘书考核细则

方案名称	**××公司行政秘书考核实施细则**	**编　　号**	
		执行部门	

一、考核目的

为改进本部门行政秘书的工作，更好地发挥办公室的服务职能，也为了全面、准确地评价行政人员的工作业绩，特制定本考核细则。

二、考核方式

对行政秘书的考核采取自我评述和上级评价相结合的方式进行。

1. 自我评述

考核前，行政秘书按规定提交一份书面考核报告。

2. 上级评价

考核人根据行政秘书的岗位职责、绩效考核指标、标准和工作绩效记录，客观公正地对被考核人进行考核。

三、考核实施

1. 对秘书人员的考核，分为季度与年度两种，由人力资源部负责统一安排，行政部负责考核的具体实施工作。

2. 行政部经理根据被考核者的实际工作表现，对被考核者进行评估，其考核内容见表 1。

结合行政秘书的岗位职责，制定的考核量表如下。

表 1　　秘书岗位考核表

考核项目		考核内容
工作业绩	文件录入、打印	1. 每出现不规范或错误的情况一次，减×分 2. 在规定的时间内完成，每延迟一次，减×分
	公文处理	1. 在规定的时间内完成，每延迟一次，减×分 2. 行文规范、准确，每出现不规范或错误的情况一次，减×分
	文件管理	负责外来信函、传真、报纸等文件的收发和传送，文书档案归档率达到××%，出现延误或差错的情况每发生一次，减×分
	出差人员旅程安排	安排符合出差人员的要求，按时准确预订票务，出现延误或差错的情况每发生一次，减×分
	会议管理	会议组织有序，因会议准备工作不充分而影响会议顺利进行的每发生一次，减×分
		会议纪要延迟或出现错误一次，减×分
	公务用车管理	合理安排企业内部公务用车，没有延误，出现延误或差错的情况每发生一次，减×分
工作能力	文字能力	1. 行文流畅、准确、迅速，几乎不用修改，×～×分 2. 行文较快且准确但要做一定修改，×～×分 3. 行文速度一般，需要较大修改，×～×分 4. 行文慢且错误太多，×～×分
	沟通能力	1. 善于倾听，具有出色的语言、文字表达技巧，×～×分 2. 能够倾听，语言文字表达比较准确，×～×分 3. 语言文字尚能表达清楚意图，×～×分 4. 语言、文字表达含糊，意图不清，×～×分
工作态度	工作积极性	1. 工作非常积极，工作任务从来不会延迟，×～×分 2. 工作较为积极，工作任务极少延迟，×～×分 3. 工作相当积极，工作任务偶尔也会延迟，×～×分 4. 工作不太积极，工作任务经常会延迟，×～×分
	团队意识	1. 有强烈的团队意识，总是主动协助他人完成工作，×～×分 2. 有较强的团队意识，经常主动协助他人完成工作，×～×分 3. 有相当的团队意识，偶尔主动协助他人完成工作，×～×分 4. 有一定的团队意识，极少主动协助他人完成工作，×～×分

根据被考核者的得分，企业将其结果划分为五个等级，具体内容见表 2。

表 2　　考核结果划分

等级	等级说明	分值范围
A—优秀	各项工作都很优异	90 分以上
B—良	工作任务完成，部分工作绩效超出一般标准	80～90 分
C—好	工作任务全面完成，没有不良评价	70～80 分（不包括 80 分）
D—合格	基本完成工作目标，有少量工作完成不够及时	60～70 分（不包括 70 分）
E—需提高	工作目标未达成，有待提高	60 分以下

四、考核结果应用（略）

编制人员		审核人员		批准人员	
编制日期		审核日期		批准日期	

3.8　人力资源人员绩效考核

3.8.1　人力资源经理考核量表

被考核人姓名		所属部门	人力资源部	
考核人		考核时间		
考核项目	KPI 指标	指标说明	权重（%）	得分
招聘管理	招聘计划完成率	$\frac{\text{实际招聘到岗的人数}}{\text{计划需求人数}}\times100\%$	10	
	员工结构比例	各层次员工的比例分配状况，检测人力资源结构的合理性	10	
	招聘费用预算达成率	$\frac{\text{实际招聘费用}}{\text{招聘预算费用}}\times100\%$	10	
培训管理	培训计划完成率	$\frac{\text{实际完成的培训项目（次数）}}{\text{计划培训的项目（次数）}}\times100\%$	10	
	培训费用预算达成率	$\frac{\text{实际培训费用}}{\text{培训预算费用}}\times100\%$	10	

绩效管理	绩效计划的按时完成率	—	10	
薪酬管理	人力成本	—	10	
	员工保险、福利计算差错次数	出现员工保险、福利计算差错的次数	5	
员工管理	员工自然流动率	考察公司人员稳定性和人员代谢情况	5	
	关键人才流失率	检测公司关键人才的流失情况	10	
	员工满意度	员工对公司人力资源管理工作的综合满意程度	10	
本次考核得分合计				
被考核人签字		日期		
考核人签字		日期		

3.8.2 招聘主管考核量表

被考核人姓名		所属部门	人力资源部	
考核人		考核时间		
考核指标	指标说明		权重（%）	得分
招聘计划完成率	$\frac{\text{实际招聘到岗的人数}}{\text{计划需求人数}}\times 100\%$		30	
招聘空缺职位的平均时间	年度所有空缺职位招聘的平均时间		20	
招聘人员适岗率	反映公司的招聘管理水平		30	
劳动合同签订、变更、续订、终止的及时性	是否按规定在规定时间内完成		10	
招聘成本	是否控制在预算之内		10	
本次考核得分合计				
备注	一个优秀的招聘主管除了上述量化指标达标外，还应该与招聘渠道建立良好关系，熟悉企业所在行业人才情况，安排人员做好招聘前期的准备工作，确保招聘前期准备工作的有效性			
被考核人签字		日期		
考核人签字		日期		

3.8.3　培训主管考核量表

被考核人姓名		所属部门	人力资源部
考核人		考核时间	

考核指标	指标说明	权重（%）	得分
培训计划完成率	$\frac{\text{实际完成的培训项目（次数）}}{\text{计划培训的项目（次数）}}\times 100\%$	30	
培训参与率	$\frac{\text{实际参加培训的员工数}}{\text{规定应参加培训的总人数}}\times 100\%$	20	
培训费用预算达成率	$\frac{\text{实际培训费用}}{\text{培育预算费用}}\times 100\%$	10	
人均培训成本	—	15	
培训考核达标率	$\frac{\text{培训考核达标人数}}{\text{培训的总人数}}\times 100\%$	15	
外部合作单位满意度	外部培训单位合作情况满意度评价	10	
本次考核得分合计			
备注	此岗位的考核不仅要重视量化指标还应兼顾行为指标，例如，与相关部门配合度的情况、培训学员对公司培训工作的满意度评价等		

被考核人签字		日期	
考核人签字		日期	

3.8.4　薪酬主管考核量表

被考核人姓名		所属部门	人力资源部
考核人		考核时间	

考核指标	指标说明	权重（%）	得分
薪酬总量预算安排达成率	当年人工总成本实际发生金额占人工总成本预算的比例	30	
工资奖金计算错误人次	出现工资、奖金计算错误的人次	15	

员工保险、福利计算差错次数	出现员工保险、福利计算差错的次数	20	
考核数据统计的准确性	当期考核统计工作中出现的差错次数	20	
合理化建议采纳数量	—	15	
本次考核得分合计			
备注	考核表设计的完善性、薪酬分析报告提交及时性、员工满意度评价等内容也应与上述指标一起对薪酬主管的工作进行考核		
被考核人签字		日期	
考核人签字		日期	

3.8.5 人力资源人员考核办法

方案名称	××公司人力资源人员考核办法	编　号	
		执行部门	

一、考核目的

为规范人力资源人员的绩效考核管理工作，充分调动员工的工作积极性与主动性，从而激励其更好地完成人力资源部既定的工作目标，特制定本办法。

二、适用范围

本办法适用于人力资源部除人力资源经理以外的所有员工。

三、考核职责划分

人力资源经理负责人力资源部员工的月、季、年度考核实施及考核方案的调整。

四、考核内容

人力资源人员绩效考核内容主要包括工作完成的质量、进度及相关指标达成情况，还包括工作态度、工作纪律等综合素质，具体内容见下表。

人力资源人员考核内容

考核项目	考核内容
人力资源配置完成情况	人力资源实际到岗情况
培训工作完成情况	培训人次完成情况、培训效果满意程度

续表

考核项目	考核内容
预算达成情况	人力资源预算的编制及控制情况
人力资源基础信息情况	相关信息的准确性、完整性、及时更新程度等
服务满意度	本部门及其他部门人员对人力资源服务的满意度评价
劳动争议处理情况	劳动争议处理的满意程度、因劳动争议处理失当给公司造成的损失
学习培训情况	参加学习培训的情况、培训考核成绩、培训对于绩效的促进作用等
工作态度	工作的主动性、积极性、对工作安排的服从情况、对错误的认识态度
工作纪律	对公司岗位工作纪律、劳动纪律等的自觉遵守情况，对他人遵守纪律的正面引导作用等

五、考核结果核算

人力资源人员考核结果根据考核分数分为优秀（95 分以上）、良好（80～95 分）、称职（60～80 分）、不称职（60 分以下）四个等级。

六、考核结果反馈

考核期末，由人力资源部经理将考核结果反馈给人力资源人员，如人力资源人员对考核结果有异议，可及时向人力资源部经理提出，人力资源部经理经调查研究后予以及时回复。

七、考核结果应用

人力资源人员的绩效考核结果除作为月度绩效工资的发放依据外，还将作为年终优秀员工评选、进修培训的重要参考依据。其中月度绩效工资的发放公示如下：

月度个人绩效工资额＝（月度个人考核成绩/人力资源部考核人员成绩总和）×人力资源部绩效工资总额

编制人员		审核人员		批准人员	
编制日期		审核日期		批准日期	

3.9 电子商务人员绩效考核

3.9.1 电子商务经理考核量表

被考核人姓名		所属部门	电子商务部	
考核人		考核时间		
考核项目	KPI 指标	指标说明	权重（%）	得分
电子商务平台建设	电子商务运营方案制订及时性	$\frac{\text{及时制订的电子商务运营方案个数}}{\text{应制定的电子商务运营方案个数}}\times100\%$	10	
	电子商务运营方案一次性通过率	$\frac{\text{一次性通过的电子商务运营方案个数}}{\text{报审的电子商务运营方案个数}}\times100\%$	5	
电子商务平台运营管理	点击率	指网站页面上某一内容被点击的次数与被显示次数之比	10	
	活跃用户数	会不时光顾网站并带来一定价值的用户数量	15	
	产品销售额	电子商务平台上实现的产品销售总额	20	
	费用预算达成率	$\frac{\text{实际费用支出}}{\text{预算费用}}\times100\%$	10	
	电子商务平台运营故障次数	电子商务平台出现运营故障的次数	10	
	客户满意度评分	客户对电子商务平台的满意度评分的平均值	10	
电子商务人员管理	培训计划完成率	$\frac{\text{实际完成的培训项目（次数）}}{\text{计划培训的项目（次数）}}\times100\%$	5	
	绩效考核合格率	$\frac{\text{部门员工绩效考核合格人数}}{\text{部门员工参加绩效考核总人数}}\times100\%$	5	
本次考核得分总计				
被考核人签字		日期		
考核人签字		日期		

3.9.2　网店推广专员考核量表

被考核人姓名		所属部门	电子商务部
考核人		考核时间	

考核指标	指标说明	权重（%）	得分
网络广告点击次数	网络广告被点击访问的次数	15	
网页浏览数	所有访问者浏览的页面数量	15	
平均日访客数	$\frac{\text{总的独立访客数}}{\text{天数}}$	15	
平均停留时间	用户一段时间内每次访问网站页面的平均停留时间	15	
网站回头率	在 24 小时之内相同用户访问网站的次数	20	
网站转化率	$\frac{\text{用户进行相应目标行动的访问次数}}{\text{用户总访问次数}}\times 100\%$	20	
本次考核得分合计			
备注	除了上述量化的考核指标外，网店推广专员的团队协作能力、创新能力、问题发现与解决能力等也是其重要的考核内容		

被考核人签字		日期	
考核人签字		日期	

3.9.3 网店销售员考核量表

被考核人姓名		所属部门	电子商务部
考核人		考核时间	

考核指标	指标说明	权重（%）	得分
未及时响应次数	客户咨询时，未及时响应的次数	10	
咨询转换率	$\frac{\text{最终下单的人数}}{\text{接待的咨询人数}}\times 100\%$	25	
成交额转换率	$\frac{\text{个人成交金额}}{\text{电子商务部平均成交金额}}\times 100\%$	20	
换货率	$\frac{\text{换货单量}}{\text{成交单量}}\times 100\%$	10	
退货率	$\frac{\text{退货单量}}{\text{成交单量}}\times 100\%$	15	
差评次数	由服务态度导致客户给出差评的次数	20	
本次考核得分合计			
备注	除了上述量化的考核指标外，服务规范用语情况、服务意识、售后问题处理情况等也是考核网店销售员工作绩效的重要内容		

被考核人签字		日期	
考核人签字		日期	

3.9.4　网店配货员考核量表

被考核人姓名		**所属部门**	电子商务部
考核人		**考核时间**	
考核指标	指标说明	权重（%）	得分
配单准确率	$(1-\frac{\text{丢单量}+\text{错单量}}{\text{总订单量}})\times 100\%$	20	
订单延时率	$\frac{\text{非第三方物流原因造成的订单延时发送次数}}{\text{订单总数}}\times 100\%$	20	
残次品流出率	$\frac{\text{残次品流出件数}}{\text{产品发出件数}}\times 100\%$	15	
货品包装合格率	$(1-\frac{\text{货品包装不合格件数}}{\text{货品包装总件数}})\times 100\%$	15	
发货信息反馈及时率	$\frac{\text{及时内部通报发货信息的次数}}{\text{应及时内部通报发货信息的次数}}\times 100\%$	10	
客户有效投诉次数	客户有效投诉的次数总和	20	
本次考核得分合计			
备注	除了上述量化的考核指标外，发票匹配情况、快递单匹配情况、底单完整情况等也是考核网店配货员工作绩效的重要内容		
被考核人签字		**日期**	
考核人签字		**日期**	

3.9.5 电子商务人员考核办法

<table>
<tr><td rowspan="2">方案名称</td><td rowspan="2">××公司电子商务人员考核办法</td><td>编　号</td><td></td></tr>
<tr><td>执行部门</td><td></td></tr>
</table>

一、考核目的

为加强对电子商务人员的管理，公平公正考核员工工作绩效，提高员工的整体职业水平，提升销售业绩，激励成绩突出员工，鞭策落后员工，实现员工多劳多得，特制定本考核办法。

二、适用范围

本办法适用于电子商务部部门经理级以下所有已转正的员工。

三、考核周期

每月1日至月末最后1日，即以每个自然月为一个考核周期。

四、考核原则

1. 定量考核＋定性考核。

2. 定量考核要做到严格标准，定性考核要做到公平客观。

3. 考核结果与员工收入直接挂钩。

五、考核指标

对电子商务人员的考核，主要从工作业绩、工作态度、工作能力三个方面进行，具体指标见表1。

表1　电子商务人员考核内容

考核项目	考核指标	权重（%）	评价标准	得分
工作业绩	订单数量	15	1. 订单数量≥__个，×××分 2. __个＜订单数量≤__个，×××分 3. 订单数量＜__个，×××分	
	销售额	30	1. 销售额≥__万元，×××分 2. __万元≤销售额＜__万元，×××分 3. 销售额＜__万元，×××分	
	咨询转换率	15	1. 咨询转换率＝$\frac{最终下单的人数}{接待的咨询人数}\times 100\%$ 2. 咨询转换率≥__%，×××分 3. __%＜咨询转换率≤__%，×××分 4. 咨询转换率＜__%，×××分	

续表

考核项目	考核指标	权重(%)	评价标准	得分
工作业绩	下单成功率	10	1. 下单成功率$=\frac{最终付款的人数}{最终下单的人数}\times 100\%$ 2. 下单成功率≥＿%，×××分 3. ＿%<下单成功率≤＿%，×××分 4. 下单成功率<＿%，×××分	
	咨询回复率	5	1. 咨询回复率$=\frac{回复的咨询数}{咨询总数}\times 100\%$ 2. 咨询回复率≥＿%，×××分 3. ＿%<咨询回复率≤＿%，×××分 4. 咨询回复率<＿%，×××分	
	咨询响应时间	5	1. 咨询响应时间≤＿秒，×××分 2. ＿秒<咨询响应时间≤＿秒，×××分 3. 咨询响应时间≥＿秒，×××分	
工作态度	出勤情况	5	1. 无迟到、无早退、无旷工，×××分 2. 迟到早退共计＿次以内且无旷工的，×××分 3. 迟到早退共计超过＿次，或有旷工，×××分	
	服务态度	5	1. 服务态度热情，无客户投诉，×××分 2. 服务态度较热情，一次客户投诉，但无差评，×××分 3. 服务态度一般，有多次客户投诉或有差评的，×××分	
工作能力	产品知识掌握程度	5	1. 掌握全部产品知识，×××分 2. 掌握主要产品知识，×××分 3. 掌握个别几种产品知识，×××分	
	网络营销技能掌握情况	5	1. 熟练掌握网络营销技能，并能充分应用，×××分 2. 基本掌握网络营销技能，并能适量应用，×××分 3. 掌握基础网络营销技能，应用能力欠佳，×××分	

六、考核结果划分

1. 考核采用百分制计分。

2. 根据考核得分，电子商务人员考核结果划分为五个等级，具体见表 2。

表 2　　电子商务人员考核结果等级表

评分等级	E（不合格）	D（基本称职）	C（称职）	B（良好）	A（优秀）
占部门员工比例（%）	5	25	45	20	5

七．考核结果应用

1．绩效考核工资＝电子商务人员本月奖励性绩效工资总额/电子商务人员绩效考核总分×本人绩效考核得分。（奖励性绩效工资总额根据销售毛利确定奖励）。

2．连续两个月被评为不合格员工将被警告，三个月被评为不合格将予以劝退。

3．连续三个月被评为优秀将获年终特别奖。

编制人员		审核人员		批准人员	
编制日期		审核日期		批准日期	

3.10　手游开发人员绩效考核

3.10.1　手游开发经理考核量表

被考核人姓名		所属部门	手游开发部
考核人		考核时间	

考核项目	KPI 指标	指标说明	权重（%）	得分
手游开发进度	开发任务及时完成率	$\frac{\text{及时完成的开发任务数}}{\text{应完成的开发任务数}}\times 100\%$	20	
	开发项目延期率	$\frac{\text{项目实际执行天数项目}-\text{计划执行天数}}{\text{项目计划执行天数}}\times 100\%$	20	
手游开发质量	内部测试版修改次数	内部测试版提交后予以修改的总次数	10	
	遗留 Bug 数	未予以修正而遗留的 Bug 总数	10	

手游开发质量	游戏质量投诉次数	因游戏质量问题遭客户投诉的次数	10	
	用户满意度评分	用户对手游的满意度评分均值	10	
手游开发成本	开发费用超支率	$\frac{实际发生费用-开发项目预算金额}{开发项目预算金额}\times100\%$	10	
团队管理	核心员工流失率	$\frac{流失的核心员工数量}{核心员工平均人数}\times100\%$	10	
本次考核得分合计				
被考核人签字		日期		
考核人签字		日期		

3.10.2 手游策划主管考核量表

被考核人姓名		所属部门	手游开发部	
考核人		考核时间		
考核项目	KPI 指标	指标说明	权重（%）	得分
策划调研	手游产品分析报告提交及时率	$\frac{及时提交的手游产品分析报告数}{应提交的手游产品分析报告数}\times100\%$	5	
	手游产品分析报告准确率	$\left(1-\frac{有失误的手游产品分析报告数}{提交的手游产品分析报告数}\right)\times100\%$	5	
手游策划	手游策划方案提交及时率	$\frac{及时提交的手游策划方案数}{应提交的手游策划方案数}\times100\%$	15	
	手游策划方案通过率	$\frac{通过的手游策划方案数}{提交的手游策划方案数}\times100\%$	15	
	手游风险识别率	$\frac{识别出的手游风险数量}{手游风险数量}\times100\%$	10	
	创新次数	在创意方面有创新的数量	10	
	手游缺陷率	$\frac{失败的测试用例}{所有经过测试的用例数}\times100\%$	10	

手游策划效果	关联人员满意度	美术人员、程序人员等对手游策划方案的满意度	10	
	新用户留存率	手游新用户留下来存在的比率	20	
本次考核得分合计				
被考核人签字		日期		
考核人签字		日期		

3.10.3 手游美术主管考核量表

被考核人姓名		所属部门	手游开发部	
考核人		考核时间		
考核项目	KPI 指标	指标说明	权重（%）	得分
进度控制	工作任务按时完成率	$\frac{\text{按时完成的工作任务数}}{\text{分配的工作任务数}}\times 100\%$	25	
	工作任务完成数量	完成的工作任务总数量	15	
	工作任务难度评分	工作任务难度的评分平均值	15	
质量控制	返工率	$\frac{\text{返工修改的稿件数}}{\text{提交的稿件数}}\times 100\%$	20	
	客户满意度评分	客户满意度评分均值	15	
资料管理	素材完整率	$(1-\frac{\text{不完整的素材个数}}{\text{素材总数量}})\times 100\%$	5	
	资料存档率	$\frac{\text{存档的资料数量}}{\text{资料数量}}\times 100\%$	5	
本次考核得分合计				
被考核人签字		日期		
考核人签字		日期		

3.10.4　手游 UI 设计师考核量表

<table>
<tr><td>被考核人姓名</td><td colspan="2"></td><td>所属部门</td><td>手游开发部</td></tr>
<tr><td>考核人</td><td colspan="2"></td><td>考核时间</td><td></td></tr>
<tr><td>考核指标</td><td>指标说明</td><td colspan="2">权重（%）</td><td>得分</td></tr>
<tr><td>UI 设计完成及时率</td><td>$\frac{\text{及时完成的 UI 设计项目数}}{\text{应完成的 UI 设计项目数}} \times 100\%$</td><td colspan="2">25</td><td></td></tr>
<tr><td>部门审查通过率</td><td>$\frac{\text{部门审查一次性通过的项目数}}{\text{部门审查的项目数}} \times 100\%$</td><td colspan="2">15</td><td></td></tr>
<tr><td>设计任务及时响应次数</td><td>接到任务后在规定时间内响应的次数</td><td colspan="2">10</td><td></td></tr>
<tr><td>专业复杂程度评分</td><td>工作任务专业复杂程度的评分平均值</td><td colspan="2">10</td><td></td></tr>
<tr><td>用户满意度</td><td>用户满意度评分平均值</td><td colspan="2">25</td><td></td></tr>
<tr><td>用户投诉次数</td><td>用户投诉的次数总和</td><td colspan="2">15</td><td></td></tr>
<tr><td colspan="4">本次考核得分总计</td><td></td></tr>
<tr><td>备注</td><td colspan="4">除了上述量化的考核指标外，沟通能力、协调配合能力、工作积极性、工作主动性、创新性、专业技能、常用软件的使用能力等也是考核手游 UI 设计师工作绩效的重要内容</td></tr>
<tr><td>被考核人签字</td><td colspan="2"></td><td>日期</td><td></td></tr>
<tr><td>考核人签字</td><td colspan="2"></td><td>日期</td><td></td></tr>
</table>

3.10.5 手游测试专员考核量表

被考核人姓名		所属部门	手游开发部
考核人		考核时间	

考核指标	指标说明	权重（%）	得分
测出的 Bug 总量	测试出的 Bug 数总和	20	
Bug 漏测率	$\frac{\text{漏测 Bug 数}}{\text{Bug 总数}} \times 100\%$	30	
测试报告提交及时率	$\frac{\text{及时提交测试报告的次数}}{\text{提交测试报告的总次数}} \times 100\%$	10	
上线后问题数	手游产品上线后发现的问题总数	30	
用户满意度评分	用户满意度评分的均值	10	
本次考核得分总计			
备注	除了上述量化的考核指标外，测试设备完好情况、缺陷问题描述质量、测试报告完善程度、新测试方法的发现、出勤情况、责任心等也是考核手游测试专员工作绩效的重要内容		

被考核人签字		日期	
考核人签字		日期	

3.10.6 手游开发人员考核办法

方案名称	××公司手游开发人员考核办法	编　号	
		执行部门	

一、考核目的

为了客观、全面、准确、科学地评价公司手游开发人员的工作绩效，提高手游开发人员的工作积极性，从而提高手游研发水平，特制定本办法。

二、适用范围

本办法适用于本公司除手游开发经理以外的所有手游开发人员，但以下人员除外。

1. 因公休、请假、旷工等原因，导致考核期间出勤率不足30%的员工。

2. 试用期员工。

3. 实习期员工。

三、考核内容及分数

1. 针对手游开发人员的工作性质，其考核内容主要分为工作业绩考核、工作态度考核及工作能力考核，权重比例为 6：2：2，满分 100 分。

2. 除上述考核内容外，本公司根据实际情况还增加了特殊加分项及特殊减分项，以对多做贡献的员工给予奖励，体现多劳多得精神。

四、考核工作分工

由手游开发经理会同人力资源部经理、考核专员组成考评小组，该考评小组负责对手游开发人员进行考核。

五、考核指标设计

1. 工作业绩考核指标

手游开发人员的工作业绩考核指标见表 1。

表 1　　　　工作业绩考核指标表

考核指标	权重（%）	评分标准	得分
开发策划方案提交及时率	10	目标值：达到____%；每降低____个百分比，扣____分；低于____%，该项不得分	
开发任务及时完成率	20	目标值：达到____%；每降低____个百分比，扣____分；低于____%，该项不得分	
DEMO 提交及时率	5	目标值：达到____%；每降低____个百分比，扣____分；低于____%，该项不得分	
内部测试版提交及时率	5	目标值：达到____%；每降低____个百分比，扣____分；低于____%，该项不得分	
测试通过率	15	目标值：达到____%；每降低____个百分比，扣____分；低于____%，该项不得分	
成本费用额	15	目标值：预算之内；超出预算额度的____%，扣____分；超出预算额度的____%，该项得分为 0	
游戏质量投诉次数	15	目标值：0 次，每增加____次，扣____分；高于____次或质量问题对游戏功能有重大影响的，该项不得分	
客户满意度评分	10	目标值：____分以上；每降低____分，扣____分；低于____分，该项得分为 0	
开发资料存档率	5	目标值：达到____%；每降低____个百分比，扣____分；低于____%，该项不得分	

2. 工作态度考核指标

手游开发人员的工作态度考核指标见表2。

表2　　工作态度考核指标表

考核指标	权重（%）	评分标准	得分
工作责任心	40	1. 工作有强烈的责任心，自觉承担责任和履行义务，××分 2. 工作责任心一般，有时推卸自己的责任，××分 3. 工作责任心不强，马虎粗心，经常将责任推给别人，××分	
工作积极性	30	1. 工作积极热情，自动增加额外工作，××分 2. 工作较热情，无须他人监督和督促，××分 3. 工作缺乏热情，需要上级不断监督和催促，××分	
团队意识	30	1. 团队观念强，有全局意识，不计较个人得失，能够主动与他人合作共事，相互支持，保证团队任务的完成，××分 2. 团队观念一般，在上级监管下，愿意配合团队的整体工作安排，××分 3. 团队观念差，以自己利益为先，有时损害团队利益，××分	

3. 工作能力考核指标

手游开发人员的工作能力考核指标见表3。

表3　　工作能力考核指标表

考核指标	权重（%）	评分标准	得分
判断能力	20	1. 能够对手游市场做出准确的判断，××分 2. 能够对手游市场做出大致准确的判断，××分 3. 偶尔能对手游市场做出准确的判断，××分	
计划能力	20	1. 工作有计划、有步骤，能按任务轻重缓急来有效处理，××分 2. 工作计划性不强，上级布置的重要任务偶有遗漏，××分 3. 工作无计划，杂乱无章，总遗漏上级布置的重要任务，××分	

续表

考核指标	权重（%）	评分标准	得分
创新能力	20	1. 工作中屡有创新，××分 2. 工作中偶有创新，××分 3. 工作墨守成规，无创新，××分	
学习能力	20	1. 具有较强学习新技术、掌握新技能的能力，××分 2. 学习新技术、掌握新技能的能力一般，××分 3. 学习新技术、掌握新技能的能力欠佳，××分	
问题解决能力	20	1. 能够有效解决工作中存在的所有问题，××分 2. 基本能够解决工作中存在的问题，解决不了的也会及时寻求帮助，××分 3. 解决问题能力一般，也不善于及时寻求帮助，××分	

4. 特别加分指标

（1）对本公司手游开发业务或技术上有特殊贡献（技术改造、技术专利等），且贡献经采用后为公司带来显著利益的，加 10 分。

（2）对防患于未然，使公司免遭重大损失的，酌情给予 5～10 分的加分奖励。

5. 特别减分指标

出现严重违反公司规章制度情况的，给予记过处分，每记过一次扣 10 分。

六、考核结果汇总、审核与反馈

1. 手游开发人员考核结束后，由人力资源部统一汇总最后得分。

2. 人力资源部和手游开发经理对考核结果进行审核，并处理考核评估过程中所发生的争议。

3. 人力资源部将审核后的结果反馈给手游开发人员，并讨论绩效改进的方式和途径。

编制人员		审核人员		批准人员	
编制日期		审核日期		批准日期	

第 4 章

考核反馈与面谈

4.1 考核面谈与反馈

绩效考核面谈是绩效管理中关键的步骤之一。仅仅做好绩效评估无法达到改进绩效的目的，还需通过绩效考核面谈来传达管理者对员工的期望，让被评估者了解自己的绩效状况，在此基础上更有效地推进工作绩效。

表4—1是一张绩效反馈面谈表，通过这张表可以对绩效反馈有更加直观的认识。

表4—1　绩效反馈面谈表

<table>
<tr><td colspan="2">姓　名</td><td colspan="2"></td><td colspan="2">职　位</td><td colspan="2"></td></tr>
<tr><td colspan="2">部门（公司）</td><td colspan="2"></td><td colspan="2">考核者</td><td colspan="2"></td></tr>
<tr><td colspan="2">面谈时间</td><td colspan="2">年　　月　　日</td><td colspan="2">面谈地点</td><td colspan="2"></td></tr>
<tr><td colspan="8">考核结果：</td></tr>
<tr><td colspan="8">面谈主要内容：</td></tr>
<tr><td colspan="8">绩效改进计划</td></tr>
<tr><td colspan="2">改进事项</td><td colspan="2">改进目标</td><td colspan="2">措施</td><td colspan="2">所需的支持</td></tr>
<tr><td colspan="2"></td><td colspan="2"></td><td colspan="2"></td><td colspan="2"></td></tr>
<tr><td colspan="2"></td><td colspan="2"></td><td colspan="2"></td><td colspan="2"></td></tr>
<tr><td colspan="2"></td><td colspan="2"></td><td colspan="2"></td><td colspan="2"></td></tr>
<tr><td>考核者</td><td></td><td>被考核者</td><td></td><td>日期</td><td></td><td colspan="2"></td></tr>
</table>

4.1.1 面谈的准备

为了更加有效地进行面谈，面谈实施者必须做好充分的准备。为此，面谈实施者在实施绩效反馈面谈前需明白，通过此次面谈要达到什么样的目的。一般来说，通过面谈，至少要达成以下5个目的（见图4—1）。

1. 对被评估者的表现达成一致意见
2. 使被评估者认识到自己的成就和优点
3. 明确被评估者工作中需要改进的方面
4. 制订绩效改进的计划
5. 确定下一周期的绩效目标与标准

图 4—1　绩效面谈的目的

1. 管理者绩效面谈准备

(1) 确定面谈时间

面谈是一个双方进行沟通的过程。面谈应尽量安排在双方都合适的时间段。如果在面谈时又安排了其他的事情，会影响面谈双方精力集中度，从而影响面谈效果。

面谈时间选择之后，面谈主管人员应征询被面谈人员的意见。这样，一方面，可以确定面谈人员时间是否合适，有利于员工安排好自己的工作；另一方面，也可以显示出对员工的尊重。

(2) 选择合适的地点

面谈的地点应选择那些不受干扰的地方，应避免电话或访客的干扰。

(3) 面谈场所的布置

选择了合适的地点之后，面谈场所桌椅的布置也十分重要。图 4—2 显示了五种常见的桌椅布置方式。

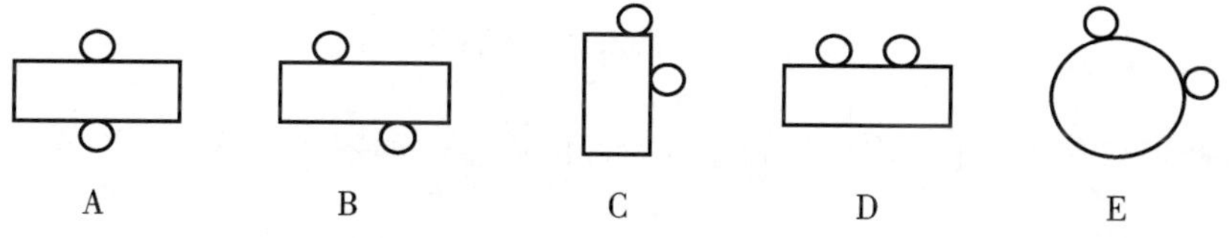

图 4—2　绩效面谈场所布置

在 A 图中，双方面对面地坐着，目光直视，这样容易给员工造成心理上的压力，不利于员工充分表达自己的想法；在 B 图中，双方斜对面坐着，虽然可以在一定程度上缓和紧张气氛，但是缺少亲密感；在 C 图中，双方成 90 度坐着，这样既避免了因目光直视造成的心里紧张感，有利于缓和面谈气氛，也有利于观察被面谈者的表情和肢体语言；在D图中，双方并排而坐，亲密感强，有利于缓解员工的紧张感，但对于非开放型的员工来说，可能会使他更加有拘束感，也不利于观察面谈者的表情和肢体语言等；E图中是一种圆桌会议的形式，此种方式不会使员工压力过大，气氛也较严肃。一般应采用图C或图E的方式来布置面谈场所。

（4）面谈资料准备

在面谈之前，主管人员应当准备好面谈所需的绩效评估表、员工的日常工作表现记录、岗位说明书、薪酬等级说明书等。

（5）合理安排面谈内容

由于具体工作性质和岗位的不同，管理者在和下属进行绩效面谈时，具体的面谈内容一般会有较大的差别，但主要内容一般包括图4—3所示的内容。

- 绩效考核周期内的主要工作和各项目标的完成情况
- 员工取得的主要成绩和进步
- 在完成目标方面遇到的问题和存在的不足
- 哪些方面需要改进以及如何改进
- 下一绩效考核周期内的主要工作
- 上司对下属在下一绩效考核周期内的工作绩效期望
- 下属的个人发展计划
- ……

图4—3　绩效面谈的内容

在具体面谈实施过程中，需合理安排各阶段的内容，如图4—4所示。

2. 员工应做的面谈准备

考核面谈是一个双向沟通的过程，只有双方都做好了充分的准备，考核面谈才能有一个好的效果。员工的准备内容见图4—5。

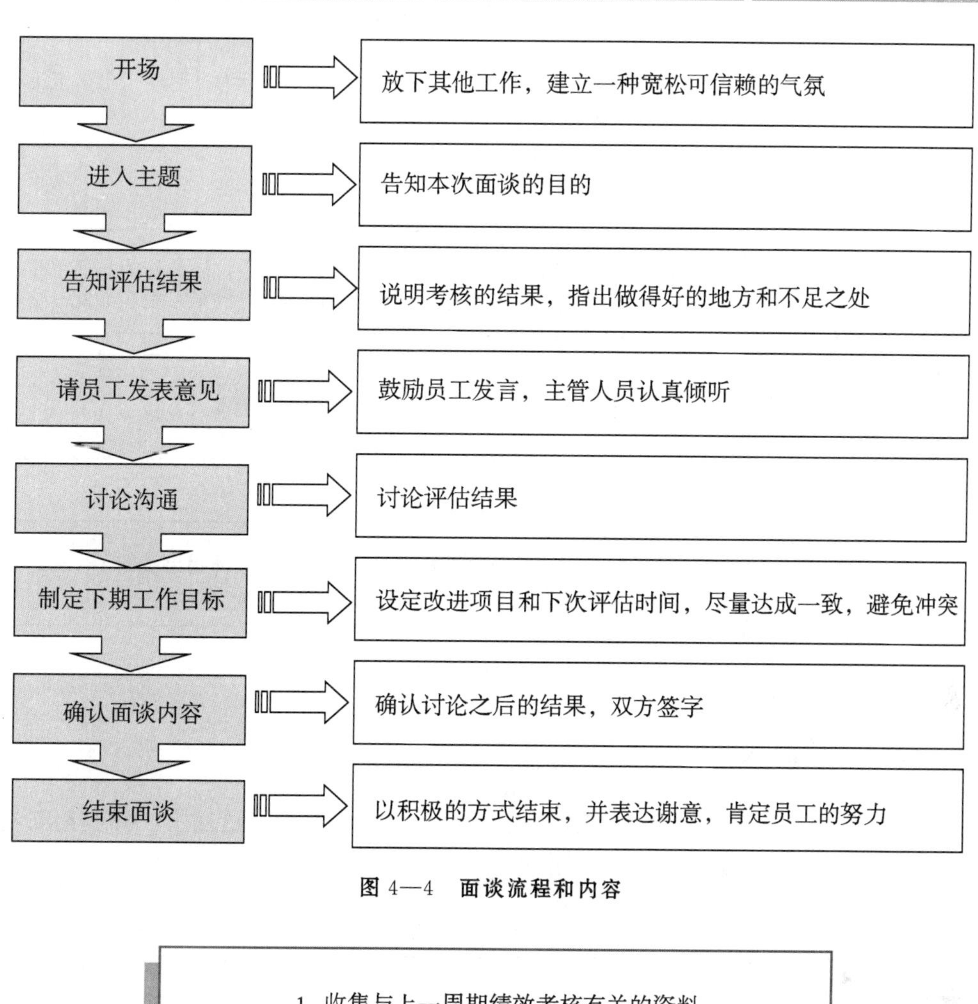

图 4—4　面谈流程和内容

1. 收集与上一周期绩效考核有关的资料
2. 准备好向主管提问
3. 个人发展计划
4. 安排好自己的工作

图 4—5　员工应做的面谈准备内容

4.1.2　反馈的技巧

为了使反馈效果达到最佳，使员工能准确掌握反馈回来的信息，主管人员应当掌握一些反馈技巧，如图 4—6 所示。

强调具体行为	在进行反馈的时候，应根据员工具体行为，明确指出员工工作错在何处，又好在哪里
指向可控制的行为	在反馈的时候，应当指向那些员工可以控制的行为，而不要指向那些员工无法控制的行为，反馈不好的结果更应如此
反馈不要针对个人	反馈要针对工作本身，而不要针对员工本人
指向具体目标	反馈的过程中，最好指明具体对象，具体指出谁的工作好，谁的工作差

图 4—6　反馈的技巧

4.1.3　实施绩效面谈

做好绩效面谈的准备工作之后，就可以实施绩效面谈。在面谈过程中，管理者应对其中相关信息予以记录。绩效面谈记录表见表 4—2。

表 4—2　绩效面谈记录表

面谈参与人员		信息记录者	
时间			
面谈内容		信息记录	
1. 上一阶段工作中，取得的成功有哪些			
2. 工作中需要改进的地方			
3. 对此次考核有什么意见			
4. 你认为本部门员工谁的工作表现比较好			
5. 下一步的工作计划			
……			

在面谈的实施过程中应当注意一些问题，使用一些技巧，如此才能使面谈达到预期的效果。

1. 考核面谈的原则

在绩效考核的过程中应当把握一些原则，这样面谈才可以顺利进行。表 4—3 列举了面谈中的十项常用原则。

表 4—3　　考核面谈的十项原则

绩效考核面谈原则	说　明
建立和维护彼此之间的信任	考核面谈是双向沟通的过程，彼此之间需要建立一个相互信任的氛围，双方应开诚布公，坦诚相待。在面谈氛围方面，也应努力创造一种轻松、惬意的氛围
清楚地说明面谈的目的	主管人员在一开始就应当明确指出面谈的目的，确保双方向着一个方向进行
鼓励下属说话	在面谈中应当鼓励下属说话，让下属能够充分表达自己的想法，把自己真实的想法表达出来
认真倾听	在鼓励下属说话的同时，主管人员应当认真倾听，要保持双方目光的接触，同时要做到不带任何偏见
避免对立和冲突	在面谈中主管和员工可能会有不同见解，会引发冲突和对立，主管人员应当就不同见解向员工解释清楚原则和事实，争取员工的理解
集中在绩效	绩效面谈中双方讨论的是工作绩效，而不是员工个人性格特征，在谈到员工的主要优点和不足时，可以谈论员工的性格特征，但要与绩效相关
着眼于未来而非过去	绩效考核的目的在于未来绩效的提升，而不是对过去绩效的过分注重，讨论和评价过去是为了总结出对未来有用的信息
优缺点并重	对于员工，主管人员不能只看见优点而看不见缺点，也不能只看见缺点而看不见优点
该结束时应立即停止	如果双方信赖关系破裂、双方有紧急事情等应及时停止面谈，如未达到面谈目标，可在下次面谈中继续进行
以积极方式来结束面谈	面谈结束时，应使员工怀着积极的情绪离开，要使员工能受到鼓舞，增强信心，不能使员工带着消极的情绪进行以后的工作

2. 面谈中的技巧

面谈中的技巧见图 4—7。

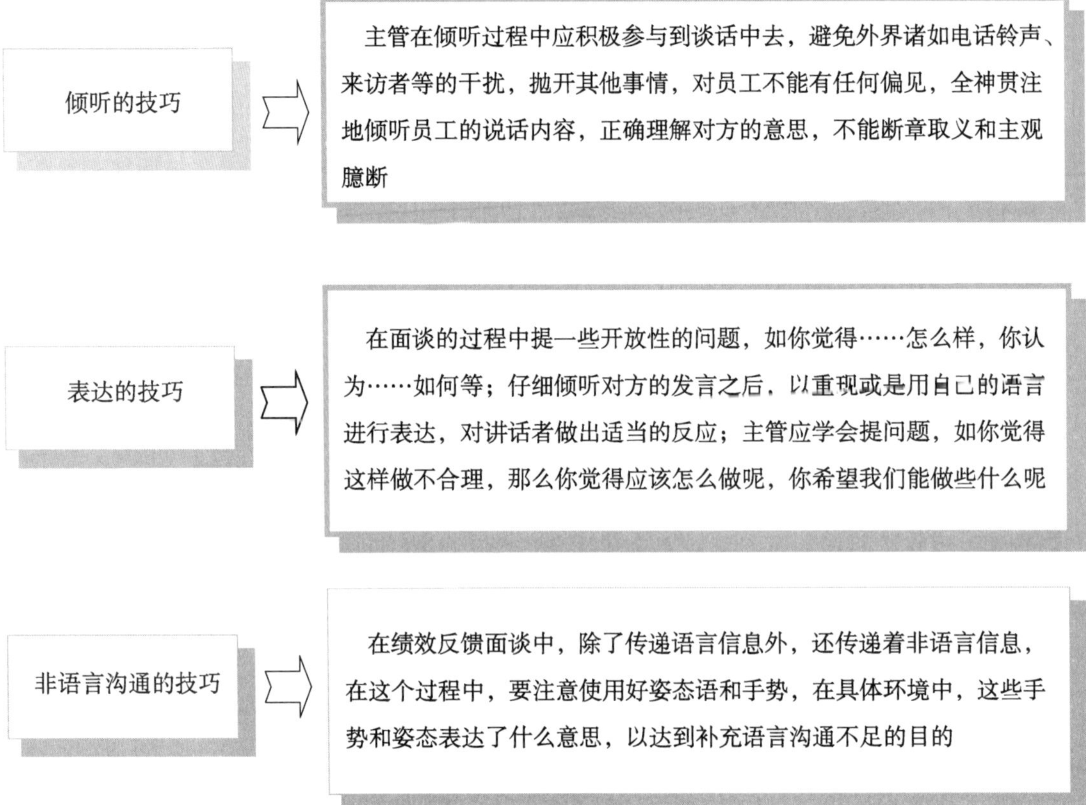

图 4—7　面谈中的技巧

3. 结束面谈的技巧

进行总结是绩效面谈结束前的一项重要工作，进行面谈总结可以使对方再次明确面谈中的要点。另外，要以积极的方式结束面谈，便于员工在下一阶段以更积极的态度完成工作。

4.2　绩效改进

4.2.1　选择绩效改进方法

1. 6 西格玛管理

6 西格玛管理也常被写作 6σ 管理，6σ 管理作为一种全新的管理模式，充分体现着量化科学管理的思想理念，是企业追求卓越的一种先进的绩效改进工具。

6σ 管理一般是由组织最高管理者推动的。其实施是十分细致而艰巨的工作，首先要明确目标，并组建推行 6σ 的骨干队伍，对全员进行分层次的培训，使大家都了解和掌握 6σ 的要点，充分发挥员工的积极性和创造性，充满激情、追求卓越。在实施过程中，最高管理者要让所有员工明确这一思想，从而全力配合 6σ 工作的开展，为 6σ 管理在绩效改进工作中的推进扫除不必要的障碍，确保公司员工积极地参与到 6σ 改进项目中去。

2. 标杆管理法

标杆管理法就是通过对比先进的企业的运作方式，对本企业的产品、服务、过程等关键因素进行改进和变革，使其成为行业最佳的系统性过程。标杆管理法分为“标杆”和“超越”两个阶段，这两个阶段又可以细分为图 4—8 所示的五个步骤。

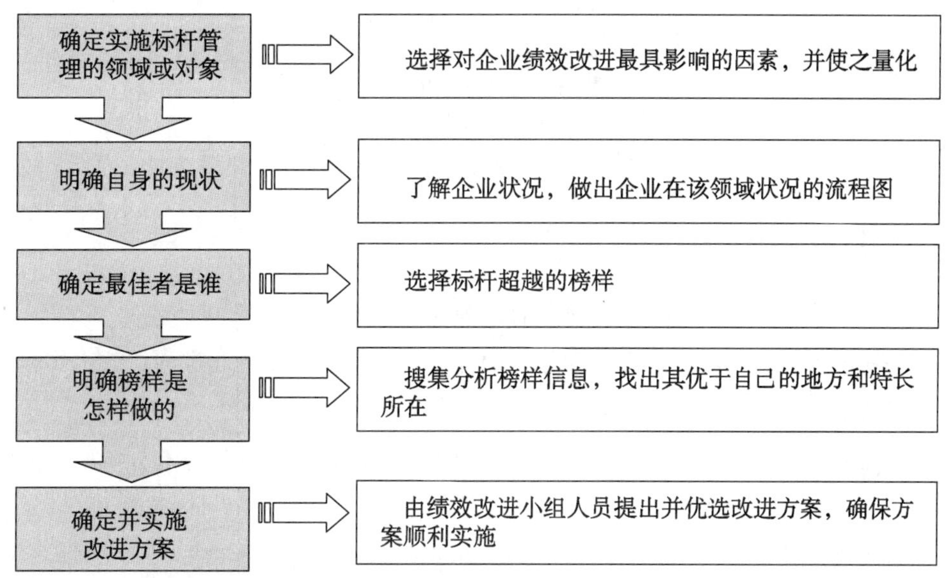

图 4—8　标杆管理法的五个步骤

4.2.2　制订绩效改进计划

指出员工在工作中存在的问题只是完成了一部分工作，为了真正实现绩效考核的目的，管理人员还必须与员工一起制订出绩效改进的计划。它是指根据员工有待发展提高的方面所制订的一定时期内有关工作绩效和能力改进和提高的系统计划。

在制订绩效改进计划时，管理人员首先要针对员工工作中存在的问题和员工一起分析原因，然后再制订出有针对性的改进措施。

1. 绩效改进计划的主要内容

绩效改进计划的主要内容见图 4—9。

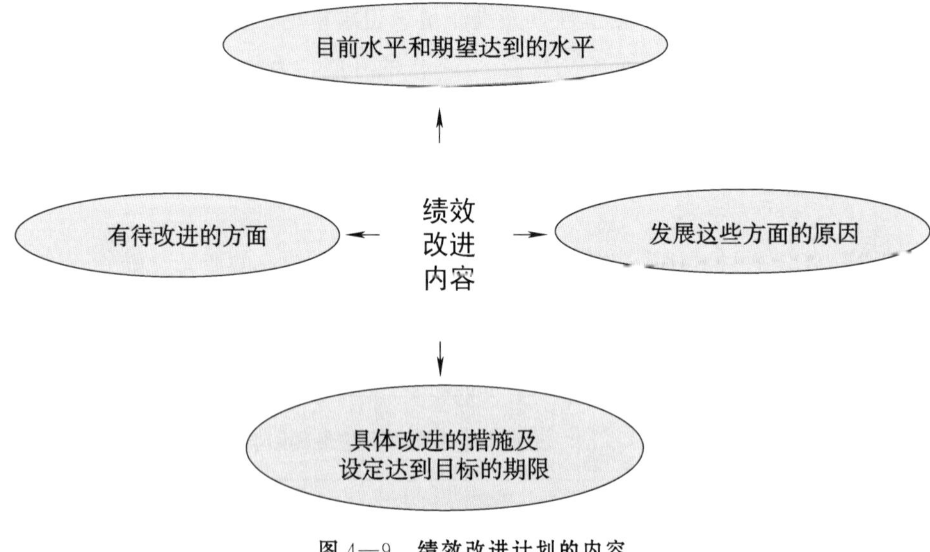

图 4—9　绩效改进计划的内容

2. 绩效改进计划的要求

一套完善的绩效改进计划，至少应符合下列四点要求。

（1）计划内容要有实际操作性。即拟订的计划内容须与员工待改进的绩效工作相关联且是可以实现的。

（2）计划要有时限性。计划的拟订必须有明确的时限性，而且最好有分阶段执行的时间进度安排。

（3）绩效改进计划应具体。

（4）计划要获得管理者与员工双方的认同。即管理者与员工都应该接受这个计划并保证该计划的实现。

3. 实施绩效改进计划

制订了绩效改进计划后，最重要的是将计划落到实处，因此，管理者应随时追踪计划的实施情况。如果员工在计划实施过程中遇到了障碍，管理者应及时给予支持和帮助，必要时，可以和员工对计划进行调整。在日常管理中，管理者应该重视对下属的培养，经常与下属讨论工作，及时对下属的工作和绩效改进给予具体的忠告和指导。

4. 人力资源部在绩效改进计划中的作用

（1）整理、汇总绩效考核结果，为绩效改进实施双方提供用于绩效工作的相关资料。

（2）组织并实施培训，培训的对象主要是针对辅导员工制订绩效改进计划的管理者及一般员工，培训的内容是帮助其认识绩效改进工作的重要性、如何有效地对员工绩效改进工作给予指导、提高员工的工作技能等相关知识。

（3）绩效改进工作的评估。

5. 个人发展计划实例

李某是一家信息技术公司的技术人员，他到这家公司工作已经接近一年时间。在一年中，李某的工作基本上令公司满意，但是李某在准确把握顾客需求方面还有待提高，另外在相关分析报告的撰写上还需进一步加强。李某工作积极，学习新知识的能力也较强，但是在与其他同事的沟通方面还有所欠缺。根据绩效面谈结果，结合现状，李某在上级主管王某的帮助下制订了个人发展计划。表 4—4 是李某的个人发展计划。

表 4—4　　个人发展计划

姓名	李某	职位	技术员	部门	技术一部
上级主管姓名　王某		制订计划时间		××××年××月××日	
有待发展项目	发展原因	目前水平	期望水平	发展措施	评估时间
准确把握客户需要	作为技术人员，开发的产品应满足顾客需要，本人在此方面还有待提高	2 分	3.5 分	参加顾客需求分析培训，学习有关的理论、方法	××××年××月××日
撰写新技术可行性报告	新技术可行性报告是关于新技术是否能投入使用的报告，关系到公司的进一步发展和市场竞争力	2.5 分	3.5 分	学习他人优秀的新技术可行性报告 安排有经验的员工进行指导	××××年××月××日
沟通技巧	与他人进行有效沟通，提高工作效率十分重要，本人在这方面有所欠缺	2 分	3 分	参加公司举行的有效沟通培训 在工作中积极主动地与他人沟通	××××年××月××日

第 5 章

企业薪酬管理

5.1　工作岗位评价

5.1.1　明确岗位评价指标

工作岗位评价是通过一定技术和方法评估企业内部各个岗位的相对价值，从而为企业薪酬结构与等级的设计提供科学依据。

对工作岗位进行评价，首先应对完成特定岗位工作任务的诸多要素进行细分，提取具体的、可衡量的评价指标，从而实施对工作岗位的评价。当前，比较常见的岗位评价指标系统有 CRG 系统、HAY 系统和 IPE 系统。

1. CRG 系统

CRG 系统是由瑞士国际资源管理集团（Corporate Resources Group）针对岗位评价设计的一整套评价指标，从职责大小、职责范围和工作复杂性三个方面对岗位进行评价，具体见表 5—1。

表 5—1　CRG 岗位评价要素

评价要素	要素细分	要素说明
职责大小	组织影响力	➢在企业里起什么作用 ➢对企业的影响力有多大 ➢规模有多大
	监督管理职责	➢管理多少个部门 ➢管理多少个岗位 ➢管理多少个员工
职责范围	责任范围	➢独立性如何 ➢责任的宽度和广度如何
	沟通技巧	➢交往的频度如何 ➢技巧难度有多大
工作复杂性	知识技能	➢要求具备的学历学识 ➢要求具备的技能经验
	解决问题的难度	➢是否需要很强的创造性
	环境条件	➢工作环境如何 ➢具有什么样的工作条件

2. HAY系统

HAY系统是从知识技能、解决问题能力、承担的职务责任三个方面的要素对工作岗位进行评价，具体如表5—2所示。

表5—2　　HAY岗位评价要素

评价要素	要素细分	要素说明
知识技能	理论知识、专业技术、实际经验	从事该岗位所需要的理论、知识、方法、技术、经验
	管理技巧	计划、组织、领导、控制、评价的能力和技巧
	人际关系	人际交往中所需要的沟通、协调、激励、关系处理等方面的技巧
解决问题能力	思维环境	特定环境对岗位任职者思维的限制程度或对其应变能力的要求
	思维难度	解决问题时岗位任职者所需要进行创造性思维的程度
承担的职务责任	职务责任	可能造成的经济性后果
	职务对结果的作用	后勤性作用（提供信息或服务上的支持）；咨询性作用（提出建议，补充解释说明）；分摊性作用（与他人合作，共同行动，责任分摊）；主要作用（岗位任职者承担主要责任）
	行动的自主程度	该岗位任职者在多大程度上受到指导和控制

3. IPE系统

IPE系统（International Position Evaluation System）是美世咨询公司（Mercer Inc.）开发的一套岗位评估系统，从四个必备因素（影响、沟通、创新和知识）和一个可选因素（危险性）方面对工作岗位进行评估。具体见表5—3。

表 5—3　　IPE 岗位评价要素

评价要素	要素细分	要素说明或等级划分
影响	组织规模	➢组织的类型 ➢营业额 ➢员工总数
	影响层次	➢交付性（多数非专业岗位） ➢操作性（多数专业岗位、基层管理岗位） ➢战术性 ➢战略性 ➢远见性
	贡献度	➢有限（对结果仅有难以辨别的贡献） ➢部分（对结果具有易于辨别的、间接的贡献） ➢直接（对结果具有直接和清晰的影响） ➢显著（对结果具有显著的或根本的影响） ➢首要（对结果具有决定性的作用）
沟通	沟通情境	➢组织内部 ➢组织外部 ➢共享（各方意愿一致，达成共识） ➢分歧（无一致意愿或利益）
	沟通性质	➢传达（只需获得或提供信息，无须进行信息加工） ➢交流（根据情境灵活表述信息，使对方理解） ➢影响（通过沟通使对方接受或改变） ➢谈判（通过磋商和相互妥协最终达成一致） ➢战略性谈判（对组织具有长期战略意义和深远影响）
创新	创新复杂性	➢明确的（无须调查分析） ➢困难的（需要调查分析） ➢复杂的（需要多方面的调查分析） ➢多维的（需要调查分析并提出解决方案）
	创新要求	➢跟从（遵守既定技术、流程，不对现有内容作任何改变） ➢核查（在既定技术、流程下纠正或解决某个环节的个别问题） ➢改进（对技术、流程进行环节性的更新、改进） ➢提升（对整个流程、体系做出重大改进） ➢创造（创造市场上原本不存在的新方法、技术或产品） ➢科技突破（带来科技的变革性突破）

续表

评价要素	要素细分	要素说明或等级划分
知识	应用宽度	➢本地（在本国或有相似文化背景的邻国） ➢区域（某一大陆地区） ➢全球（多个大陆地区）
	知识要求	➢有限的工作知识，狭窄的技术范围 ➢基本工作知识和技术 ➢宽广的工作知识和技术 ➢专业知识，专门的技术或知识 ➢专业水平，宽广的专门技术或知识 ➢部门专才或机构通才，特定领域或部门应用集中的专业知识 ➢杰出或宽广的实际工作经验，有丰富的机构管理经验 ➢宽广而深入的实际经验，有丰富而深入的机构管理经验
	团队角色	➢团队成员（个别贡献者，无领导其他人的直接责任） ➢团队领导（通过领导、计划、监控等方面带领团队成员） ➢团队经理（领导两个以上团队，决定团队架构和成员角色）

4. 岗位评价指标分级标准

决定岗位的相对价值的因素是复杂的、多方面的，没有必要也不可能把所有的因素都作为岗位评价的依据，企业在对内部岗位进行评价时，只要选择合适的评价因素并对其进行合理的分级定义，即可达到科学评价岗位相对价值的目的。

某生产制造企业从劳动责任、劳动技能、劳动强度、劳动环境四个方面的因素对其岗位进行评价，其中各个评价要素的分级定义及标准见表 5—4、表 5—5、表 5—6 和表 5—7。

（1）劳动责任

表 5—4　　某企业岗位评价指标体系——劳动责任因素

评价要素	等级	等级说明	分数（分）
产量责任	1	很小，服务性岗位及辅助生产的一般岗位	70 以下
	2	较小，辅助生产的重要岗位	70～79
	3	较大，产品生产工序中的一般岗位	80～89
	4	重大，产品生产工序中的主要岗位和维修工种、技术改进等重要岗位	90～100

续表

评价要素	等级	等级说明	分数（分）
质量责任	1	很小，辅助性的岗位，所从事的工作几乎对产品的质量无影响	70 以下
	2	较小，辅助生产的重要岗位，对产品质量有一定的影响	70～79
	3	较大，产品生产工序中的一般岗位，但工作质量的高低直接关系到产品的质量	80～89
	4	重大，产品生产及检测工序中的重要岗位，有重要的质量指标	90～100
安全生产责任	1	责任很小，对本企业的安全生产管理影响甚微	20～39
	2	责任较大，对本企业的安全生产管理影响显著	40～69
	3	责任重大，对本企业的安全生产管理起着关键性的作用	70～100
指导监督责任	1	基本上接受别人的指导和监督，不管理别人	60 以下
	2	直接管理人数 3～5 人或 1 个基层管理人员	60～69
	3	直接管理人数 5～10 人或 2 个基层管理人员	70～79
	4	直接管理人数 10～20 人或 3 个基层管理人员或 1 个中层管理人员	80～89
	5	对整个企业中高层人员的管理	90～100
风险控制责任	1	几乎无任何风险，若有，也只会对本人的工作产生影响	60 以下
	2	有一定的风险，产生的后果会给本部门的工作造成一定的影响	60～69
	3	有一定的风险，产生的后果会给本部门的工作造成较严重的影响	70～79
	4	有较大的风险，产生的后果会给整个企业造成较严重的影响	80～89
	5	有极大的风险，产生的后果可能会给企业造成无法挽回的损失	90～100
成本控制责任	1	几乎很少造成成本费用的损失或损失金额少于 50 元	60 以下
	2	一次性损失金额在 50～300 元之间	60～69
	3	一次性损失金额在 300～500 元之间	70～79
	4	一次性损失金额在 500～1 000 元之间	80～89
	5	一次性损失金额在 1 000 元以上	90～100

（2）劳动技能

表 5—5　　某企业岗位评价指标体系——劳动技能因素

评价要素	等级	等级说明	分数（分）
技术知识	1	几乎不需要掌握特殊的工作技能，具备基本的体能即可	70 以下
	2	工作有一定的操作技巧，需要经过简单的培训（2 个月）才能掌握	70～79
	3	需要掌握专业的技能、了解专业理论知识和相关的培训才能掌握	80～89
	4	需要掌握专业的技能和其他相关领域的知识，并能熟练运用	90～100
知识多样性	1	不需要涉及其他学科/专业知识	70 以下
	2	需要相关专业知识的支持	70～79
	3	需要具备 1～2 门跨专业学科知识	80～89
	4	需要具备 2 门及以上跨专业学科知识	90～100
岗位复杂程度	1	有固定化的操作程序，很少需要做出独立判断和决策	70 以下
	2	一部分工作有固定化的程序，有时会需要灵活处理和做出判断	70～79
	3	需掌握一到两门专业技术，对较为复杂的事情进行处理	80～89
	4	工作中处理大量的信息，不确定因素较多，需运用多种技能和具备较强的解决问题的能力	90～100
学历因素	1	初中及以下	20～39
	2	高中或中专	40～59
	3	专科或本科	60～79
	4	硕士及以上	80～100
语言水平	1	普通话标准、流利，会简单的英语交流	70 以下
	2	普通话标准、流利，英语水平达到国家四级	70～79
	3	普通话标准、流利，英语水平达到国家六级	80～89
	4	普通话标准、流利，六级以上，有较好的英语写作能力且英语口语流利	90～100
计算机水平	1	会操作基本的办公软件	50～69
	2	国家计算机水平一级以上，熟练操作基本办公软件	70～89
	3	国家计算机水平二级以上，掌握多种办公软件且操作熟练	90～100

续表

评价要素	等级	等级说明	分数（分）
资格证书	1	无职业资格证书要求	20～39
	2	取得初级职业资格证书或者具备相当于初级资格职称的水平	40～59
	3	取得中级职业资格证书或者具备相当于中级资格职称的水平	60～79
	4	取得高级职业资格证书或者具备相当于高级资格职称的水平	80～100
工作经验	1	无工作经验的要求	60 以下
	2	1 年左右的工作经验	60～69
	3	1～2 年	70～79
	4	3～5 年（含 3 年）	80～89
	5	5 年及以上	90～100

（3）劳动强度

表 5—6　　某企业岗位评价指标体系——劳动强度因素

评价要素	等级	等级说明	分数（分）
体力强度	1	8 小时工作日平均耗能值为 850 大卡/人，劳动时间率为 61%，即净劳动时间为 293 分钟，相当于轻度劳动	70 以下
	2	8 小时工作日平均耗能值为 1 328 大卡/人，劳动时间率为 67%，即净劳动时间为 322 分钟，相当于中等强度劳动	70～79
	3	8 小时工作日平均耗能值为 1 746 大卡/人，劳动时间率为 73%，即净劳动时间为 350 分钟，相当于重强度劳动	80～89
	4	8 小时工作日平均耗能值为 2 700 大卡/人，劳动时间率为 77%，即净劳动时间为 370 分钟，相当于超强度劳动	90～100
工作压力	1	很小，工作常规化、程序化，很少有心理压力	70 以下
	2	较小，大部分工作是常规性的工作，有时需要迅速做出决定，心理压力较小	70～79
	3	较大，常规性工作较少，工作任务多样化，且需经常迅速做出决定，心理压力较大	80～89
	4	很大，大部分工作需要根据具体情况迅速做出决定，且有一定的时限性	90～100

续表

评价要素	等级	等级说明	分数（分）
劳动姿势	1	基本上（80%以上）是坐姿状态	50～69
	2	多种劳动姿势交叉作业	70～89
	3	工作时间（80%以上）基本上是站姿状态	90～100
工作负荷量	1	一般，工作量适中，基本上能在上班时间内完成工作，每天平均用于完成本岗位的纯作业时间 6～8 小时，无须加班	70 以下
	2	较大，工作满负荷，需要充分利用并合理安排工作，每天平均用于完成本岗位工作的纯作业时间 8 小时以上，否则会需要占用额外的时间完成	70～79
	3	较重，工作量较大，每天平均用于完成本岗位工作的工作时间在 10 小时以上，在充分利用正常上班时间的基础上，还需经常加班才能完成工作	80～89
	4	很重，工作任务繁重，每日平均工作时间在 10 小时以上，50%以上的公休假日和法定节假日用于工作	90～100

（4）劳动环境

表 5—7　某企业岗位评价指标体系——劳动环境因素

评价要素	等级	等级说明	分数（分）
工作时间	1	按正常时间上下班	70 以下
	2	上下班时间不一定是正常工作时间，但具有一定规律性，可自行安排或预先知道	70～79
	3	有些时候工作无规律，需要加班	80～89
	4	工作时间根据工作具体情况而定，自己事先无法控制	90～100
环境舒适度	1	80%以上的时间在室内办公，环境舒适，无粉尘、有毒物质等的干扰	70 以下
	2	大部分时间在室内办公，办公环境舒适，但偶尔因工作需要而外出	70～79
	3	因工作需要经常外出，外出时间占工作时间的 40%。且在途时间长，环境因素对人体有一定的损害	80～89
	4	基本上在室外处理工作上的事宜，环境因素对人体有较大的损害	90～100

续表

评价要素	等级	等级说明	分数（分）
职业病危害	1	几乎无患职业病的可能	70 以下
	2	若长时间地从事此项工作，会对身体某些部位造成轻微的损伤	70～79
	3	若长时间地从事此项工作，会对身体某些部位造成较严重的损伤	80～89
	4	患职业病的概率较大	90～100

5.1.2 工作岗位评价得分

确定工作岗位评价要素之后，需要根据被评价岗位的特点对各个要素及其指标赋予不同的权重，然后由岗位评价人员对企业内各个岗位进行评分，最后统计各个岗位的评价总分，才能得出最后的岗位评价结果。

仍以上述某生产制造企业的岗位评价指标体系为例，对车间主任一职进行的岗位评价见表 5—8。

表 5—8　　某企业车间主任岗位评价结果

评价要素		评价指标		指标得分		要素得分	
要素	权重（%）	指标	权重（%）	评分	得分	小计	得分
劳动责任	60	产量责任	20	95	19	92.7	55.62
		质量责任	20	92	18.4		
		安全生产责任	15	94	14.1		
		指导监督责任	20	90	18		
		风险控制责任	10	85	8.5		
		成本控制责任	15	98	14.7		
劳动技能	20	技术知识	20	95	19		
		知识多样性	15	86	12.9		
		岗位复杂程度	20	90	18		

续表

评价要素		评价指标		指标得分		要素得分	
要素	权重（%）	指标	权重（%）	评分	得分	小计	得分
		学历因素	10	75	7.5	83.4	16.68
		语言水平	5	60	3		
		计算机水平	5	60	3		
		资格证书	5	60	3		
		工作经验	20	85	17		
劳动强度	10	体力强度	20	60	12	68.5	6.85
		工作压力	30	75	22.5		
		劳动姿势	20	65	13		
		工作负荷量	30	70	21		
劳动环境	10	工作时间	40	85	34	76	7.6
		环境舒适度	40	75	30		
		职业病危害	20	60	12		
岗位评价总分						86.75	

5.1.3　岗位评价方法应用

工作岗位评价的方法有很多，比较常见的是岗位排列法、岗位分类法、要素比较法和要素计点法。

1. 岗位排列法

岗位排列法是将企业各岗按照一定的标准（如责任大小、技能要求、经验要求、劳动强度等）进行排序，从而得出各岗位的相对价值。具体见表 5—9。

表 5—9　　岗位评价——岗位排列法

岗位名称 / 评价指标	岗位 A	岗位 B	岗位 C	岗位 D	岗位 E
职务责任	1	4	3	2	5
专业技能	2	1	3	5	4
经验要求	4	2	5	3	1
体力强度	5	1	4	2	3
沟通技巧	3	5	1	2	4
合计	15	13	16	14	17
岗位排序	3	1	4	2	5

表 5—9 中，按照“职务责任”这一指标对各岗位进行排序时，岗位 A 的责任最大，排在了第一位，其次是岗位 D，岗位 E 的责任最小，排在了最后。以此类推，逐级排列。当按照不同的指标分别对各岗位进行排列后，将每个岗位的排列序号求和，得出该岗位的各项指标序号之和，和值最小的岗位则排在第一位，和值最大的岗位排在最后，即表中岗位相对价值由大到小的排列顺序为岗位 B、岗位 D、岗位 A、岗位 C、岗位 E。

使用岗位排列法对岗位相对价值进行排序时，还可以运用成对比较的方法，将企业中所有拟评价的岗位按照一定的标准成对地加以比较，按分数高低对岗位进行排列。具体见表 5—10 所示。

表 5—10　　岗位评价——成对比较法

岗　位	岗位 A	岗位 B	岗位 C	岗位 D	岗位 E
岗位 A	……	1	1	1	1
岗位 B	0	……	1	1	0
岗位 C	0	0	……	0	0
岗位 D	0	0	1	……	0
岗位 E	0	1	1	1	……
得　分	0	2	4	3	1
排　序	5	3	1	2	4

表 5—10 中，以横行的岗位作为对比基础，将纵列中的岗位一一与横行上的岗位进行对比。如果纵列中的岗位价值大于横行中的岗位，则记为“1”，反之，则记为“0”。如纵列岗位 A 与横行岗位 B、C、D、E 相比较时，其岗位价值均小于横行中的岗位，所以纵列岗位

A 的得分为 0，以此类推，纵列岗位 B、C、D、E 的得分分别为 2、4、3、1，则岗位相对价值由高到低排列分别为岗位 C、岗位 D、岗位 B、岗位 E、岗位 A。

2. 岗位分类法

岗位分类法是将企业拟评价的岗位按照一定的标准进行分类、分级，将各个岗位编入相应的职务级别中，从而确定其工资级别。岗位分级法的操作程序如图 5—1 所示。

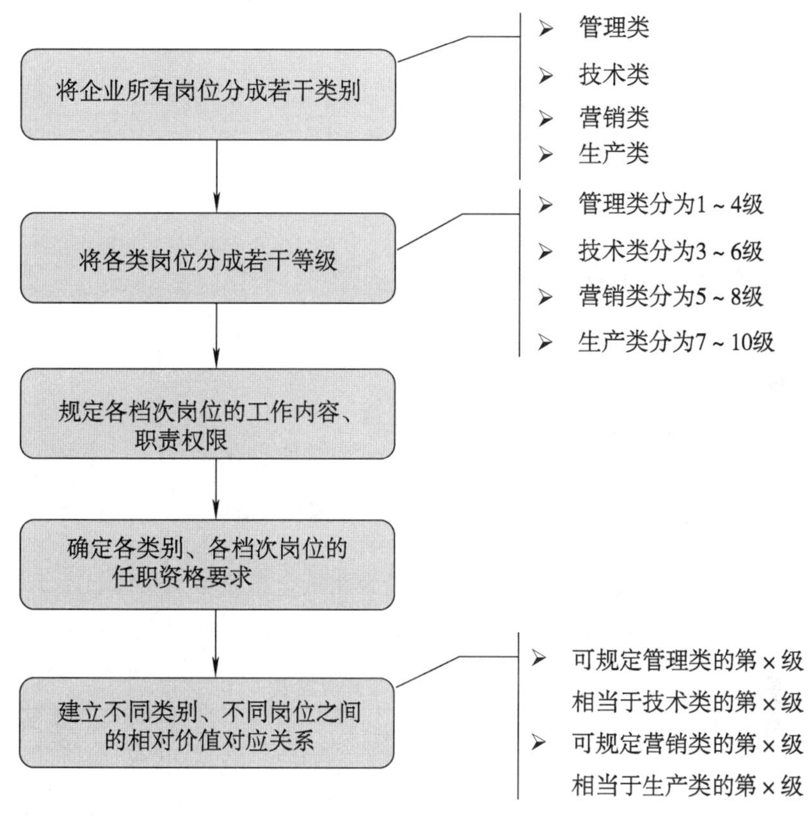

图 5—1　岗位评价——岗位分类法

3. 要素比较法

要素比较法是先提取岗位评价要素，然后选取企业一部分岗位作为对比的标准，将一定量的工资总额在标准岗位之间进行合理分配，然后将其他岗位与标准岗位进行比较，从而确定其他岗位的相对价值。具体步骤如图 5—2 所示。

现对企业某岗位 F 进行岗位评价，将其各个评价要素与标准岗位进行对比，得知其责任大小与岗位 B 的责任大小最为相近（相似），则按 B 岗位在该要素对应的工资额 350 元计算；同理，其知识技能与岗位 D 的知识技能最为相近，则按 D 岗位在该要素对应的工资额

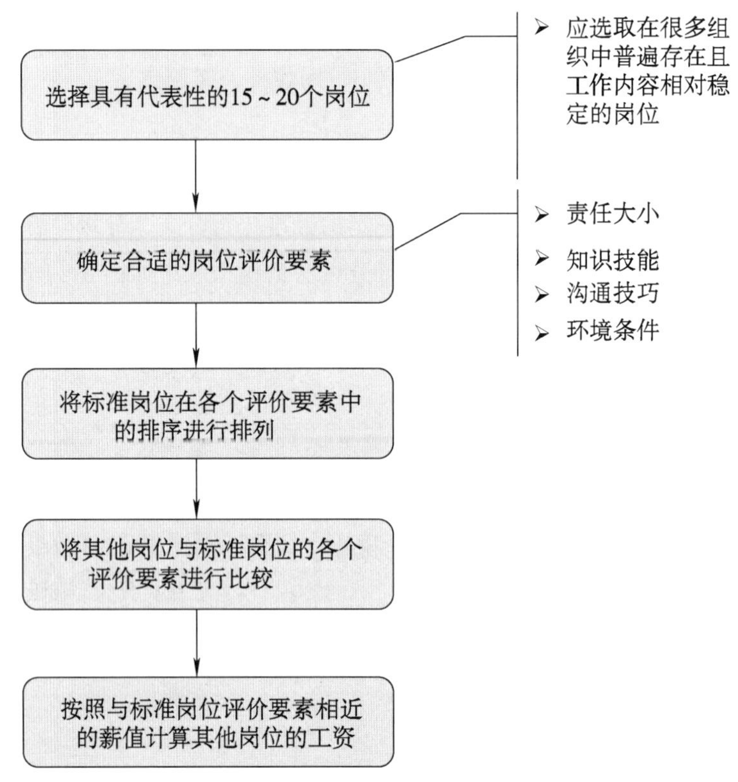

图 5—2 岗位评价——要素比较法

280 元计算；沟通技巧方面，岗位 F 与岗位 E 最为相近，工资额为 310 元；环境条件方面，岗位 F 与岗位 C 最为相近，工资额为 120 元（见表 5—11）。

表 5—11 标准岗位排序及工资对应表

评价要素＼岗位		岗位 A	岗位 B	岗位 C	岗位 D	岗位 E
责任大小	排序	2	3	1	5	4
	工资（元）	470	350	520	180	270
知识技能	排序	1	4	5	3	2
	工资（元）	350	220	170	280	310
沟通技巧	排序	4	5	2	1	3
	工资（元）	280	200	390	450	310
环境条件	排序	3	1	4	2	5
	工资（元）	200	280	120	240	60
工资合计（元/月）		1 300	1 050	1 200	1 150	950

由此，可得出岗位 F 的评价结果为 350＋280＋310＋120＝1 060（元）。

按照同样的方法可计算出企业其他岗位的相对价值。

4. 要素计点法

要素计点法是一种定量化的工作评价方法，它选定影响所有岗位的主要因素，并采用一定点数（分值）表示各个因素，然后按预先规定的衡量标准，对现有岗位的各个因素逐一评比求得点数，经过加权求和，得到各个岗位的总点数。然后用企业现行的工资总额除以总点数，得到点的工资含量，然后用点值乘以每一岗位的总点数，就可得到每一岗位的工资率或工资标准。

要素计点法的操作程序如图 5—3 所示。

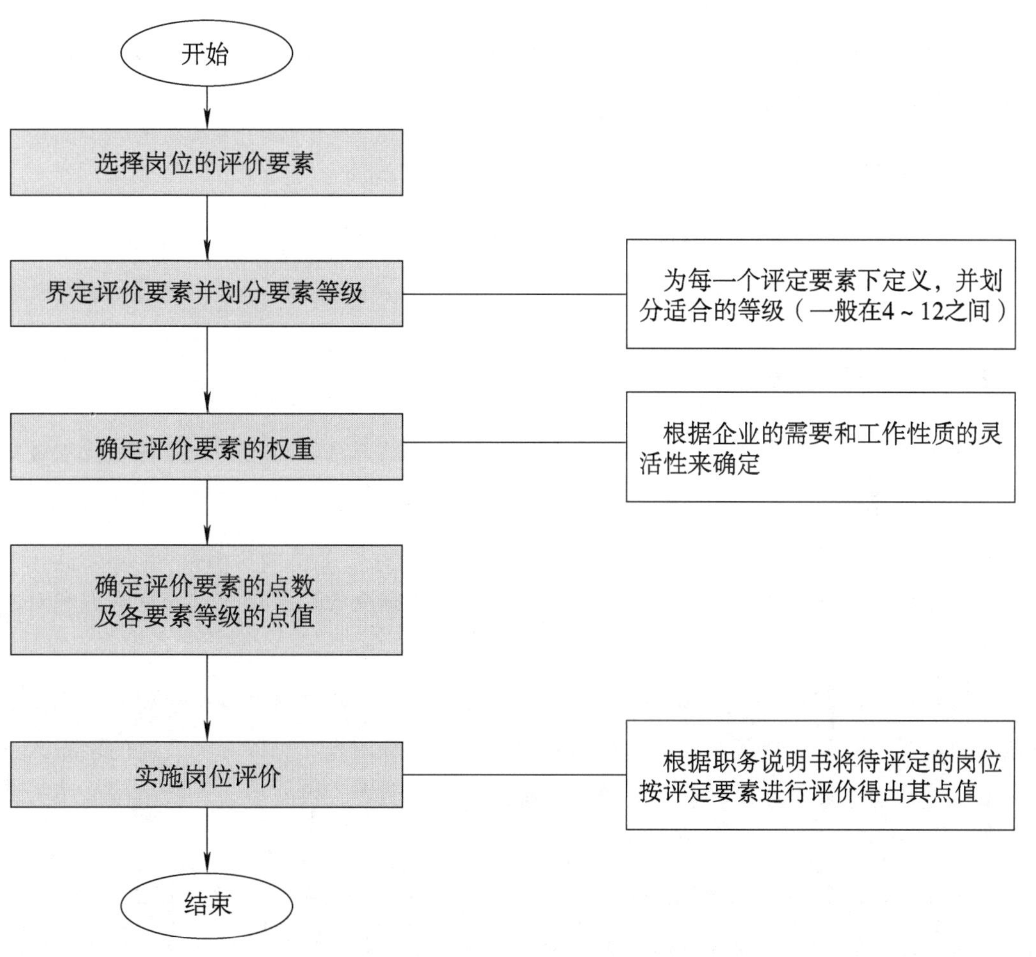

图 5—3　要素计点法的操作流程

（1）选择岗位的评价要素

岗位的评价要素，一般从劳动技能、劳动责任、劳动强度和劳动环境出发，在此基础上，进一步细分各要素的细化指标。

（2）界定评价要素并划分要素等级

工作评价人员根据选定的薪酬要素，划分为不同的等级并给每一个等级赋予描述、定义。

（3）确定评价要素的权重

由于每个要素对岗位价值的贡献度是不一样的，为保证点数设置的合理性，给其赋予一定的权重。

（4）确定评价要素的点数和点值

其中，点值＝薪酬总额/总点数。

确定其级数及相应的所得点数，并最后汇总出各项工作的所得总点数。最后，将各岗位所得的点数按升值顺序排列并归入相应的等级。

5.2 企业薪酬调查

5.2.1 薪酬市场调查

薪酬市场调查，就是通过一系列标准、规范和专业的方法，对相关企业各职位工资福利待遇及支付情况进行分类、汇总和统计分析，形成能够客观反映市场薪酬现状的调查报告，为企业提供薪酬设计方面的决策依据及参考。

薪酬市场调查是薪酬设计中的重要组成部分，重点解决的是薪酬的对外竞争力和对内公平性问题。

一般来说，从调查方式上看，薪酬市场调查可以分为正式薪酬市场调查和非正式薪酬市场调查两种类型；从主持薪酬市场调查的主体来看，薪酬调查又可以分为政府的调查、行业的调查、专业协会或企业家联合会的调查、咨询公司的调查，以及企业自己组织的等多种形式的薪酬调查。

进行薪酬市场调查时应该首先确定调查目的，根据调查目的和用途，再确定调查范围，选择调查方法，统计分析调查数据，撰写调查报告，结合调查目的进行分析与应用。薪酬市场调查过程如图5—4所示。

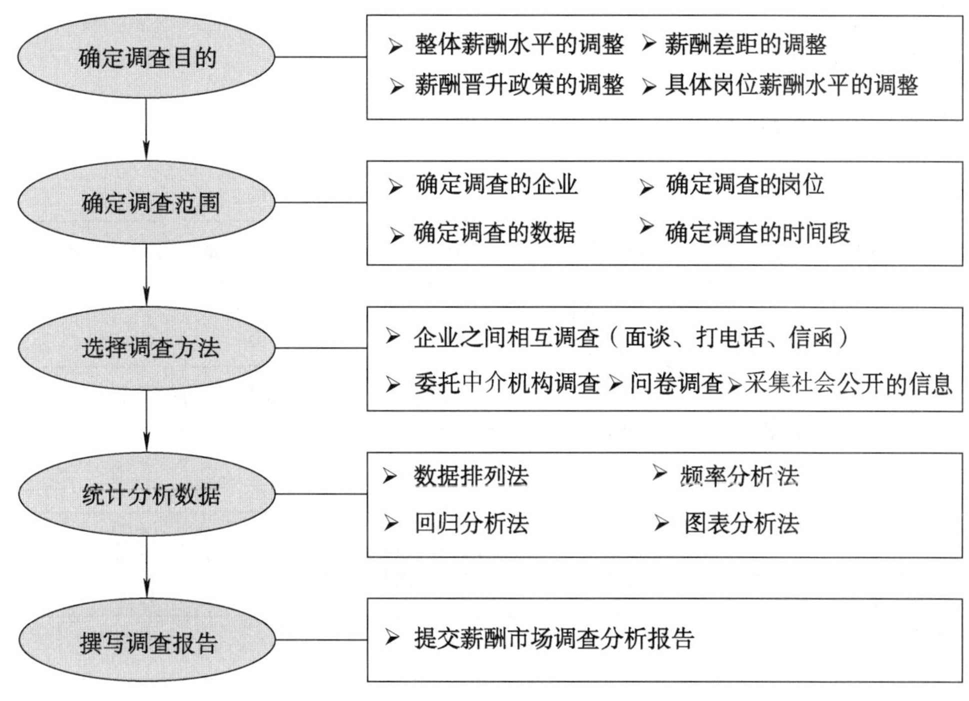

图 5—4　薪酬市场调查过程

1. 确定调查范围

（1）确定调查的企业

1）同行业中的其他企业或其他行业中工作性质相近的与本企业构成竞争关系的企业。

2）结合企业的实际，选取在本行业中比较有代表性的企业。

（2）确定调查的岗位

1）该岗位必须有详细的工作描述和说明，包括职位名称、该职位的主要工作内容及对企业的贡献、任职资格条件等。

2）大部分企业都设有该岗位。

3）该岗位必须有相对的稳定性。

（3）确定调查的数据

1）了解本企业所属行业的整体工资水平。

2）了解竞争对手的薪酬状况。

3）了解企业所在地区的工资水平、生活水平等。

（4）确定调查的时间段

即要明确收集薪酬数据的开始和截止时间。

2. 选择调查方法

薪酬调查常用的方法有如图 5—5 所示的四种。

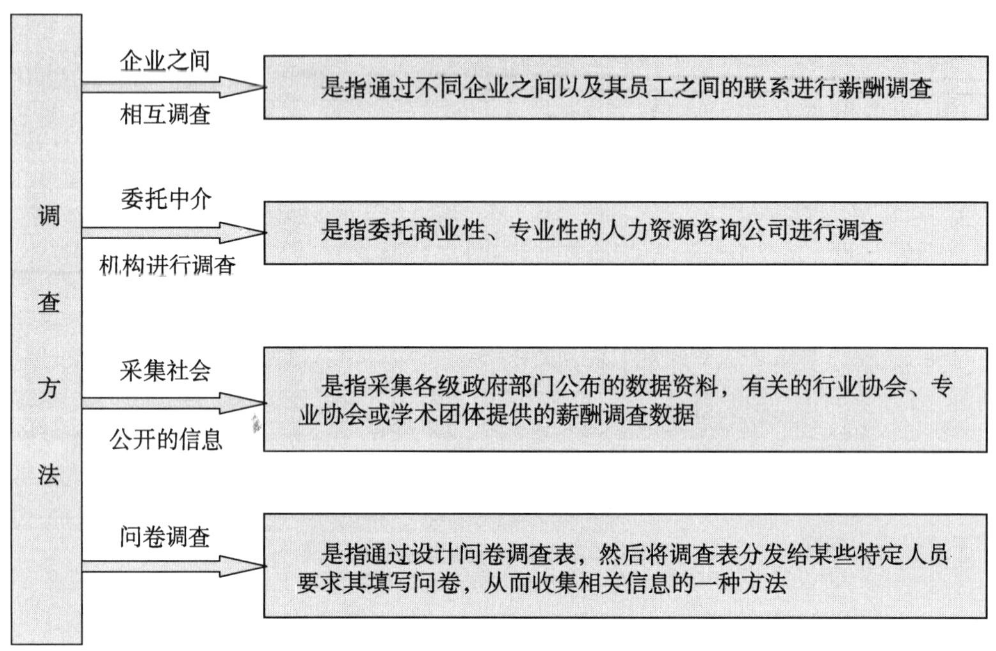

图 5—5　薪酬调查的方式

企业薪酬调查方法的选择是灵活多样的，不同的调查目标和对象，所需要的信息和选择的方法也是有差异的。对于简单、规范的岗位可以选择电话、委托调查、信函、调查公开的信息等方法。对于模糊、复杂、不规范的岗位可以采用问卷调查法及多种方法相结合的方式。表 5—12 是一份薪酬调查问卷样表。

表 5—12　薪酬调查问卷

个人资料							
姓名		年龄		性别		加入公司时间	
所在部门		职务		学历		毕业院校	
企业资料							
贵企业所在属性	□外商投资　□民营企业　□股份制企业　□国有企业　□其他（请注明）						
	注：若是外商投资，请选择						
	□外商独资企业　□中外合资企业　□中外合作企业						

续表

所属行业	□加工制造业　□金融保险业　□医疗卫生业　□酒店餐饮业　□其他（请注明）				
企业成立时间		企业注册资金		企业员工人数	
薪酬状况					
1. 您目前的年薪		□1万～2万元	□2万～3万元	□3万～5万元	□5万元以上
2. 您的薪资构成					
薪资的组成			所占总薪资的比例		
目前的薪酬水平与您的付出成正比吗？		□差不多	□付出更多	□薪酬更多	
3. 部门薪酬状况（年薪）					
生产部	部门经理	□2万～3万元	□3万～5万元	□5万～8万元	□8万元以上
	中层领导	□1万～2万元	□2万～3万元	□3万～5万元	□5万元以上
	一般员工	□1万元以下	□1万～2万元	□2万～3万元	□3万元以上
研发部	部门经理	□2万～3万元	□3万～5万元	□5万～8万元	□8万元以上
	中层领导	□1万～2万元	□2万～3万元	□3万～5万元	□5万元以上
	一般员工	□1万元以下	□1万～2万元	□2万～3万元	□3万元以上
人力资源部	部门经理	□2万～3万元	□3万～5万元	□5万～8万元	□8万元以上
	中层领导	□1万～2万元	□2万～3万元	□3万～5万元	□5万元以上
	一般员工	□1万元以下	□1万～2万元	□2万～3万元	□3万元以上
财务部	部门经理	□2万～3万元	□3万～5万元	□5万～8万元	□8万元以上
	中层领导	□1万～2万元	□2万～3万元	□3万～5万元	□5万元以上
	一般员工	□1万元以下	□1万～2万元	□2万～3万元	□3万元以上
4. 福利待遇					
（1）体检					
新员工入职，是否为其提供健康检查			□是　□否		
每年是否定期为员工提供健康检查			□是　□否		

续表

(2) 社会保险与福利			
社会养老保险	每月（ ）元	住房公积金	每月（ ）元
社会医疗保险	每月（ ）元	交通补贴	每月（ ）元
失业保险	每月（ ）元	电话补贴	每月（ ）元
生育保险	每月（ ）元	其他补贴	每月（ ）元
工伤保险	每月（ ）元	其他（请说明）________	
(3) 假期			
除了国家规定的法定假日外，公司是否提供其他假日，若有，请注明			
(4) 其他			
5. 您觉得您所在企业的薪酬水平在同行业处于什么水平 □较低 □中等 □偏高			
6. 您对目前的薪酬满意吗？			
7. 您对本次薪酬调查的建议			
非常感谢您的合作，祝您工作愉快！			

3. 统计分析数据

薪酬调查的结果要确保真实、准确。我们应该选择可靠的数据进行统计分析。以下列举了统计分析方法中的 3 种。

（1）数据排列法

采用数据排列法，先将调查的同类数据进行由高到低的排列，然后计算出数据排列的中间数据，即 25%点处、50%点处和 75%点处。其含义是如果调查了 100 家企业，将这 100 家企业的薪酬水平从高到低进行排列，它们分别代表第 25 位排名（低位值)、第 50 位排名(中位指)、第 75 位排名（高位值)。企业水平处于领先地位的企业，应关注 75%点处甚至 90%点处的薪酬水平；薪酬水平低的企业应该关注 25%点处的薪酬水平；薪酬水平一般的企业应该关注 50%点处的薪酬水平。

（2）频率分析法

如果被调查企业没有给出某类岗位完整的工资数据，我们只能了解企业某类岗位的平均工资数据时，可以采取频率分析法，记录在各薪酬额度内各企业平均薪酬水平出现的频率，从而了解企业某类岗位人员薪酬的一般水平。

（3）回归分析法

回归分析法是借用一些数据统计软件，如 SPSS 等所提供的回归分析功能，分析两种或者多种数据之间的关系，从而找出影响薪酬水平、薪酬差距或薪酬结构的主要因素及影响程度，进而对薪酬水平、薪酬差距或者薪酬结构的发展趋势进行预测。例如学历与月收入的统计关系、年龄因素与薪酬差距的回归分析等。

4. 薪酬调查报告

通过薪酬福利数据的收集与统计分析处理，最后要形成企业的薪酬调查报告，供企业领导者使用。薪酬调查报告应该包括如图 5—6 所示的 5 部分内容。

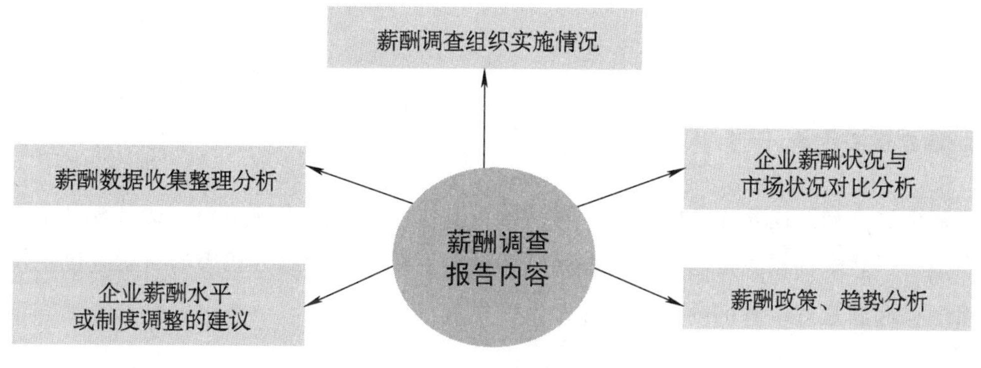

图 5—6　薪酬调查报告内容

薪酬调查报告主要可以用于以下三个方面。

（1）计算薪酬总额标准。企业在确定薪资总额标准时可以参照薪酬报告中的关键指标，如平均薪酬总额、平均薪酬水平和岗位信息等，综合考虑企业的实际支付能力及员工基本生活费用状况。

（2）制定薪酬政策。通过薪酬调查报告可以了解到本地区不同性质的企业、同行业企业执行的薪酬政策等，然后企业结合自身的管理模式、行业经营特点及企业发展需要，定性地确定自己的薪酬体系、薪酬结构、福利和保险政策，从而确定薪酬政策。

（3）使企业的薪酬体系真正具有公平性和竞争力，帮助企业吸引人、激励人、留住人；确定岗位薪酬水平，企业结合报告提供的岗位薪酬水平和所附岗位说明书，结合企业自身岗位特点制定岗位薪酬水平。

5. 薪酬市场调查注意事项

由于薪酬市场调查是个系统工程，薪酬市场调查是否有效，一定要进行规范化的操作。注意以下事项：调查的劳动力市场是否合适，对于一般层次的岗位，所调查的区域应该是与本公司在地理位置上比较接近的。对于高层次岗位，调查地域要广；如果是委托专业机构调查，一定要注意调查机构的数据处理方法，因为不同处理方法得到的结果可能不一样。同时，还要注意调查机构收集数据的方法，不同的收集方法数据的真实性不同，因此要通过了解数据收集方法判断调查结果的准确性和可靠性等。

5.2.2 员工薪酬满意度调查

薪酬满意度调查的对象一般是企业内部员工，其调查的内容主要包括员工对目前自身的薪酬福利待遇、薪酬级差、薪酬福利的调整、薪酬的发放方式等满意度情况。

1. 确定调查对象

调查对象一般为企业内部所有员工。

2. 确定调查内容

薪酬满意度调查内容应该包括员工对薪酬福利水平、薪酬福利结构、薪酬福利政策、薪酬福利差距、薪酬福利决定因素、薪酬福利调整、薪酬福利发放方式等的满意程度情况。总之，薪酬福利满意度调查的内容应该涉及薪酬福利的各个方面，调查内容既要全面详细，又要对关键指标重点调查。

3. 确定调查方式

一般的调查方式为设计调查问卷进行问卷调查。表5—13给出了一个一般的薪酬满意度调查问卷，各个企业在具体实施过程中可以根据自身的具体情况予以增加、修改相关问题或选项。

表5—13　　××公司员工薪酬满意度调查问卷

本次问卷调查的目的在于了解员工对企业薪酬制度的意见和想法，以促进公司薪酬管理的科学化、合理化。 调查问卷说明： 1. 本调查问卷设计了20道题，均为单项选择，题目答案没有对错之分。 2. 本问卷是以匿名的方式进行调查，调查的结果用于改进公司的薪酬制度。

续表

一、员工基本信息

姓名：　　　　　　（可以不填）　　　　　　所属部门　　　　　　（可以不填）

职位：　　　　　　　　　　　　　　　　　　进入公司时间：

二、调查问题

1. 您对目前的薪酬（　）

（1）非常不满意　（2）不太满意　（3）一般　（4）基本满意　（5）非常满意

2. 您认为自己的付出与回报等值吗（　）

（1）付出远大于回报　（2）付出稍大于回报　（3）等值　（4）回报稍大于付出　（5）回报远大于付出

3. 就您所在的职位，您认为薪酬中浮动工资的比例占到（　）比较合适

（1）5%以内　（2）5%～10%以内　（3）10%～15%以内　（4）15%及以上

4. 与外部平均薪酬水平（同一职位）相比，您觉得自己的工资水平处于（　）状态

（1）远低于市场平均水平　（2）略低于市场平均水平　（3）基本一致　（4）略高于市场平均水平　（5）高出市场平均水平的 30%左右

5. 您认为您的薪酬与您的职位（　）

（1）非常不相称　（2）不相称　（3）不确定　（4）基本相称　（5）非常相称

若选择（1）或者（2），请写明简要理由或感受

____

6. 您的努力工作在薪酬中有明显的回报吗（　）

（1）完全没有　（2）没有　（3）不确定　（4）可能有　（5）一定有

若选择（1）或者（2），请写明简要理由或感受

____

7. 您觉得您的薪酬水平与同职位的老员工相比（　）

（1）偏低　（2）基本相称　（3）偏高

8. 您觉得工资各个组成部分的比例设置是否合理（　）

（1）非常不合理　（2）不太合理　（3）不确定　（4）基本合理　（5）非常合理

若选择（1）或者（2）者，请予以说明

____

9. 您对自己的薪酬涨幅的评价（　）

（1）非常不满意　（2）不太满意　（3）一般　（4）基本满意　（5）非常满意

10. 对公司提供的福利总体满意度评价（　）

（1）非常不满意　（2）不太满意　（3）一般　（4）基本满意　（5）非常满意

若选择（1）或（2）者，请予以说明

____

您希望公司再提供哪些福利项目

____

11. 您对加班工资的计算与支付感到（　）

（1）非常不满意　（2）不太满意　（3）一般　（4）基本满意　（5）非常满意

12. 您对公司奖金项目的计算与支付感到（　）

（1）非常不满意　（2）不太满意　（3）一般　（4）基本满意　（5）非常满意

续表

13. 公司薪酬制度的设计是否合理（ ） （1）非常不合理 （2）比较不合理 （3）一般 （4）基本合理 （5）非常合理 若选择（1）或（2）者，请予以说明 ____
14. 您对目前公司实施的薪酬体系有何评价 ____ ____
15. 您觉得公司的薪酬制度对人才的吸引力（ ） （1）很弱 （2）较弱 （3）不确定 （4）有一定的吸引力 （5）非常有吸引力 16. 对公司在薪酬管理工作方面的评价（ ） （1）非常不满意 （2）比较不满意 （3）一般 （4）比较满意 （5）非常满意 若选择（1）或（2）者，请予以说明 ____
17. 公司假期安排方面是否合理（ ） （1）非常不满意，假期太少 （2）不太满意，假期制度过于僵化 （3）一般 （4）比较满意 （5）非常满意，可灵活休假 18. 您认为目前的薪酬制度对员工的激励作用（ ） （1）非常小 （2）比较小 （3）一般 （4）较强 （5）非常强 19. 您对公司薪酬支付的及时性与准确性的评价（ ） （1）薪酬支付经常延迟 （2）基本准确、准时 （3）比较满意 （4）很好 20. 您认为公司哪些部门人员的薪酬水平偏高 ____

4. 统计分析及撰写报告

调查完毕后，收集数据，进行统计分析，撰写薪酬满意度调查报告，使企业薪酬管理者知晓企业当前的薪酬管理水平，并为以后薪酬福利制度的改进提出合理化建议。

5.3 基本薪酬机制设计

5.3.1 岗位薪酬制

岗位薪酬制是按照企业员工所在岗位的劳动技能、劳动强度、劳动责任、劳动条件等因素，确定薪酬等级及薪酬标准，进行薪酬支付的薪酬制度。

实行岗位薪酬制的前提是有科学、严密的岗位分析，并以此为基础进行严格的岗位评价，从而实现基于岗位设计薪酬。目前在未实行绩效考核的企业中，岗位薪酬制仍然是主流的薪酬模式。

1. 岗位薪酬制的优劣势

岗位薪酬制最主要的特点是对岗不对人，因此其优势比较明显，劣势同样不容忽视。岗位薪酬制的具体优劣势如图 5—7 所示。

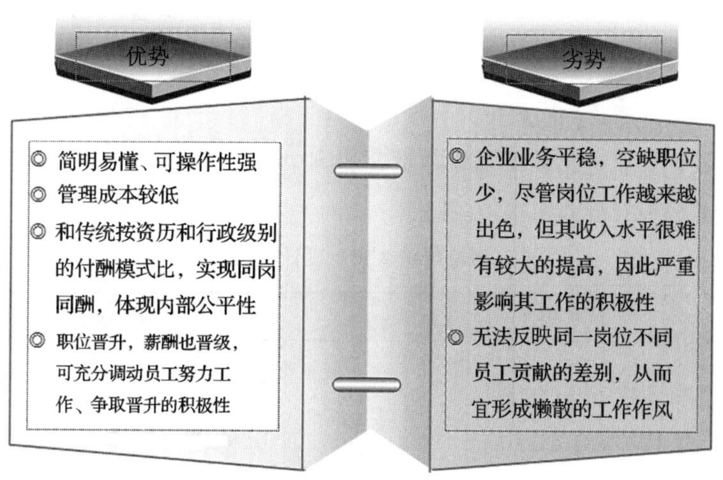

图 5—7　岗位薪酬制优劣势对比图

2. 岗位薪酬制的类型

岗位薪酬制主要分为两类，即岗位等级薪酬制和岗位薪点薪酬制。岗位等级薪酬制主要有两种形式，即一岗一薪制和一岗多薪制。具体见表 5—14。

表 5—14　　岗位薪酬制的类型

岗位薪酬制类型		类型说明
岗位等级薪酬制	一岗一薪制	◎ 指一个岗位只有一个薪酬标准，凡在同一岗位上工作的员工都按照统一的薪酬标准获得薪酬 ◎ 适用于专业化、自动化程度高，流水作业、工种技术比较单一的工作岗位 ◎ 岗内没有薪酬等级，员工岗位不变动，除特殊情况（如较高岗位的薪酬），薪酬一般不变动
	一岗多薪制	◎ 是指在一个岗位内设置几个薪酬等级，以反映同岗位、不同等级员工之间的劳动差别的薪酬制度 ◎ 适用于岗位划分较粗、同一岗位中存在工作差别、岗位内部员工之间存在技术熟练程度差异的企业或部门

续表

岗位薪酬制类型	类型说明
岗位薪点薪酬制	◎ 在岗位评价的基础上，用点数和点值来确定员工实际劳动报酬的一种薪酬制度 ◎ 适合于工作职能比较固定、重复性劳动较高的工作岗位

3. 岗位薪酬制设计要点

岗位薪酬制设计要素包括薪酬等级数量、薪酬中值线、薪酬差、薪酬变动范围、薪酬交叉度，具体各要素的设计要点见表5—15。

表5—15　岗位等级薪酬制设计要点

要素	要素说明	设计要点
薪酬等级数量	划分多少个薪酬等级	一般根据岗位评价结果确定，一般企业的薪酬等级多在7～10个
薪酬中值线（政策线）	由各等级的薪酬中值选择的一条曲线	一般按市场水平或企业政策制定，将每个职位的内部等级或评价分数（点值）与获得该职位的市场薪酬水平勾画在一个坐标轴上，通过分析平衡它们之间的差异
薪酬差	最高等级与最低等级薪酬差	设计时需考虑最高与最低等级工作复杂程度的差别、当地规定的最低工资标准、企业薪酬支付能力等
薪酬变动范围	每个薪酬等级的最高值、最低值形成的变动区间	一般先确定中值，再确定最高值、最低值
薪酬交叉度	两个相邻等级之间薪酬值的交叉程度	薪酬交叉度过大，会导致晋升意义降低，因此重叠度一般不宜超过50%

4. 岗位薪酬制设计步骤

（1）岗位等级薪酬制设计步骤

岗位等级薪酬制的设计步骤如图5—8所示。

（2）岗位薪点薪酬制设计步骤

岗位薪点薪酬制的设计步骤如图5—9所示。

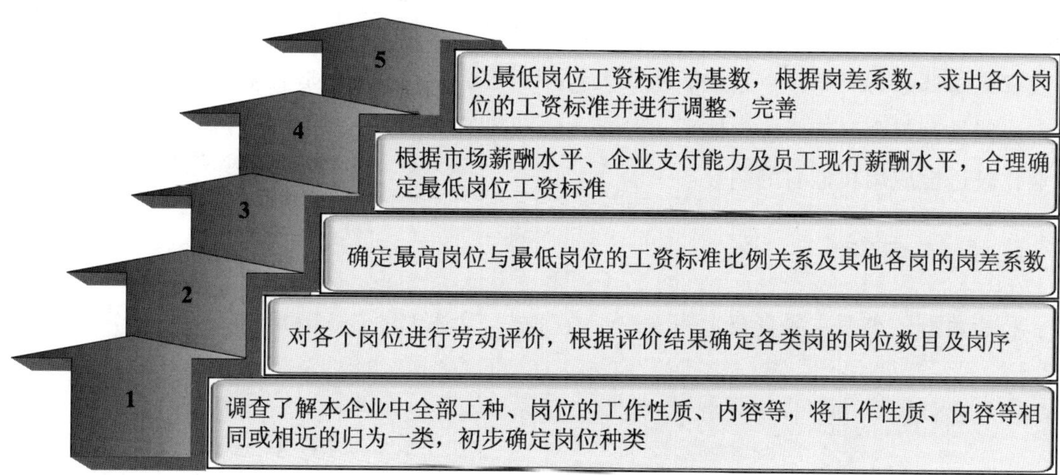

图 5—8　岗位等级薪酬制的设计步骤

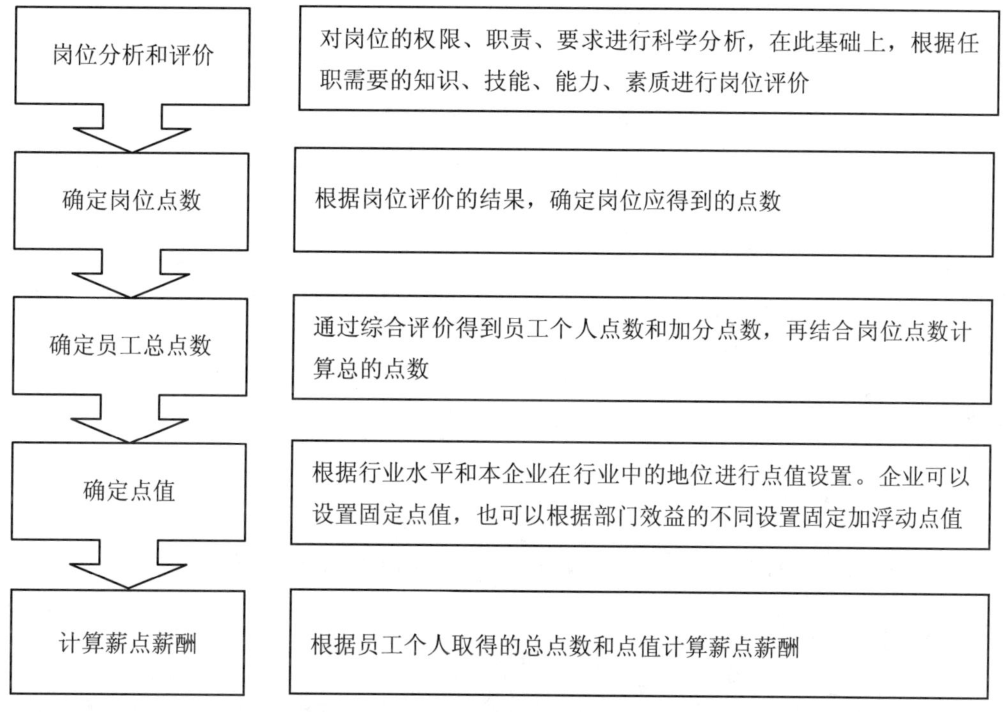

图 5—9　岗位薪点薪酬制的设计步骤

5.3.2　技能薪酬制

技能薪酬制是企业根据员工所掌握的与工作有关的技能、能力以及知识的深度和广度支付员工薪酬的一种薪酬制度。技能薪酬制与传统的岗位薪酬制不同，它强调根据员工的个人能力提供薪酬。企业实施技能薪酬制，可促使员工对学习新技术、新知识充满热情，愿意主动提高技术能力水平，从而形成积极向上的企业文化。

在应用技能薪酬制时，企业必须认识到并不是所有的企业都适合采取这种制度。一般来说，一些具有健全的技能评价体系，具有比较开放的企业文化，工作结构性高、专业性强的企业比较适合应用技能薪酬制。

1. 技能薪酬类型

技能薪酬的类型主要有技术薪酬和能力薪酬，具体如图 5—10 所示。

技术薪酬

1. 解释：是以应用知识和操作技能水平为基础的薪酬
2. 优点：有利于鼓励员工发展各项技能，提高业绩表现，增强参与意识，提升企业生产率
3. 缺点：薪酬费用日益增加
4. 适用范围：一般应用于生产制造性质的企业或部门，即主要应用于“蓝领”员工

能力薪酬

1. 解释：根据基础能力或策略能力支付薪酬。基础能力指胜任某一岗位而应具备的能力，策略能力指能给企业带来竞争优势的核心竞争力
2. 优点：能够有效激发员工之间的竞争行为，有效刺激员工提高工作效率
3. 缺点：给予的能力标准比较抽象，而且越具体的岗位联系不大
4. 适用范围：一般适用于企业技术和管理人员，即主要应用于“白领”员工

图 5—10　**技能薪酬的类型**

2. 技能薪酬制设计步骤

企业设计技能薪酬制时，可参照如图 5—11 所示的五大步骤进行。

5.3.3　绩效薪酬制

绩效薪酬制是指根据员工个人、团队或者组织的绩效支付员工薪酬的一种薪酬制度。实行绩效薪酬制的目的在于通过激励员工个人提高绩效提升企业整体绩效。

1. 绩效薪酬制的优缺点

绩效薪酬制有自己独特的优势，但应用不当其不足也很明显。绩效薪酬制的具体优缺点如图 5—12 所示。

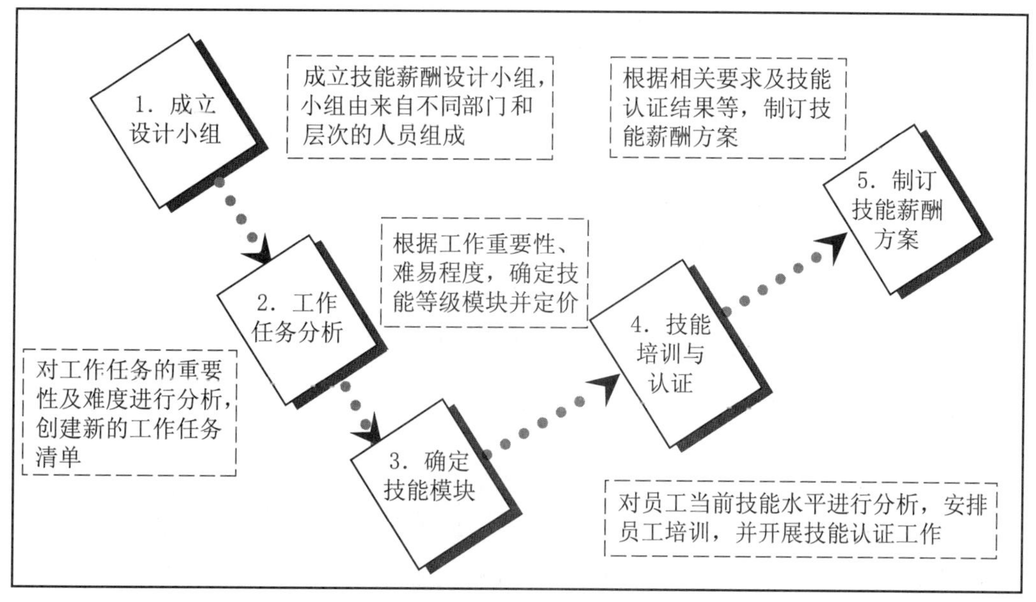

图5—11　**技能薪酬制的设计步骤**

图5—12　**绩效薪酬制的优缺点**

基于上述优缺点，绩效薪酬制度一般适用于存在工作任务饱满、有超负荷工作的必要，绩效能够自我控制，员工可以通过主观努力改变绩效等情况的企业或部门。

2. 绩效薪酬的主要形式

目前企业中常见的绩效薪酬形式有计件工资制、佣金制（提成制），具体如图5—13所示。

绩效薪酬的常见形式

计件工资制	佣金制（提成制）
◎ 是根据员工生产的合格产品数量或完成的作业量，按照预先规定的计件单价支付的劳动报酬	◎ 是主要用于营销人员的薪酬支付制度，它直接按照营销人员营销额的一定比例确定其工资报酬

图 5—13　绩效薪酬的常见形式

3. 绩效薪酬制设计要点

在设计绩效薪酬制时，企业应把握以下五大要点。

（1）一般情况应与其他薪酬体系相结合，没有底薪的工作岗位将增加员工流动性。

（2）必须使员工的绩效目标与组织的目标战略相结合。

（3）必须建立有效的绩效管理体系，制定科学的绩效目标、评价标准，落效绩效考核管理流程及制度，确保考核的公正性、公平性。

（4）绩效与奖励之间应联系密切、公平合理。

（5）绩效奖励应与有效反馈与辅导相结合。

（6）绩效奖励应当保持动态性。

4. 绩效薪酬制设计内容

绩效薪酬制的设计内容见表 5—16。

表 5—16　　绩效薪酬制的设计内容

设计内容	内容说明
薪酬支付形式	◎ 包括绩效工资、绩效奖金、股票或利益共享计划等形式 ◎ 高层管理人员倾向中长期绩效薪酬激励，低层员工倾向于短期绩效薪酬激励，因此薪酬可每月支付一次，也可每季度或每年支付一次
配置比例	◎ 切分发：依据岗位评价和外部薪酬水平，确定不同岗位的总体薪酬水平，再对各个岗位的总体薪酬水平进行切分 ◎ 配比法：依据岗位评价和外部薪酬水平，确定岗位基本固定薪酬水平，而后在基本工资的基础上上浮一定比例作为绩效薪酬

续表

设计内容	内容说明
绩效等级	◎ 依据绩效评估结果，合理划分绩效考核结果的等级和层次 ◎ 划分绩效等级时，应考虑绩效薪酬对员工的激励程度，等级过多、差距过小，将影响激励力度；等级过少，差距过大，员工将因绩效薪酬不可期而丧失向上的动力
分配方式	绩效薪酬可根据个人绩效进行对应分配；也可先在团队间分配，再进行个人分配
增长方式	主要包括职务晋升调整、岗位调动调薪、资历提高调薪以及绩效调薪等方式。此时应注意增加工资标准，易上难下，而一次性绩效奖励可弥补这一缺陷

5.3.4 组合薪酬制

组合薪酬制即由多种薪酬模式组合而成的薪酬制度。之所以设计组合薪酬制，是因为单一的薪酬制度，无论是岗位薪酬制、技能薪酬制、绩效薪酬制都是从某一角度考虑薪酬的付酬因素，难以规避自身的缺陷，不能构成科学系统的薪酬体系，因此就无法达到薪酬的内部公平性、外部竞争性要求。

在薪酬设计实践中，企业往往是以岗位薪酬、技能薪酬、绩效薪酬这三个元素中的两个或三个整合为一个协调统一的组合式薪酬体系，以充分发挥各种薪酬制度的优点。常见的组合薪酬形式有岗位技能薪酬制、岗位绩效薪酬制及岗位＋技能＋绩效组合薪酬制。

1. 岗位技能薪酬制

岗位技能薪酬制是以按劳分配为原则，以劳动技能、劳动责任、劳动强度和劳动条件等基本劳动要素为基础，以岗位工资和技能工资为主要内容的企业基本薪酬制度。我国大多数企业在设计岗位技能薪酬制中，除设置岗位和技能两个主要单元外，一般还会加入工龄工资、效益工资、各种津贴等。

2. 岗位绩效薪酬制

在市场竞争越来越激励的时代，为了大力激励员工，将员工业绩与企业效益联系在一起，很多企业采取岗位绩效薪酬制。

一般来说，岗位绩效薪酬由岗位工资、薪级工资、绩效工资和津贴补贴四部分构成，具体如图 5—14 所示。

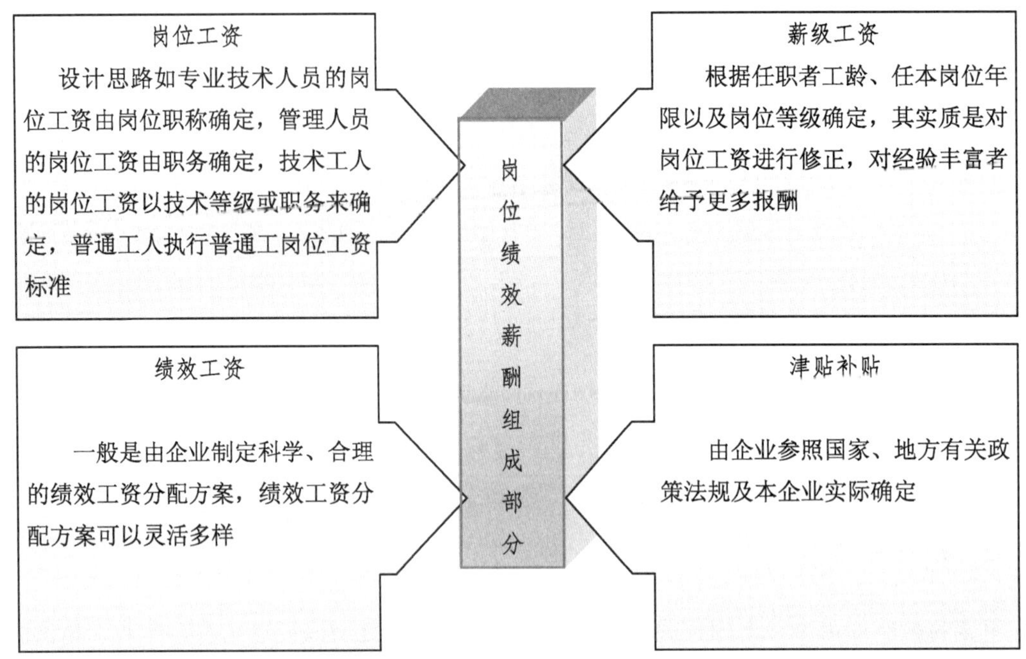

图 5—14　岗位绩效薪酬组成部分

3. 岗位＋技能＋绩效组合薪酬制

因各个绩效薪酬制都有各自鲜明的特点，具体岗位和具体员工也有不同的特点，而企业不可能针对各个员工单独设计薪酬制度，因此组织比较庞大、员工构成比较复杂的企业一般会实行岗位＋技能＋绩效相结合的薪酬模式。

岗位、技能与绩效有机结合的薪酬模式可按照员工的岗位、技能以及工作绩效确定薪酬分配标准，实用性更高，因此被越来越多的企业所使用。

5.3.5　薪酬结构设计

薪酬结构设计，即确定不同员工的薪酬构成项目及其所占的比重。

（1）薪酬构成项目的确定

同一企业内从事不同工种的员工的薪酬构成项目可以有所不同，具体来说薪酬构成项目见图 5—15。

（2）薪酬构成项目的比例确定

薪酬构成项目的比例应视员工从事工作的不同性质、不同薪酬水平等而有所不同，常见的薪酬构成项目比例模式主要有高稳定性薪酬结构、高弹性薪酬结构及折中性薪酬结构，具体如图 5—16 所示。

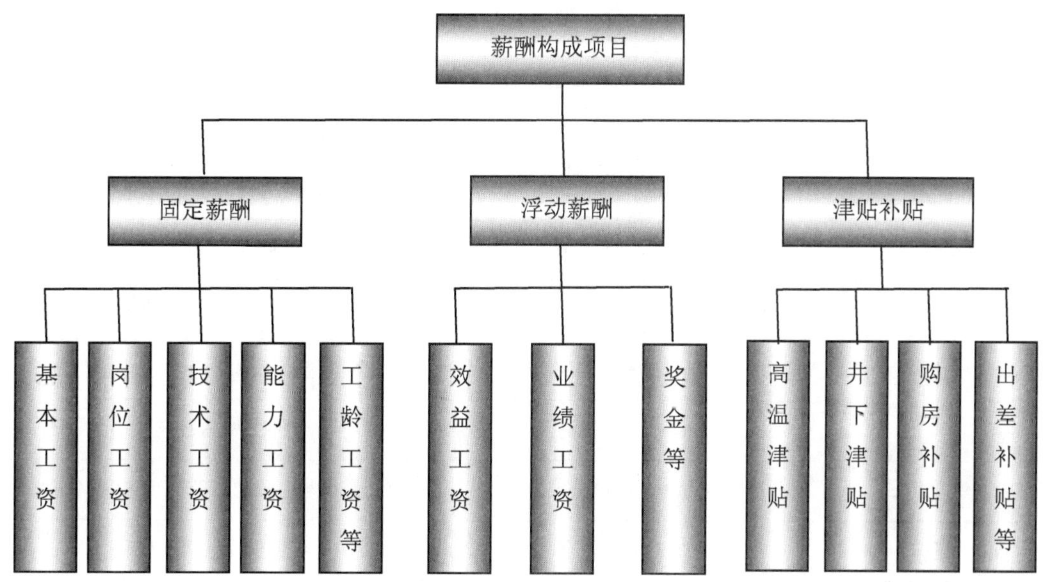

图 5—15　薪酬构成项目

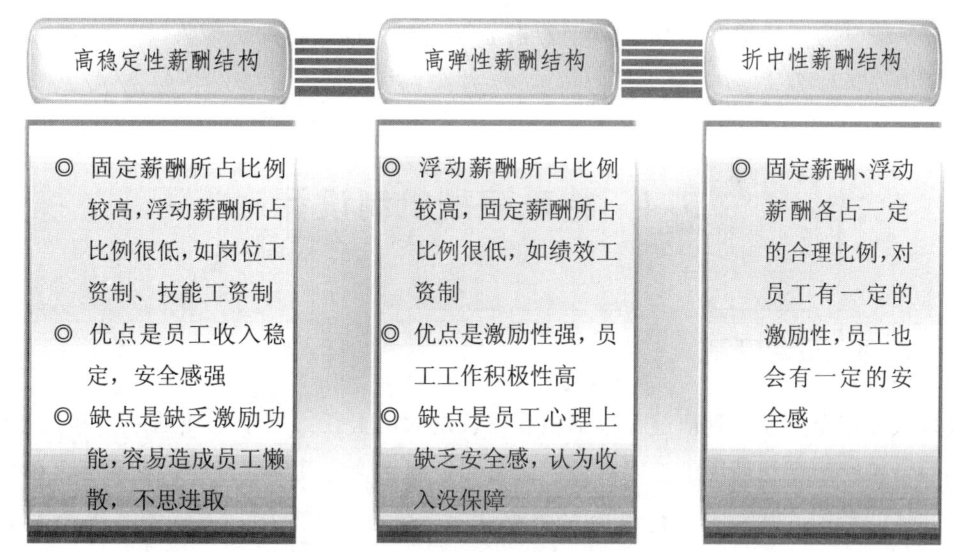

图 5—16　薪酬构成项目比例三模式

在现实中，企业设计的薪酬结构没有好不好之分，只有适合不适合之别。企业性质、发展阶段、企业规模、岗位特点等因素都将影响薪酬结构的设计。具体企业在设计薪酬结构时，可针对不同类型的人员，参照表 5—17 所示的内容进行设计。

表 5—17　　薪酬结构设计示范

职位类型	薪酬构成项目	薪酬构成项目比例
高管人员	固定工资＋年度奖金＋股票期权	年度奖金和股票占较大比例
中层管理人员	固定工资＋年度奖金	销售类低底薪、高奖金 非销售类高工资、低奖金
销售人员	固定工资＋佣金	低底薪、高提成
市场人员	固定工资＋年度奖金	年度奖金占一定比例
研发人员	固定工资＋项目奖金＋年度奖金	高工资，项目奖金占一定比例
生产人员	固定工资＋计件工资	计件工资占比例高
项目管理人员	固定工资＋项目奖金	项目奖金总和与工资总和相差不多
行政人员	固定工资＋年度奖金	年度奖金占比例少

在薪酬结构中，津贴和补贴是属于约定条件的一种特殊的薪酬方式，即要有前提条件才会发生，如高温作业、出差等。而福利则是按照全员统一进行设计，即福利的发放对象是全体员工，一般分为固定福利，如保险、公积金等福利；也包括约定条件的福利，比如节假日、特殊工作环境等。

5.4　特殊薪酬机制设计

5.4.1　管理人员薪酬制

管理人员在企业经营管理过程中承担着比较重大的责任，居于企业的领导和核心地位，企业的一切重要经营管理决策都要由他们做出和控制。管理人员的行动、决策不仅会影响企业的生产经营活动，其一言一行也会对企业员工、企业工作氛围、人际关系等产生重大影响。

而管理人员的频繁流动会加剧企业人才缺失的被动局面，也会使员工产生企业不稳定、不健康的感觉，使外界对企业有诸多猜疑，损害企业的整体形象及长期利益。

综上所述，企业应建立合适的管理人员薪酬制度，有效激励管理人员，促使其保持积极的斗志，起到正面的带动作用，防止非正常流失。

考虑到管理人员的行动决策对企业有长远影响及保持管理人员的稳定性，一般来说，管理人员的薪酬制度应突出长期激励这一特征，将企业的长远利益和管理人员的薪酬紧密地联系在一起。

具体来说，设计管理人员薪酬时，企业可从基本薪酬、短期激励、长期激励、福利津贴这四个模块予以考虑，具体如图 5—17 所示。

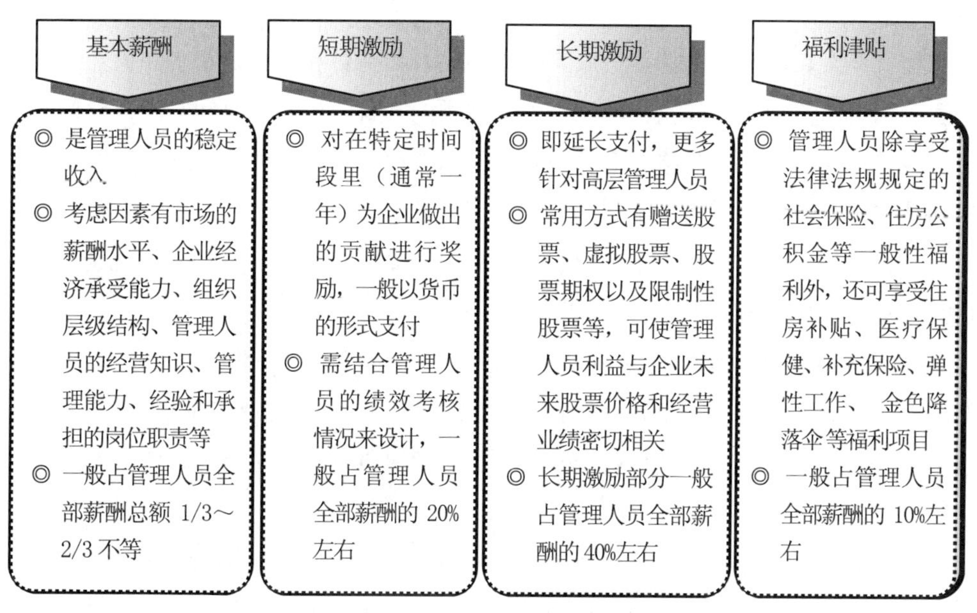

图 5—17　管理人员薪酬四大模块

5.4.2　经营者年薪制

企业经营者是特殊劳动力群体，其他行业的劳动者不易转移到企业家队伍中来，因此合理地对这部分人设置薪酬制度才能真正调动其经营积极性，提高其忠诚度，约束其行为，使企业经营水平及经济效益水平有大幅提高。

经营者年薪制是指以年度为单位，根据企业类别、生产经营规模、经营业绩等，确定并支付经营者报酬的薪酬制度。经营者年薪制一般可用于企业董事长、总经理、厂长等的薪酬设计。这种年薪制在国际上普遍使用，在国内也日益流行。

在应用经营者年薪制时，企业往往存在一些问题，需合理分析并有效解决。具体企业应用经营者年薪制容易出现的问题及解决方法参见下文。

（1）适用对象界定不清

国外实行年薪制的对象一般是企业的高级管理人员，而国内对谁是经营者没有统一的认定。有的企业将党委书记、工会主席、团委书记、三总师、厂级调研员等各种岗位界定为经营者，这样设计的经营者年薪制形成平均主义，失去激励性，白白增大了企业薪酬成本。

针对此种问题，企业首先应对经营者有明确的界定。一般对于国有企业来说，要实施政企分开，把与经营管理无关的人从企业中分离出来，可将厂长（经理）、副厂长（副经理）作为经营者。而对于公司制企业，可以将董事会成员、经理等认定为经营者。

（2）年薪构成千差万别

年薪构成复杂，有的采用基薪＋风险收入构成，如基薪和加薪，基薪和效益薪金；有的采用基薪、加薪和奖励，如基薪、增值年薪和奖励，基薪、效益年薪和奖励年薪等。对于中小企业来说，这种复杂的年薪制会造成经营指标的选取困难，不便于操作；同时也会造成年薪参数随外部影响而大起大落，年薪结算失真等问题。

面对上述问题，企业在设计年薪构成时，应力求简便、科学、可行、符合企业实际。

（3）年薪考评体系不完善

企业经营者年薪制的考核指标多以利税指标为主，并辅以销售收入、员工收入等。这些指标都是反映企业一个年度的短期指标，而缺乏对长期经营业绩的考评。这样会使企业经营者注重企业的短期利益，不惜牺牲长远利益来获得企业的短期辉煌及自己的一时奖励。

因此，企业在设计经营者年薪制时应完善年薪考评体系，注重长期绩效的考评及奖励。具体来说，在确定基本薪金时，企业应充分考虑资产规模、利税水平、员工人数、技术密集度、资金密集度、平均工资、行业平均工资和当地平均工资等因素，并明确各因素在基本薪金中所占的比例。而在确定风险薪金时，企业不能仅依据基薪的多少，还应在考虑利税的同时，考虑企业管理水平、质量达标、技术进步、亏损减少、品牌增长度等指标。

5.4.3 团队薪酬制

团队是由员工和管理层组成的一个共同体，它合理利用每个成员的特殊知识和技能，通过分工协作，共同完成团队任务，解决问题，达成共同的目标。从企业管理上来讲，团队比较常见的分类有平行团队、流程团队、项目团队。

在许多企业中，团队最终取得的成果与设立时的目标相差甚远，其中最主要的原因可能就是企业没能设计出一个能保持团队发展势头、加固团队架构的团队薪酬制度。所谓团队薪酬制，是指根据团队业绩而支付薪酬给正式成立的团队的一种薪酬制度。这种薪酬制度可促使员工把工作重点集中到团队目标上，充分发挥每个人的潜力，互相配合、互相补充，最终达成团队目标。

1. 实行团队薪酬制的条件及范围

并不是所有的员工组合都适宜采用团队薪酬制。一般来说，企业实行团队薪酬制应具备以下三大条件，如图 5—18 所示。

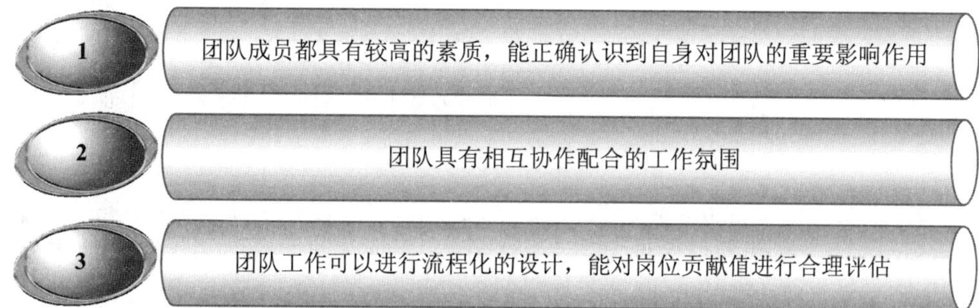

图 5—18　实行团队薪酬制的三大条件

在企业实际经营管理中，团队薪酬制主要应用于营销团队、技术研发团队、PM 管理团队等。

2. 团队薪酬制设计要素

在团队薪酬制中，主要有基本薪酬、激励性薪酬及绩效认可奖励这三大组成要素，具体设计见表 5—18。

表 5—18　团队薪酬的主要组成要素

组成要素	要素说明
基本薪酬	◎是员工薪资收入的主要形式
激励性薪酬	◎ 一般来说，激励性薪酬的金额应足够大，能够起到激励作用。团队成员激励性薪酬的分配比例应视具体情况而定
绩效认可奖励	◎ 绩效认可奖励有两种，即货币性奖励和非货币性奖励 ◎ 货币性奖励数额一般不会太大，主要用来认可优良的工作结果 ◎ 非货币性奖励比较常用，一般是一些具有象征性的物品奖励，主要用来认可优良的员工业绩表现

3. 团队薪酬制设计要点

平行团队、流程团队、项目团队因团队类型不同，其团队薪酬制的设计要点也不尽相同，具体见表 5—19。

表 5—19　　团队薪酬制设计要点

组成要素设计 / 团队类型	基本薪酬设计	激励性薪酬设计	绩效认可奖励设计
平行团队	团队中的成员属于兼职性质，其基本薪酬取决于个人工作	给予激励性薪酬不宜过大，否则容易造成团队成员花太多时间在团队工作，忽视甚至耽误本职工作，同时也会对未选入平行团队的员工产生强烈不公平感	尤其是非货币性的奖励比较适用
流程团队	一般用宽带薪酬体系来支付团队成员的基本薪酬	团队成员之间的薪酬差距应最小化，如支付相同金额的激励性薪酬，激励性薪酬应事先公布	非货币性奖励比较适用
项目团队	成员的技能、能力和对团队的贡献有差距，因此基本薪酬也存在较大差异	若支付相同金额的激励性薪酬，会抵消基本薪酬因个人技能、能力、贡献造成的差别，因此可按照基本薪酬的相同比例来支付项目团队成员的激励性薪酬。同时，注意少用事前的激励性薪酬	少量货币性奖励，广泛用于事后奖励绩效

5.4.4　宽带薪酬制

薪酬宽带始于20世纪90年代，是作为一种与企业组织扁平化、流程再造、团队导向、能力导向等新的管理战略相配合的新型薪酬结构设计方式应运而生。宽带薪酬最大的特点是压缩级别，将组织内十几个甚至二十几个、三十几个薪酬等级压缩成几个级别，同时将每个薪酬级别所对应的薪酬浮动范围拉大，从而形成一种新的薪酬管理系统及操作流程。典型的宽带薪酬模式最多只有4个等级，但是每一级最高峰值与最低峰值的变动比率则可能达到200％～300％。

宽带薪酬制具有支持扁平型组织结构，引导员工提高个人技能和能力，利于职位轮换及培育全能型人才，推动良好的工作绩效，弱化员工之间晋升竞争，提升企业整体绩效等优点，因此被很多企业关注。但企业必须认识到薪酬结构类型的选择依赖于企业的组织结构、企业文化、企业发展战略以及企业的状况等，并不是所有企业都适合使用宽带薪酬制，在目前情况下，技术性企业、创新型企业、竞争力强的企业、支付能力强的企业、组织扁平化企业等更适合宽带薪酬制，而劳动密集型企业在目前则不宜引用这种薪酬制度。

1. 宽带薪酬制设计流程

宽带薪酬的设计流程与传统的薪酬设计流程相比有相同处，也有自身的特点。具体企业设计宽带薪酬的流程如图 5—19 所示。

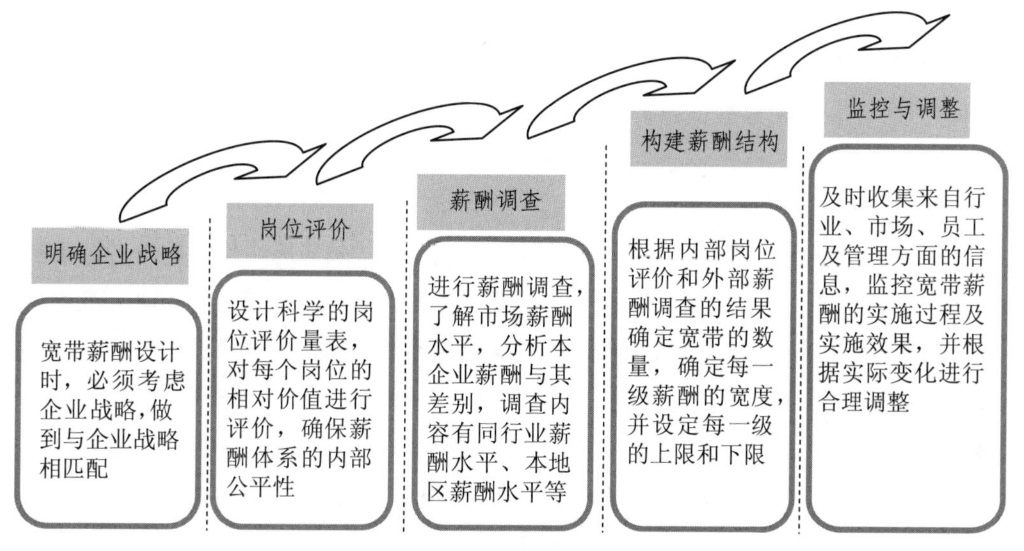

图 5—19　宽带薪酬设计流程

2. 宽带薪酬设计示范

图 5—20 为宽带薪酬的一个简单示范。

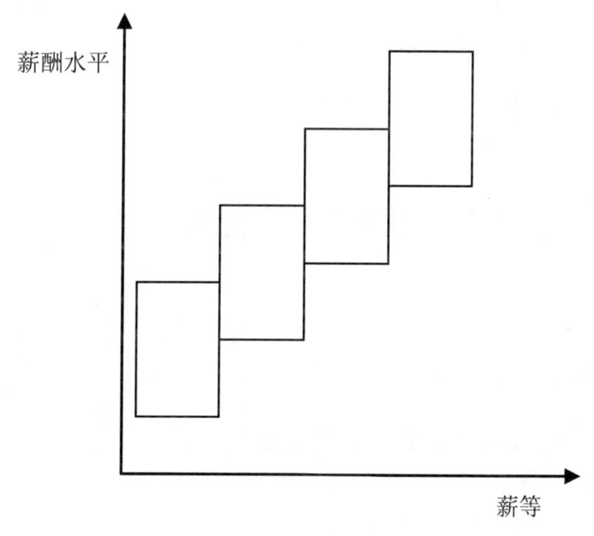

图 5—20　宽带薪酬示范

3. 宽带薪酬制设计要点

（1）宽带数量的确定

宽带的数量多少并没有统一的标准，大多数企业设计4～8个，有些企业设计十几个宽带。在实践中，企业可将岗位评价结果形成的自然级别作为设计宽带级别的基础，如将多种自然级别合并形成宽带薪酬级别。自然级别合并的“分水岭”往往是工作或技能、能力要求存在较大差异的地方，如将宽带划分为“助理级”“资深级”“专业级”等级别。

（2）宽幅设计

宽幅即每一薪酬等级的级别宽度，反映同一薪酬等级的员工因工作性质及对企业影响不同而在薪酬上的差异。一般来说，薪酬等级的幅宽随着层级的提高而增加，即等级越高，在同一薪酬等级范围内的差额幅度就越大，一般宽幅区间为50％～150％。

（3）级差设计

级差是指两个相邻薪酬等级之间，高等级薪酬标准与低等级薪酬标准的相差数额。级差表明不同等级的劳动，由于其劳动复杂程度和熟练程度不同，有不同的劳动报酬。薪酬级差可以用绝对额、级差百分比或工资等级系数表示。

（4）重叠度设计

重叠度值相邻两个薪酬等级的重叠情况，主要由每一等级基准岗位的市场水平所决定。重叠度计算公式为：

重叠度＝（下一级最大值－上一级最小值）/（上一级最大值－上一级最小值）

重叠度可从某种程度上能够反映企业的薪酬战略及价值取向。一般来说，低等级之间重叠度较高，等级越高重叠度越低，具体数值多在20％～40％。

5.5 薪酬管理制度范本

5.5.1 薪酬管理制度

下面提供了两个企业的薪酬制度范本，以供参考。

制度名称	××公司薪酬管理制度	编　　号	
		执行部门	

××公司薪酬管理制度

第 1 章　总则

第 1 条　目的

为把员工个人业绩和团队业绩有效地结合起来，制定适合市场运作的薪酬体系，激发员工潜能，形成留住人才和吸引人才的机制与氛围，特制定本制度。

第 2 条　制定原则

1. 体现公司内部公平性的原则。

2. 具有一定灵活性的原则。

3. 薪酬水平与员工绩效挂钩的原则。

第 3 条　职责划分

1. 人力资源部负责薪酬管理制度的制定、宣传解释和监督执行。

2. 总经理负责本制度的批准，修订时亦同。

第 4 条　适用范围

本规定适用于担任公司总经理职务以下的全部正式或试用员工。

第 2 章　薪酬构成

第 5 条　岗位工资

岗位工资从岗位价值和员工的经验积累方面体现了员工的贡献。岗位工资的额度主要取决于员工的岗位性质和工作内容。本公司以工作分析与岗位评估的结果为依据，采取“岗位分等、等内分级、一岗多薪”的原则确定员工的岗位工资。

第 6 条　技能工资

技能工资是公司依据员工的学历、职称和工作经验等确定的工资单元。

第 7 条　绩效工资

绩效工资是公司根据年度内员工绩效考核的结果确定的工资单元，其内容主要包括：绩效奖金、年终奖和其他特殊奖金。

第 8 条　福利

本企业提供的福利主要包括国家强制性社会保险、补充保险和公司为员工提供的出差、住房、交通、食宿等方面的补助。

第 3 章　员工工资的确定

第 9 条　岗位工资的确定

1. 公司员工岗位工资的计算公式为：月岗位工资＝月岗薪基数×岗位系数。

2. 公司员工的月工资基数由人力资源部根据企业承受能力和岗位相对价值测算得出，一经确认，无特殊原因当年度内不予调整。

第 10 条　技能工资的确定

1. 公司技能工资的计算公式为：月技能工资＝月技能工资基数×岗位系数

2. 各岗位的技能工资基数由人力资源部根据企业承受能力和岗位相对价值测算得出，一经确认，无特殊原因当年度不予调整。

第 11 条　绩效奖金的确定

1. 公司员工绩效奖金的计算公式为：月绩效奖金＝月奖金基数×岗位系数×员工个人考核系数。

2. 年终奖金的确定。

（1）公司非项目人员年终奖金的计算公式为：员工年终奖金＝固定工资×年终奖金系数×年终个人绩效考评系数。

（2）公司项目人员年终奖金的计算公式为：员工年终奖金＝固定工资×年终奖金系数×T/8×年终个人绩效考评系数（T 表示当年度内项目工作的总时间，公司以 8 个月为基准）。

（3）年终奖金总量由人力资源部根据公司当年度的利润、年度经营目标的实现情况，以及公司下年度的预算计划确定。

第 12 条　其他特殊奖金

1. 创新奖

（1）创新奖的奖励对象包括以下两类人：

1）对改善工作、提高工作效率、改善生产和管理流程有突出贡献的人员。

2）在产品研发和技术改善方面有突出贡献的人员。

（2）创新奖由公司各职能部门申报，经人力资源部评审后给予一次性奖励，并记入绩效考核档案。

（3）创新奖励金额为________～________元。

2. 优秀建议奖

（1）在公司发展、产品生产、部门管理等方面提出建议，建议被采纳的员工，人力资源部进行评审，并根据建议效果给予一次性奖励，并记入绩效考核档案。

（2）优秀建议奖奖励金额为________～________元。

3. 特殊贡献奖

（1）公司对除以上情形外，做出特殊贡献、付出超额劳动的员工，均给予合理的奖励，如卓越贡献、见义勇为、助人为乐等奖项。

（2）特殊贡献奖的奖励金额为________～________元。

第 13 条　保险福利

1. 为吸引和留住优秀人才，增强公司的凝聚力，公司根据国家的法律法规和公司的经营状况为员工提供相关的保险福利。

2. 公司员工福利项目

（1）社会保险

根据国家和地方相关规定予以执行。

（2）交通补贴

公司每月发放给员工交通补贴________元。

3. 节日津贴

每逢春节、中秋节等节日，公司发放给员工________元节日津贴。

4. 带薪休假

（1）在公司工作 1～5 年的员工，享有________天带薪年休假。

（2）在公司工作 5～10 年的员工，享有________天带薪年休假。

（3）在公司工作 10 年以上的员工，享有________天带薪年休假。

第 4 章　试用及转正薪酬的确定

第 14 条　员工试用期间的薪酬，原则上按正式任职薪酬总额的××%左右执行；具体数额由用人部门负责人及人力资源部根据应聘人的应聘职位、学历、资历、能力、公司薪酬标准以及其他特殊情况拟订，按照人员任用核准权限审批确定。

第 15 条　员工经考核转正后，双方无异议，按审批标准执行转正薪酬，无须另行报批。并按当月实际工作日计发转正后确认之薪酬。

第 5 章　薪酬调整

第 16 条　为了更好地吸引、激励、留住人才，公司将于每年的年底进行薪酬调查，定出能代表每一层级的基准职位，与本地区、同行业和相近职位的薪酬水平进行比较；在选择薪酬比较的对象时，会按相近行业和相近职位的原则选择一些可比较的公司，并以此为依据制定公司整体薪酬的年度调整方案，呈总经理办公会议决定。

第 17 条　薪酬调整的比例由总经理办公室根据调整方案建议、年度业绩、下年度经营计划和物价指数确定。若董事会批准薪酬方案，人力资源部需按照方案落实每位员工新的薪酬基准，进行调整。

第 6 章　附则

第 18 条　公司每月________日发放工资。

第 19 条　本制度每年修订一次。

第 20 条　本制度自发布之日起执行。

编制人员		审核人员		批准人员	
编制日期		审核日期		批准日期	

5.5.2 薪酬管理办法

制度名称	××公司薪酬管理制度	编　　号	
		执行部门	

××公司薪酬管理办法

第1章　总则

第1条　目的

进一步完善激励机制，建立符合公司特点的、具有竞争力和激励性的薪资体系，以满足公司成长和发展的需要。

第2条　制定原则

1. 按照各尽所能、按劳分配原则，坚持工资增长幅度不超过本公司经济效益增长幅度，职工平均实际收入增长幅度不超过本公司劳动生产率增长幅度的原则。

2. 结合公司的生产、经营、管理特点，建立起规范合理的工资分配制度。

3. 以员工岗位责任、劳动绩效、劳动态度、劳动技能等指标综合考核员工报酬，适当向经营风险大、责任重大、技术含量高的岗位倾斜。

4. 构造适当工资档次落差，调动公司员工积极性的激励机制。

第2章　年薪制管理

第3条　适用范围

1. 公司总经理。

2. 董事会决定的部分高层管理人员。

第4条　工资模式

公司经营者与其业绩挂钩，其工资与年经营利润成正比。

年薪＝基薪＋提成薪水（经营利润×提成比例）

1. 基薪按月预发，根据年基薪额的1/12支付。

2. 提成薪水，在公司财务年度经营报表经审计后核算。

第5条　年薪制考核指标还可与资产增值幅度、技术进步、产品质量、环保、安全等指标挂钩，进行综合评价。

第6条　年薪制须由董事会专门制定实施细则。

第3章　员工薪酬管理

第7条　试用期员工工资管理

新雇用的员工、公司通过考查本人的学历、工作经验、工作能力等综合资历和所担任的职务，确定其薪级。试用期结束后，公司将根据其本人的实际表现，决定是否调整其薪级。在员工劳动合同有效期内，公司有权根据员工的表现情况随时调整（高、低）员工的薪级。

第8条　正式员工工资构成

采用结构工资制，员工工资＝基础工资＋岗位工资＋年功工资＋奖金＋津贴，具体内容见下表。

员工工资构成说明

员工工资构成	说明	备注
基础工资	参照当地职工平均生活水平、最低生活标准、生活费用价格指数和各类政策性补贴确定，在工资总额中占××%～××%	
岗位工资	1. 根据职务高低、岗位责任繁简轻重、工作条件确定 2. 公司岗位工资（如 5 类 20 级）的等级序列，见正式员工工资标准表，分别适用于公司高、中、初级员工，其在工资总额中占××%～××%	1. 公司岗位工资标准经董事会批准 2. 根据公司经营状况变化，可以变更岗位工资标准 3. 根据变岗变薪原则，晋升增薪，降级减薪。工资变更从岗位变动后的下个月起调整
奖金 （效益工资）	1. 根据各部门工作任务、经营指标、员工职责履行状况、工作绩效考核结果确立 2. 绩效考评由人力资源部门统一进行，与经营利润、销售额、特殊业绩、贡献相联系 3. 奖金在工资总额中占××%左右，也可上不封顶	人力资源部依据汇总资料，测算出各部门员工定量或定性的工作绩效，确定每个员工效益工资的计算数额
年功工资	1. 按员工为企业服务年限长短确定，鼓励员工长期、稳定地为企业工作 2. 年功工资根据工龄长短，分段制定标准，区分社会工龄、公司工龄	
津贴	包括交通津贴、伙食津贴、工种津贴、住房津贴、夜班津贴等	

续表

第 4 章　支付方式与时间

第 9 条　员工工资以现金方式直接在公司规定的发薪日支付给员工本人或存入员工的银行账户。

第 10 条　员工工资以月为单位计算（考勤计算期为上月××日至本月××日），如有本月未能计入的加班，将与次月工资一起发放。

第 11 条　工资正常支付日为次月××日。

第 12 条　根据有关规定，以下费用从每月工资中扣除：

1. 个人所得税。
2. 社会保险费（养老、医疗、失业、住房公积金）中个人负担的部分。
3. 应由个人负担但公司已预支的费用。
4. 其他个人应负担的部分。

第 5 章　附则

第 13 条　本规定由公司人力资源部负责解释并监督实施。

第 14 条　本规定自发布之日起实施。

编制人员		审核人员		批准人员	
编制日期		审核日期		批准日期	

第 6 章

员工福利管理

福利是薪酬组成的一个重要部分，是工资和奖金等现金收入之外的一个重要补充。它对凝聚人心，增强员工的归属感，传递企业文化，加强核心员工的留任意愿等起着重要的作用。

福利具有如图6—1所示的三个特点。

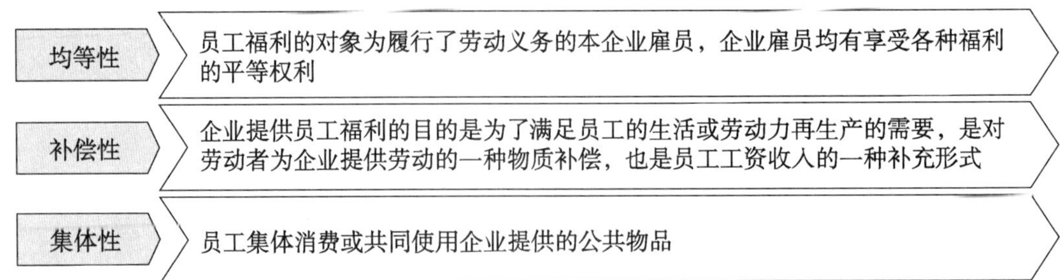

图6—1　福利的特点

福利一般可以分为强制性福利和非强制性福利两大类别。前者是指根据国家相关的法律法规要求，所有国内注册的企业都必须向员工提供的福利，如社会保险、法定节假日等。后者则是企业根据自身的实际情况而设置的一些福利项目。

6.1　法定福利

法定福利是指按照国家法律、法规和政策规定必须支付的福利项目，其主要包括社会保险、法定带薪假日等。

6.1.1　社会保险

社会保险是为了保障员工的合法权益，由政府统一管理的福利措施，主要包括养老保险、医疗保险、工伤保险、失业保险和生育保险。五种社会保险的简要内容见表6—1。

表6—1　五种社会保险的简要内容

社会保险项目	说明
养老保险	为解决劳动者在达到国家规定的解除劳动义务的劳动年龄界限，或因年老丧失劳动能力退出劳动岗位后的基本生活而建立的一种社会保险制度
医疗保险	是由国家立法，通过强制性社会保险原则和方法筹集医疗资金，保证人们平等地获得适当的医疗服务的一种制度

续表

社会保险项目	说明
工伤保险	1. 是针对那些最容易发生工伤事故和职业病的工作人群的一种特殊社会保险 2. 个人不缴费，企业负责缴费，不同行业有不同的缴费费率，并可在一定范围内浮动
失业保险	是为遭遇失业风险、收入暂时中断的失业者设置的一道安全网，它的覆盖范围通常包括社会经济活动中的所有劳动者
生育保险	个人不缴费，企业缴费最高不超过上年符合条件的职工工资总额的 1%

6.1.2　法定假期

1. 全体公民放假的节日

全体公民放假的节日见表 6—2。

表 6—2　全体公民放假的节日

节假日名称	放假日期
元旦	放假 1 天，1 月 1 日
春节	放假 3 天，农历除夕、正月初一、初二
清明节	放假 1 天，农历清明当日
劳动节	放假 1 天，5 月 1 日
端午节	放假 1 天，农历端午当日
中秋节	放假 1 天，农历中秋当日
国庆节	放假 3 天，10 月 1 日、2 日、3 日

2. 部分公民放假的节日及纪念日

(1) 妇女节（3 月 8 日），妇女放假半天。

(2) 青年节（5 月 4 日），14 周岁以上的青年放假半天。

(3) 儿童节（6 月 1 日），不满 14 周岁的少年儿童放假 1 天。

(4) 中国人民解放军建军纪念日（8 月 1 日），现役军人放假半天。

3. 其他规定

少数民族习惯的节日，由各少数民族聚居地区的地方人民政府按照各民族习惯规定放假日期。

全体公民放假的假日如果适逢星期六、星期日，应当在工作日补假。部分公民放假的假日，如果适逢星期六、星期日，则不补假。

6.2 企业福利

企业自主福利，即企业为满足职工的生活和工作需要，自主建立的、在工资收入和法定福利之外、向雇员本人及其家属提供的一系列福利项目，包括企业补充性保险（如企业年金）、货币津贴、实物和服务等形式。

企业在设计福利制度时，一般应注意如下六个问题（见图 6—2）。

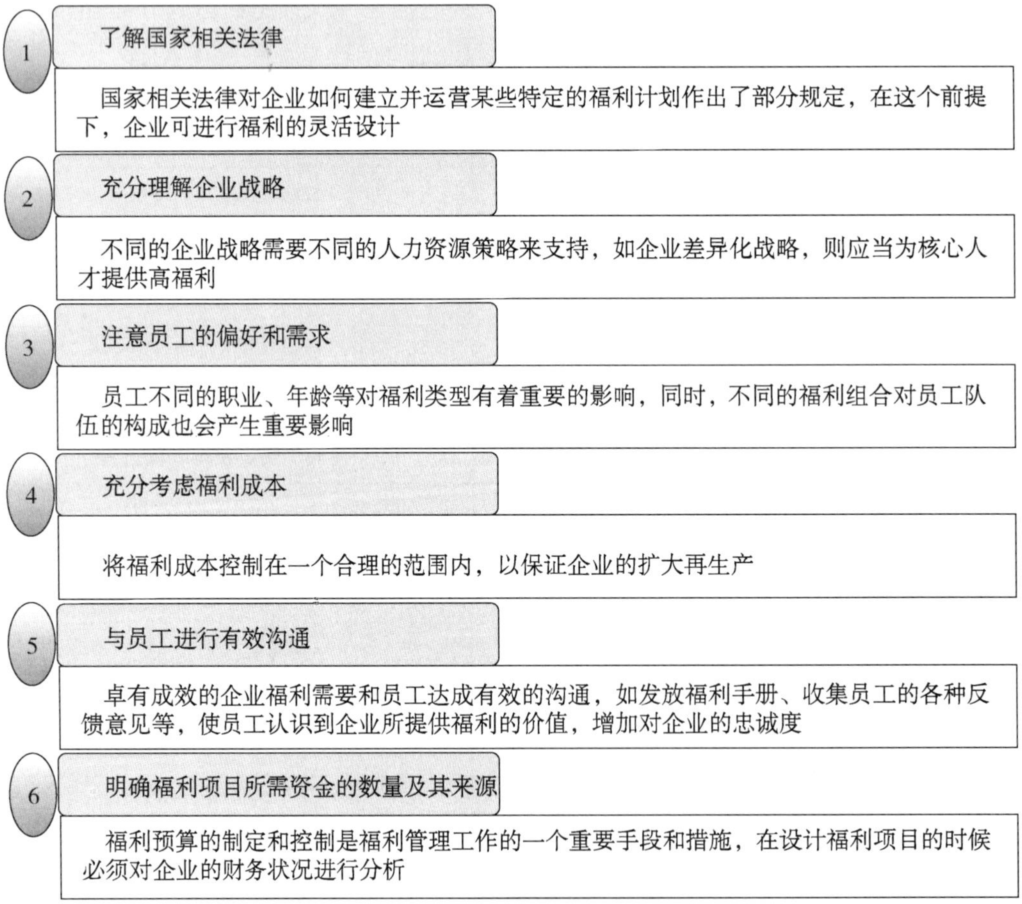

1 了解国家相关法律

国家相关法律对企业如何建立并运营某些特定的福利计划作出了部分规定，在这个前提下，企业可进行福利的灵活设计

2 充分理解企业战略

不同的企业战略需要不同的人力资源策略来支持，如企业差异化战略，则应当为核心人才提供高福利

3 注意员工的偏好和需求

员工不同的职业、年龄等对福利类型有着重要的影响，同时，不同的福利组合对员工队伍的构成也会产生重要影响

4 充分考虑福利成本

将福利成本控制在一个合理的范围内，以保证企业的扩大再生产

5 与员工进行有效沟通

卓有成效的企业福利需要和员工达成有效的沟通，如发放福利手册、收集员工的各种反馈意见等，使员工认识到企业所提供福利的价值，增加对企业的忠诚度

6 明确福利项目所需资金的数量及其来源

福利预算的制定和控制是福利管理工作的一个重要手段和措施，在设计福利项目的时候必须对企业的财务状况进行分析

图 6—2　企业福利制度设计时应注意的问题

6.2.1　企业年金

企业年金是指企业及其职工在依法参加基本养老保险的基础上，自愿建立的补充养老保险制度。

1. 企业年金建立条件

符合图 6—3 中条件的企业，可以建立企业年金。

1. 依法参加基本养老保险并履行缴费义务
2. 具有相应的经济负担能力
3. 已建立集体协商机制

图 6—3　企业建立企业年金的条件

2. 企业年金方案

建立企业年金，应当由企业与工会或职工代表通过集体协商完成。国有及国有控股企业的企业年金方案草案应当提交职工大会或职工代表大会讨论通过。企业年金方案的主要内容见图 6—4。

1. 参加人员范围
2. 资金筹集方式
3. 职工企业年金个人账户管理方式
4. 基金管理方式
5. 计发办法和支付方式
6. 支付企业年金待遇的条件
7. 组织管理和监督方式
8. 中止缴费的条件
9. 双方约定的其他事项

图 6—4　企业年金的主要内容

下面为某公司企业年金实施方案，可供参考。

方案名称	某公司企业年金实施方案	编　　号	
		执行部门	

一、建立目的

为了建立多层次的养老保险制度，提高我公司员工退休后的生活水平，增强企业凝聚力，调动员工工作积极性，特制订本方案。

二、遵循的原则

1. 效率优先兼顾公平的原则。

2. 适时调整原则。

3. 自愿和民主协商原则。

三、实施范围

1. 参加条件

与公司签订劳动合同，在我公司工作满一年者。

2. 参加人的权利

（1）依法领取企业年金。

（2）对其个人账户有知情权。

（3）获取本方案资料信息的权利。

（4）法律或合同规定的其他权利。

3. 参加人的义务

（1）依法缴费的义务。

（2）委托公司对其个人账户中的企业年金进行运营管理。

（3）遵守本方案的规定。

4. 企业年金停止缴纳情况

（1）员工不按规定缴费的。

（2）劳动合同终止的。

（3）未经批准，自动离职者。

（4）员工自愿退出的。

（5）返聘人员。

（6）提前离岗待退人员。

四、资金筹集与缴费

1. 企业年金费用来源

企业年金所需费用由企业和员工个人共同缴纳。

2. 企业缴费

企业缴费比例根据实际情况一年一定。目前暂按8%执行。

企业根据员工职位级别的不同，分别为职工缴纳不同的金额。企业为个人缴费比例暂按下表执行。

企业为个人缴费比例

员工级别	缴纳比例（%）
副总及以上	8
各部门经理	5
各部门主管	3
普通员工	1

3. 个人缴费

个人缴费部分由公司从个人工资中代为缴扣，具体缴费标准由公司企业年金理事会确定，但公司与个人缴费合计不得超过本公司上年度员工工资总额的 16.7%。

五、个人账户管理

1. 个人账户的设立

（1）账户管理人以本方案参加人的名义建立个人账户，个人账户由四部分组成：个人缴费部分、单位缴费应纳入个人账户的、存款利息（按同期银行利率计算）、基金投资净收益。

（2）基金投资净收益为实际投资收益超出银行存款利息的部分。基金理事会应在控制风险保证基金保值增值的前提下进行投资运营。

2. 个人账户的维护与变更

（1）缴费金额按时足额计入个人账户。

（2）企业年金基金投资运营净收益按时计入个人账户。

（3）满足企业年金待遇支付的人员，可从个人账户一次性领取；员工死亡后，个人账户余额一次性支付给其指定受益人或法定继承人。

（4）当员工个人基本信息发生变更、员工在计划内转移、退出计划等情况发生时，在个人账户中进行信息更改。

（5）出境定居的人员，可根据本人要求一次性支付给本人。

3. 个人账户的转移

（1）员工离开公司到其他单位工作的，经公司同意其年金个人账户资金可以部分或全部转移。

（2）参加人因升学、参军、处于失业期或新就业单位没有实行企业年金制度，无处转移其个人账户的，其企业年金账户可由原管理机构继续管理。

4. 个人账户的注销

（1）员工退休后，一次性领取完企业年金的。

（2）参加人或退休人员死亡后，其账户金额由指定受益人或法定继承人一次性领取完毕后。

（3）出国定居人员。

六、基金管理及分配

1. 企业年金基金的组成

企业年金基金由三部分组成：企业缴费、参加人个人缴费和企业年金基金投资运营的收益。

2. 基金管理

（1）企业年金基金实行完全积累制，采用个人账户方式进行管理，按照国家规定投资运营，其收益并入企业年金基金。

（2）企业年金实行专户存储，专款专用，不得挪为他用。与公司、账户管理人、托管人的自有资产严格区分，分别管理。

（3）企业年金理事会负责对企业年金进行管理，并定期提供企业年金管理报告，汇报基金运作情况。

3. 基金分配

企业年金基金投资运营净收益按照员工出资比例计入个人账户。

七、年金支付

1. 支付条件

有下列情况之一的，可以领取企业年金待遇：

（1）达到法定退休年龄的，并依法办理退休手续的。

（2）退休前死亡的。

（3）出国定居的。

2. 支付方式

按规定可领取的个人账户余额一次性领取。

3. 受益人的指定和修改指定

（1）参加人可以用书面形式指定受益人作为本人死亡后其企业年金个人账户的财产继承人，由年金理事会审批备案。

（2）参加人可以随时撤回修改指定。修改指定时，填写一份受益人更改申请表，交至年金理事会审批备案。

八、组织管理和监督

1. 基金理事会

通过集体协商选举理事会成员。理事会成员由公司领导、部门经理主管及普通员工组成。企业年金全权委托理事会进行运营和管理。

2. 基金运营

企业年金理事会应该选择最优的、合格的账户管理人、基金托管人和基金投资运营管理人，并与之签订书面合同。

3. 管理费用

企业年金管理运营费用由双方协商决定，账户管理费用由个人承担。

4. 监督检查

本方案受公司职工代表大会的监督，其制定和执行情况接受市人力资源和社会保障部门的指导和监督。

5. 争议的处理

公司与员工对本方案的订立或者履行企业年金方案发生争议的，由公司与员工协商解决；协商不成的，由劳动争议仲裁机构进行仲裁。

九、中止缴费

1. 公司中止缴费

当有下列情况出现时，公司可中止缴费；

（1）公司亏损破产，或兼并重组的。

（2）公司半数以上人员反对继续实施企业年金。

（3）年金方案被相关劳动部门或司法部门判定无效的。

（4）法律规定的其他情形。

2. 个人中止缴费

有下列情况之一的，视为个人中止缴费，公司也停止缴费：

（1）达到法定退休年龄的。

（2）个人提出或退出企业年金计划的。

（3）退休前死亡的。

（4）解除劳动合同的。

（5）提前离岗待退的。

（6）法律规定的其他情形。

3. 中止缴费后企业年金的处理

原缴费金额和投资收益金额归员工个人所有，存于个人账户之中，但仍由原理事会进行运营管理，达到支取条件的可以领取。

十、附则

1. 方案的修改

当有下列情况之一时，企业可进行方案修改：

（1）企业根据实际情况，适时调整缴费比例，但不得超过规定的上限。

（2）当有半数以上员工要求进行方案修改时。

（3）方案被相关劳动部门或司法部门判定无效时。

（4）当国家法律法规变动导致本方案无效时。

（5）国家规定的其他情形。

2. 方案修改程序

（1）公司与员工代表协商制定。

（2）提交职代会讨论。

（3）提交相关劳动部门备案。

（4）书面通知方案参与人。

3. 本方案由公司企业年金理事会负责解释和修订。

编制人员		审核人员		批准人员	
编制日期		审核日期		批准日期	

6.2.2　津贴补贴

津贴和补贴指为了补偿职工特殊或额外的劳动消耗和因其他特殊原因支付给职工的津贴，以及为了保证职工工资水平不受物价影响支付给职工的物价补贴。

1. 津贴

津贴的名目繁多，按其不同的分类标准，可以分为不同的类型。具体内容见表6—3。

表6—3 津贴的类型

划分的标准	津贴的分类	说明
性质和目的	补偿员工在特殊劳动环境下或额外劳动消耗的津贴	即为了补偿员工在某些特殊的地理自然条件或额外劳动消耗而设置的津贴 如高空津贴、野外工作津贴、林区津贴、矿山井下津贴、高温临时津贴、特殊岗位津贴、夜班津贴等
	保健性津贴	为保障员工身体健康，对从事有毒、有害作业的员工建立的津贴 如卫生防疫津贴和医疗卫生津贴、科技保健津贴以及其他行业员工的特殊保健津贴等
	技术性津贴	如特级教师补贴、科研津贴、工人技师津贴等
	年功性津贴	如工龄津贴、教龄津贴和护士工龄津贴等
	其他津贴	如伙食津贴、书报津贴

2. 补贴

补贴主要有餐费补贴、交通补贴、住房补贴、通信补贴、节日补贴等，各单位可根据自身实际情况和本地物价水平自行制定。

6.2.3 弹性福利计划

弹性福利计划，又称为自助餐式福利。员工可以从企业提供的一份列有各种福利项目的“菜单”中自由选择所需要的福利。

弹性福利制强调让员工依照自己的需求从企业所提供的福利项目中选择组合属于自己的一套福利“套餐”。但这种选择会受到两个方面的制约：一是企业必须制定总成本约束线；二是每一种福利组合中都必须包括一些非选择项目，如社会保险及其相关的法定福利计划等。

企业实施弹性福利计划的方式有多种，图6—5列出了其中的四种。

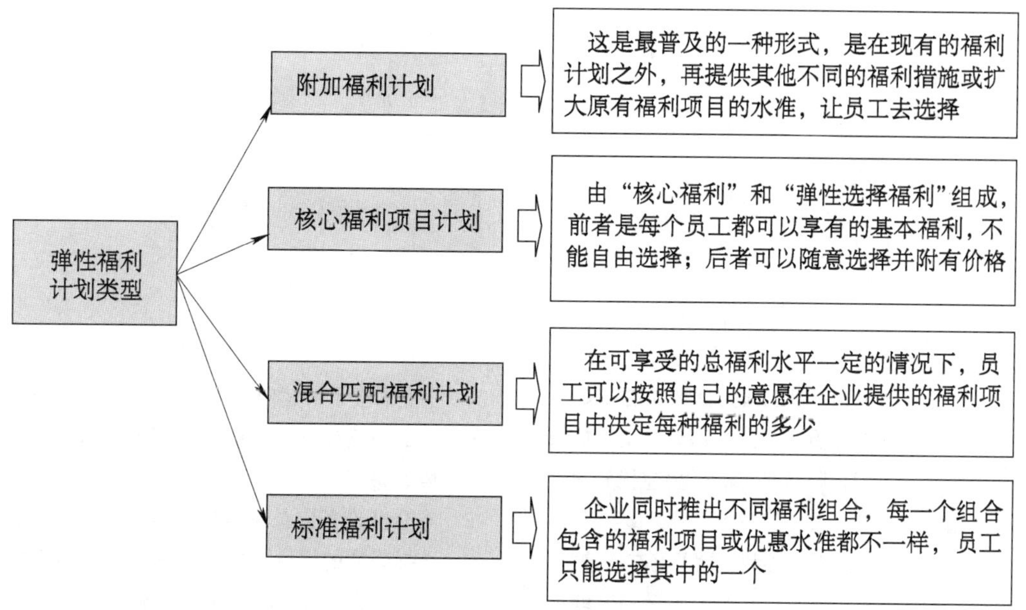

图 6—5　弹性福利计划的类型

一套好的弹性福利制度必须符合如图 6—6 所示的六个要求。

恰当	可管理	易理解	灵活	有衡量的标准	员工参与度高
即企业的福利水平对外要有竞争力，不落后于同行业或同类型的其他企业；对内要符合本企业的战略、规模和经济实力，不要使福利成为企业的财务负担	即要求企业设计的福利项目是切合实际，可以实施的；同时还需要有一套完善的运行体制用以实施和监督	即要求各个福利项目的设计和表述能够很容易地为每个员工理解，在选择和享受福利项目时，不会产生歧义	即要求福利制度不但尽可能地满足不同员工的个性化要求，还能够根据企业的经营和财务状况进行有效的自我调整	即要求企业为员工提供的每项福利项目都是可以衡量价值的，这样才能使每个员工在自己的限额内选择福利项目	即要求制度的设计包含企业和员工互动的渠道和措施

图 6—6　制订弹性福利计划的要求

6.2.4　福利实施管理

企业向员工提供什么形式的福利计划是由多种因素决定的，只有充分考虑这些因素才能提高福利实施的效力。下面主要从图 6—7 所示的两个方面予以说明。

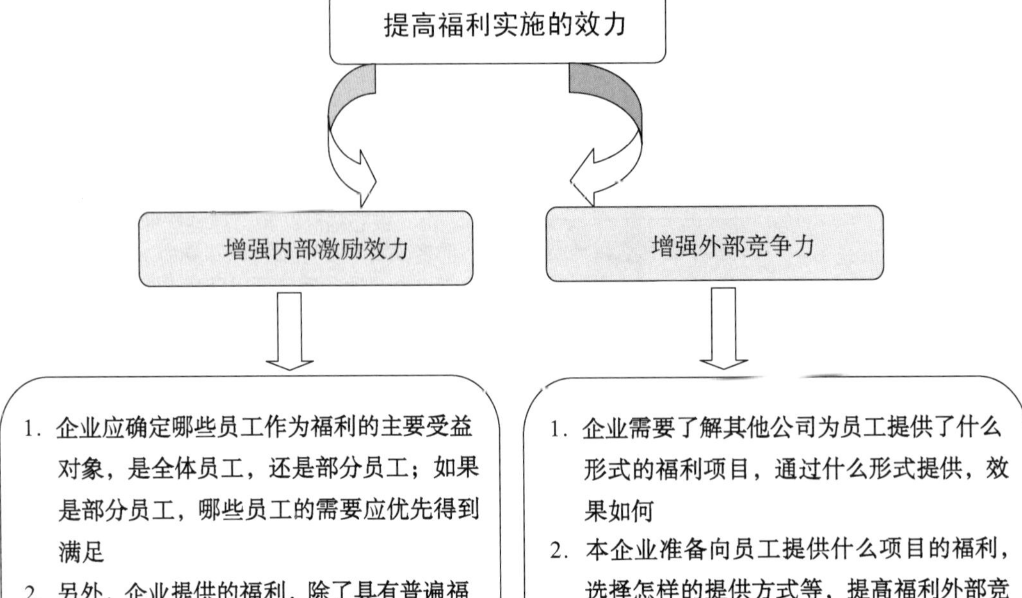

图 6—7　提高福利实施的效力

1. 明确福利管理的目标

每个组织的员工福利目标不尽相同，但有些内容是相似的，主要表现在如下五点（见图6—8）。

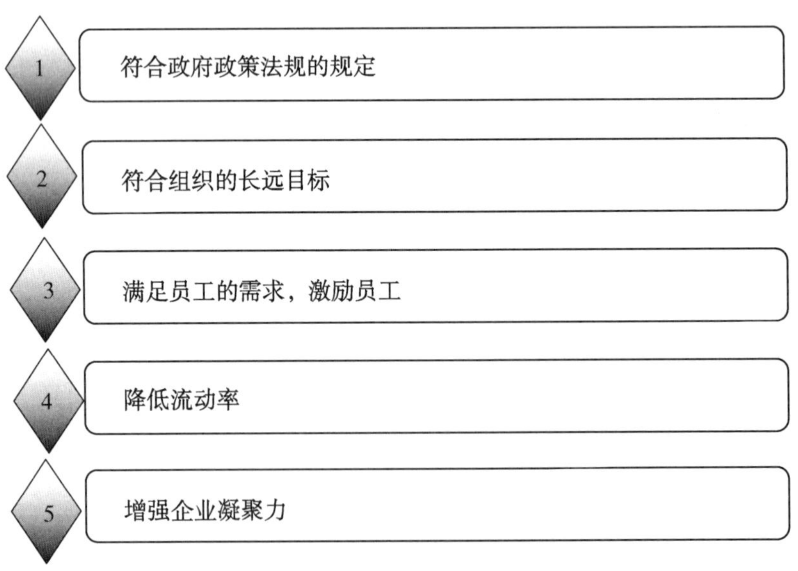

图 6—8　企业员工福利管理的目标

2. 福利成本管理

福利成本管理是企业福利管理工作中重要的内容，其主要涉及如图 6—9 所示的两个方面的问题。

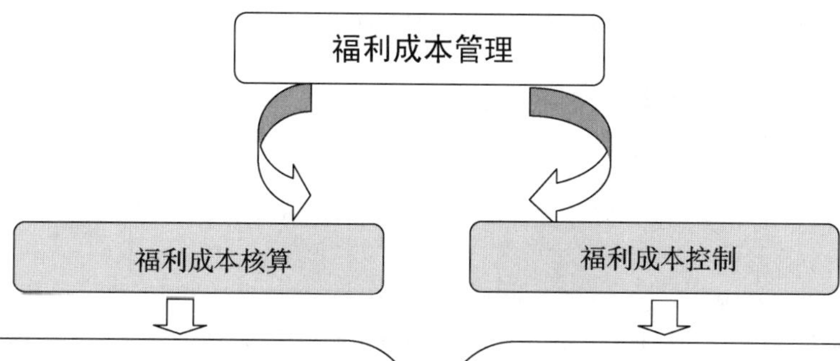

福利成本核算：

1. 通过销售额人工费率或附加值劳动分配率以及薪酬结构计算出公司最高可能支出的福利总费用
2. 与外部福利水平（尤其竞争对手的福利水平）进行比较
3. 做出主要福利项目的预算
4. 估算出每一名员工福利项目的费用
5. 制订出书面的员工福利方案计划

福利成本控制：

1. 通过控制雇用人数来控制福利支出
2. 通过有目的地设计福利计划以及对平均薪酬水平的调整来进行福利控制。对于不同的人员，根据他们的需求制订不同的福利计划，一来更好地满足员工的需求，二来免去提供不恰当的福利成本

图 6—9　福利成本管理

3. 福利调查与沟通

（1）福利调查

企业要想吸引和留住员工，保持在劳动力市场上的竞争力，就必须要了解其他公司所提供的福利项目及水平。表 6—4 是一份企业福利调查问卷。

表 6—4　福利调查问卷

说明：本问卷主要作为本公司福利制定的参考资料，请您根据实际情况填写调查问卷，非常感谢您的配合，谢谢。

一、基本信息

1. 企业性质：□国有企业　□集体企业　□外资企业　□私营企业　□其他
2. 员工类别：□中、高层管理人员　□基层管理人员　□专业技术岗位人员　□操作岗位人员
3. 性别：□男　□女
4. 年龄：□30 岁以下　□30～45 岁　□46～60 岁

二、企业福利状况

续表

1. 目前贵公司提供的员工福利主要有哪些
□五险一金 □带薪休假 □教育福利 □法律和职业发展咨询 □子女教育辅助计划 □住房贷款利息给付计划 □其他________
2. 您最希望所在公司以哪种方式为您提供住房福利
□住房补贴 □单位集资建房或团体购房，然后以优惠价格分配给员工 □提供大学生公寓或租房 □其他________
3. 您最希望所在公司提供哪些健康类福利
□重大疾病补助金 □体检 □疗养 □旅游 □补充医疗保险 □其他________
4. 过去一年，您感觉公司提供的最贴心的福利是
□住房补贴 □出差补贴 □交通补贴 □企业年金 □工作餐 □年终旅游 □水电气暖补贴 □通信补贴或报销 □其他________
5. 您对所在公司目前福利安排最不满意的两个方面
□福利额度太低 □福利项目太少 □福利设计不能很好符合员工需求 □内部公平性体现不够 □福利享受资格要求太严格 □其他________
6. 您对所在公司目前福利安排最满意的两个方面
□福利水平较高 □福利项目齐全 □福利设计符合员工需求 □福利设计体现内部公平性 □福利享受的资格设计较为合理 □其他________
7. 请描述您最希望增加的福利项目或希望改善的福利内容
____
____

（2）福利沟通

要使福利项目最大限度地满足员工的需要，福利沟通相当重要。一方面要让员工知道企业为其提供了哪些福利，为此付出了多大的成本；另一方面在于了解员工对现有福利的看法和满意程度。图 6—10 是一些有关福利沟通方面的建议。

1 编写福利手册，解释企业提供给员工的各项福利计划

2 定期向员工公布有关福利的信息

3 采用问卷调查的形式了解员工对福利的需求和对现行福利项目的满意程度

4 建立网络化的福利管理系统，在公司组建的内部局域网上发布福利信息，也可以开辟专门的福利板块，与员工进行有关福利问题的双向交流

5 公布一些福利项目让员工自己挑选

图 6—10 福利沟通的措施

4. 福利实施

企业除了以优厚的薪资吸引人才以外，还可以利用设计良好的员工福利计划吸引人才。在福利实施过程中，企业需要注意如图 6—11 所示的五个方面的问题。

1 根据目标和方案计划实施

2 福利计划是为了激励员工。如果员工对福利计划不感兴趣也就失去了实施的意义

3 福利要有一定的灵活性，显示出弹性的特点

4 定期检查实施情况

5 完善福利审核机制：要对福利机制进行及时修改、回顾与反馈

图 6—11　企业福利实施应注意的问题

下面提供了两个福利管理制度的范本，供企业参考。

××公司福利管理制度

第 1 条　目的

为保持公司的人力资源供给水平，建立具有市场竞争力的福利体系，以达到吸引、保留优秀人才的目的，根据国家相关的法律法规，特制定本制度。

第 2 条　适用范围

本方案适用于与公司签订劳动合同的所有员工。

第 3 条　福利项目组成

1. 社会保险

包括基本养老保险、基本医疗保险、失业保险、工伤保险和生育保险等，根据国家政策执行。

2. 法定假日

元旦（1 天）、清明节（1 天）、劳动节（1 天）、端午节（1 天）、国庆节（3 天）、中秋节（1 天）、春节（3 天）。

3. 带薪年假

员工为企业服务每满 1 年可享受×天的带薪年假；每增加 1 年相应增加 1 天，但最多为××天。

4. 其他假日

员工婚假、产假、事假、病假期间，其休假待遇标准见下表。

员工部分休假期间待遇标准

假日	相关说明	薪资支付标准
婚假	符合婚姻法规定的员工结婚时，享受 3 天婚假。若是晚婚，除享受国家规定的婚假外，增加晚婚假 7 天	全额发放员工的基本工资
产假	女职工的产假有 90 天，产前假 15 天，产后假 75 天；多胞胎生育者，每多生育一个婴儿，增加产假 15 天	按相关法律规定和公司政策执行
事假	事情必须由员工本人亲自处理时，方可请事假并填写“请假单”	扣除请假日的全额工资
病假	1. 员工请病假，需填写“请假单” 2. 提供医疗机构开具的病休证明	所扣工资按劳动者本人所在岗位标准工资的××%确定
备注	丧假、工伤假及其相关假期按照国家相关规定执行	

5. 公司补充保险

(1) 企业补充养老保险

企业每月缴费比例为参加补充养老保险员工工资总额的××%，员工每月缴费为其月工资总额的×%。

(2) 其他保险

为减轻员工住院、门诊及意外保险而造成的经济负担，结合各岗位的工作特点，公司为员工投保了意外伤害险、住院及门诊医疗险等，详情见公司关于员工保险的具体说明。

6. 补贴及补助

(1) 工作餐补助

发放标准为每人每日××元，随每月工资一同发放。

(2) 节假日补助

每逢“中秋”“十一”和春节，企业为员工发放节假日补助，员工每人××元。

(3) 其他补助

①生日补助：正式员工生日时（以员工身份证上的出生日期为准），企业为员工发放生日贺礼×××元。

②结婚补助：企业正式员工满一年及以上者，给付结婚贺礼××元，正式聘用未满半年者贺礼减半，男女双方都在企业服务的正式员工贺礼加倍。

7. 员工年度体检

(1) 在公司工作满一年的员工均可由公司提供每年一次的体检的大部分费用。

(2) 公司于每年×月份，由人事行政部统计、申请，经总经理批准后，人事行政部统一安排员工体检事宜。

(3) 员工年度体检费用额定为：××元/人；其超额部分由员工个人负担。

8. 书报费补贴

公司鼓励员工在工作时间外学习、进修，努力提高工作技能。凡购买与本职工作相关的书籍××元/月以内者，公司给予报销。超出的部分由员工自行承担。

9. 教育培训福利

公司为使员工的知识、技能、态度等方面与不断变化的内外部环境相适应而设立的培训项目，包括员工在职或短期脱产培训、公费进修等。

第 4 条　员工福利管理

1. 人力资源部于每年年底必须将福利资金支出情况编制成相关报表，交付相关部门审核。

2. 福利金的收支账务程序按照一般会计制度办理，支出金额超过××××元以上者需提交总经理审核。

第 5 条　附则

1. 人力资源部负责本方案的制定、修改、解释和废止等工作。

2. 本方案自发布之日起施行，每年根据公司经营状况修改一次。

××公司津贴管理制度

第 1 章　总则

第 1 条　目的

为明确企业津贴给付的标准，规范津贴给付的程序，特制定本制度。

第 2 条　责权单位

1. 人力资源部负责制定企业的津贴标准，并负责修改、解释、废止等工作。

2. 总经理负责对本制度进行审批，审批通过后本制度正式实施。

第 2 章　企业设置的津贴项目

第 3 条　特殊劳动环境下的津贴

1. 适用范围

夏季在高温环境下工作的员工。

2. 发放标准

根据工作时间长短的不同，分别设立不同的津贴给付标准，具体内容见下表。

高温津贴给付标准

工作环境	津贴标准
高温环境下工作 4 小时/天	每人每月××元
高温环境下工作 2～4 小时/天（不包括 4 小时）	每人每月××元
高温环境下工作 2 小时及以下	每人每月××元

第 3 章　特殊工作津贴

第 4 条　发放标准及时间

1. 对于专职从事化学制品生产的人员，每月发给特别工作津贴______元。

2. 特别工作津贴的发放标准，为半年（上半年或下半年）特别工作津贴的月平均额，每月发放 1 次。

第 5 条　午餐补助

1. 适用范围

因工作原因而不能到企业食堂就餐的员工。

2. 午餐补助的发放

(1) 每天午餐补贴××元。

(2) 伙食补贴每月结算一次，按实际出勤天数乘以每天的伙食补助标准。

3. 本企业员工市内出差，按上一条标准领取伙食补贴。

第6条　交通津贴

1. 适用范围

适用于不在企业提供的宿舍住宿，需要乘坐交通工具上下班，且居住地点不在公司班车站附近的员工。

2. 发放标准

发放标准根据员工职务的不同而有所不同，其标准如下：

高层管理者（1～3级）　　×××元/月

中层管理者（4～7级）　　×××元/月

基层管理者（8～9级）　　×××元/月

一般员工　　××元/月

3. 发放程序

希望领取交通津贴的职工，事先必须将与有关住宅地情况的材料提交人力资源部，并报领导审批后执行。

人力资源部应定期审核领取人的资格条件。

第4章　附则

第7条　其他本制度未包括的各类补贴津贴，根据企业经营的需要再另行设置。

第8条　本制度自发布之日起实施。

第9条　本制度最终解释权归公司人力资源部。

第 7 章

薪酬体系设计

薪酬体系设计与管理是一个动态的过程，并随企业内部、外部环境的变化随时进行监控、调整。在薪酬体系的设计中应至少遵循以下原则，如图7—1所示。

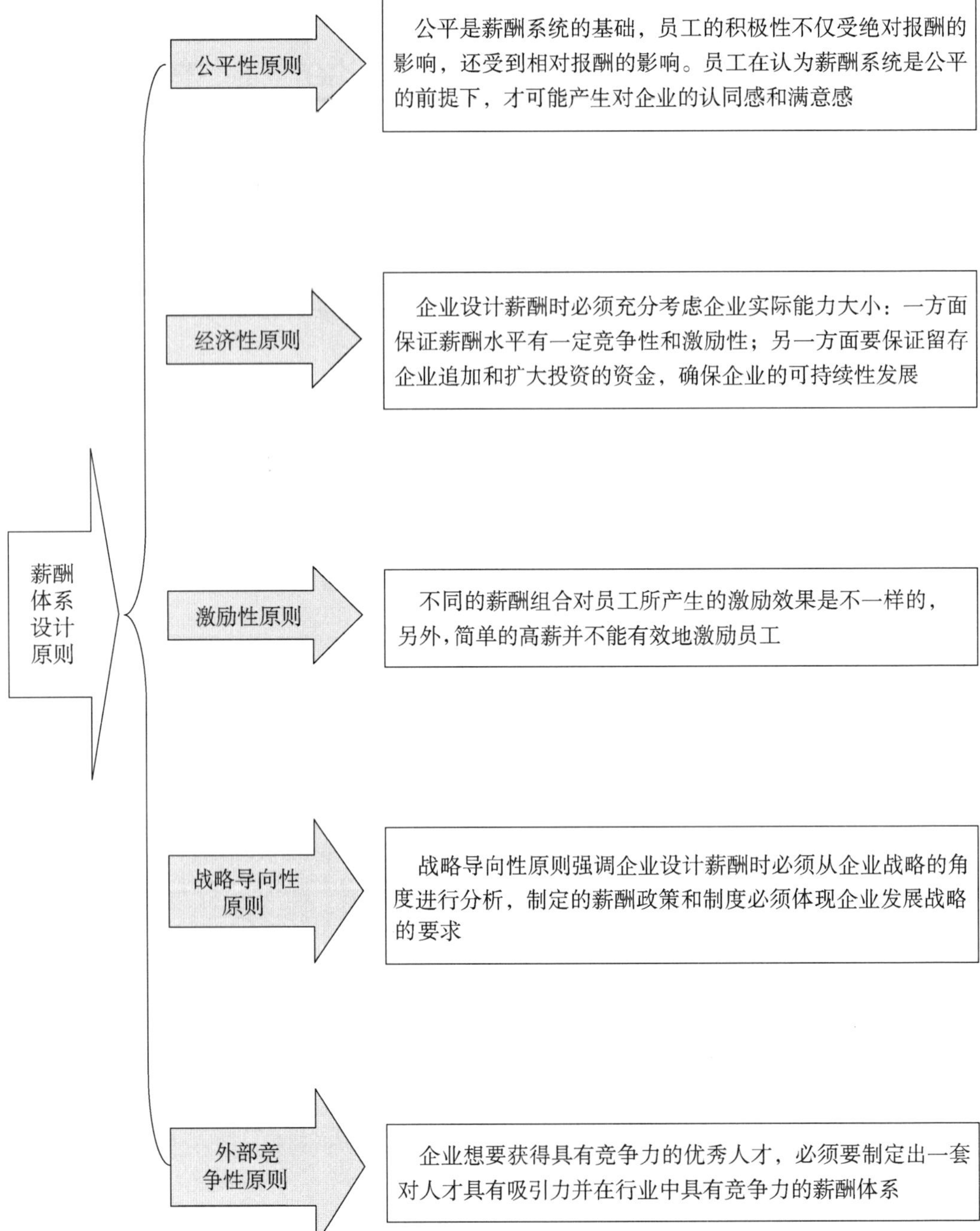

图7—1　薪酬体系设计的原则

薪酬设计的要点在于设计完成的薪酬体系要符合“对内具有公平性，对外具有竞争力”的要求。设计出合理科学的薪酬体系和薪酬制度一般要有如图7—2所示的六个步骤。

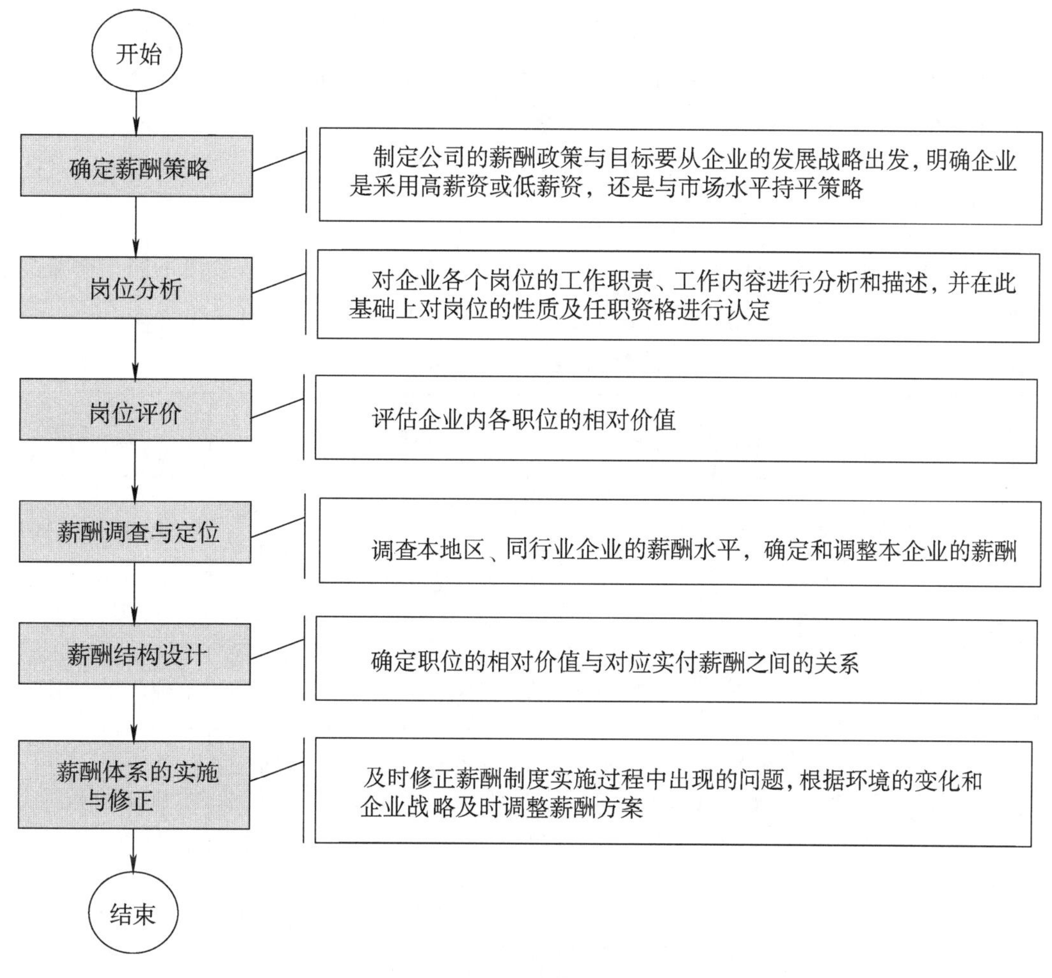

图7—2　薪酬体系设计流程

7.1　经营管理人员薪酬体系设计

7.1.1　企业经营者年薪制设计

企业的经营者可以将其界定为以企业获得生存和发展为己任，担负企业整体经营领导职务并对企业经营成果负有最终责任，且具有专门知识技能，为企业制造出较高绩效的经营管理人才。经营者属于企业高层管理人员范畴，但地位和作用高于普通的高层管理人员。

1. 年薪制概述

作为企业经理（厂长）的经营者薪酬多实行年薪制，年薪又称年工资收入，是以企业会计年度为时间单位计发工资。年薪制是根据经营者的业绩好坏而计发工资的一种薪酬制度，主要用于公司总经理、企业高级职员的收入发放。

2. 年薪设计模式

现代企业管理人员的年薪制结构是多元化的，每个企业所处时期、阶段不同，企业经营者年薪模式也不尽相同。目前，常见的经营者年薪模式主要有以下五种，见表7—1。

表7—1　企业经营者年薪模式

年薪模式	报酬结构	报酬数量	适用范围
准公务员型模式	基本薪酬＋津贴＋养老金计划	基本薪酬为员工平均工资的2～4倍，正常退休养老金水平在平均养老金的4倍以上	大型、特大型国有企业
“一揽子”模式	单一固定数量年薪	其数额一般较高，与年度经营目标挂钩	面临特殊问题的企业，如亏损国企
非持股多元化型模式	基本薪酬＋津贴＋风险收入（效益收入、奖金）＋养老金计划	基本薪酬为员工平均工资的2～4倍，风险收入依经营业绩确定，不封顶	非股份制国有企业
持股多元化型模式	基本薪酬＋津贴＋风险收入（股票期权、股权）＋养老金计划	基本薪酬为员工平均工资的2～4倍，风险收入取决于企业市场价值的升降	股份制企业，尤其是上市公司高管层
分配权型模式	基本薪酬＋津贴＋风险收入（分配权、分配期权）＋养老金计划	基本薪酬为员工平均工资的2～4倍，“分配权”“分配期权”等风险收入取决于利润率之类的经营业绩，不封顶	适合所有类型企业

3. 经营者年薪构成

企业经营管理层年薪构成依据企业实际情况的不同而有所不同，其基本构成模式为如下公式所示：

年薪收入＝基本年薪＋效益年薪

在具体实践中也有一些变通的情况，例如下面两种模式：

模式一：年薪收入＝基本年薪＋效益年薪＋奖励年薪

模式二：年薪收入＝基本年薪＋效益年薪＋长期激励＋福利津贴

（1）基本年薪

基本年薪，是指企业按月支付给经营者的固定现金收入。基本年薪是对经营者的经营知识、管理能力和经验的积累和承担的岗位职责情况的基本肯定。

1）影响因素

经营者年薪设计中需综合考虑多种因素，主要的影响因素有以下 5 点，如图 7—3 所示。

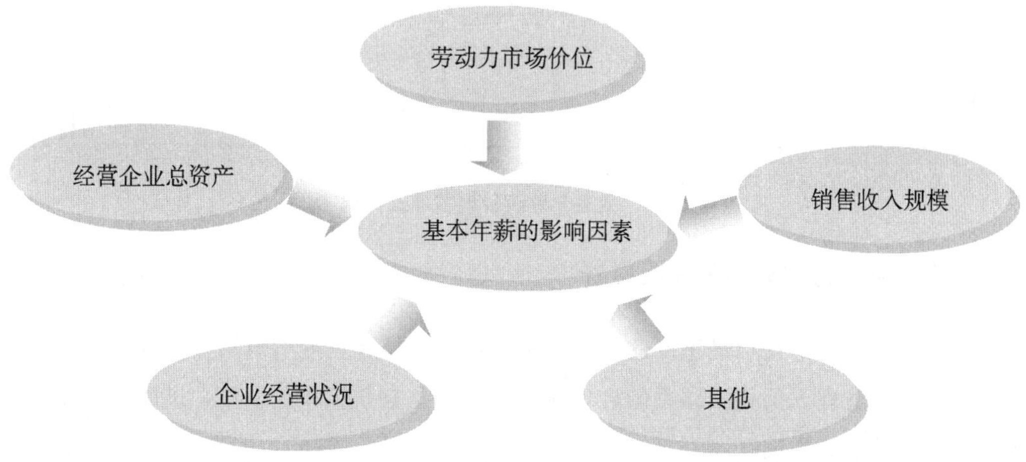

图 7—3　经营者基本年薪的影响因素

2）确定方法

通常情况下，企业经营者年薪可通过市场价格、薪酬比例等方法确定，详情见表 7—2。

表 7—2　经营者基本年薪的确定方法

确定方法	详细说明
按市场价格确定	即通过资产所有者与经营者双方进行协商的办法来确定基本年薪水平
按基本薪酬比例确定	即通过本企业员工的基本工资水平和薪酬调整系数计算基本年薪，其中调整系数是责任系数、企业规模系数、企业类型系数三者之和

（2）效益年薪

1）效益年薪设计

效益年薪是企业的年度经营业绩，按事先设定的计算方法支付给经营者的收入，属于不固定薪酬。其计算方法主要有以下两种：

效益年薪＝基本薪酬×倍数×考核指标完成系数

效益年薪＝超额利润×比例系数×考核指标完成系数

2）效益年薪设计中需考虑的因素

在效益年薪的设计过程中，还需要考虑以下因素（见图 7—4）。

1. 为体现效益年薪的激励作用，效益年薪比例应高于基本年薪
2. 效益年薪的设计要充分考虑企业年度间经营绩效的变化
3. 效益年薪设计中要考虑经营绩效上升难度，一般来说，绩效优异企业上升难度要大于绩效相对较差的企业

图 7—4　效益年薪设计时需考虑的因素

7.1.2　高层管理人员薪酬体系设计

高层管理人员是公司中最重要的员工，是公司的领导者，他们策划公司的一切重要经营决策活动。高层管理人员薪酬体系的合理与否将直接影响其工作积极性，进而对企业的经营管理活动产生重要的影响。

目前在我国，高层管理人员薪酬一般采取年薪制薪酬模式，也有一些公司还在其薪酬构成中增加了 VIP 福利这一项。

1. 高管管理人员年薪制

（1）年薪类型

高层管理人员年薪制类型主要有三种，如图 7—5 所示。

（2）年薪设计的管理机构

高层管理人员年薪设计既关系到高层管理人员的行为，也关系到企业未来发展，为确保薪酬设计合理，企业中将有不同的个人和集体参与确定高层管理人员薪酬。这些个人和集体包括薪酬顾问、薪酬委员会、董事会成员等，其具体职责见表 7—3。

高层管理人员年薪制类型

月例型年薪制	月工资细分型年薪制	月例与业绩并存型年薪制
月例型年薪制模式，根据职位和个人业绩来决定下一年度的工资总额，并每月以月例形式发放1/12。这一模式对绩效考核要求比较高	月工资细分型年薪制中，月工资要细分为职能工资、调整工资等，年薪构成细分十分量化，是一种职务、职能、业绩并存型的年薪制	这种类型的年薪制由月例、业绩两部分组成。其中业绩工资发放需首先确定业绩工资总额，但依据公司经营状况和个人绩效考核来决定发放比例

图 7—5　**高层管理人员年薪制类型**

表 7—3　　个人或集体在高层管理人员年薪设计中的作用

机构/人员	年薪设计中发挥的作用
薪酬顾问	根据战略分析来推荐高层管理人员的薪酬结构及比例
薪酬委员会	检查薪酬顾问推荐的各种总体薪酬，讨论并推荐薪酬计划的资产和负债，并负责向董事会推荐高层管理人员年薪设计方案
董事会	对薪酬委员会的推荐方案做出最终批示

（3）高层管理人员年薪构成

高层管理人员年薪构成可以考虑采用“年薪收入＝基本年薪＋效益年薪＋长期激励＋福利津贴”结构模式，如图 7—6 所示。

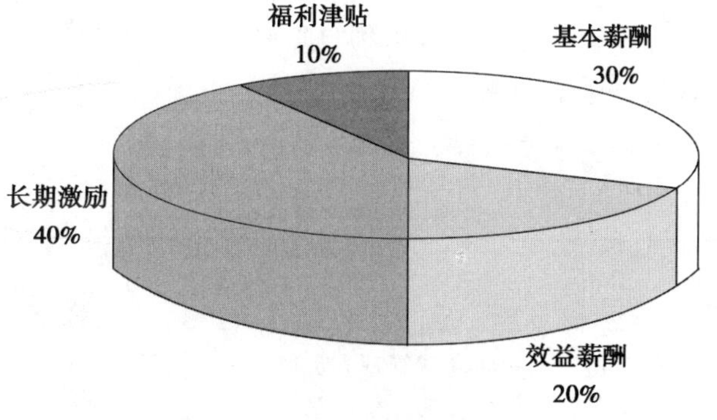

图 7—6　**高层管理者薪酬构成**

1）基本薪酬

基本薪酬是指企业按月支付给高层管理人员的固定现金收入，它是由高层管理者的个人资历和所在职位决定的，该部分薪酬一般占到高层管理人员全部薪酬的30%左右。

企业高层管理人员的基本薪酬通常是由以董事会主席为首的薪酬委员会来确定，决策的依据是上一年度的企业总体经营业绩以及外部薪酬调查数据的分析。

2）效益薪酬

效益薪酬是除基本薪酬外，公司根据高层管理人员完成确定目标任务情况，对其实行的奖励。效益薪酬是一种短期激励，一般以货币的形式支付，该部分一般占高层管理人员全部薪酬的20%左右。

通常情况下，效益薪酬发放标准与总薪酬成正比，其发放标准可参考的因素如图7—7所示。

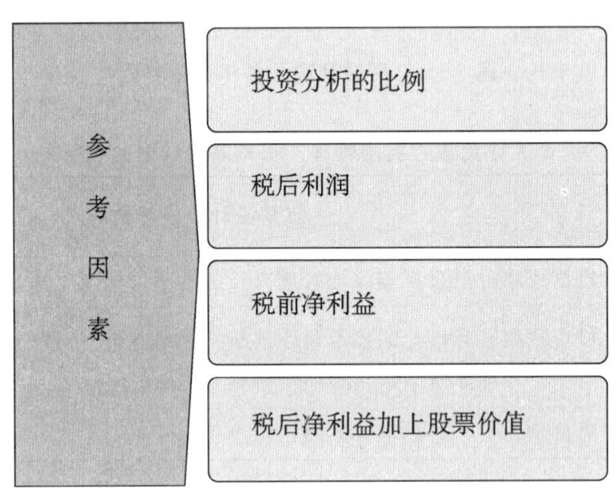

图7—7　效益薪酬发放标准参考因素

3）长期激励

长期激励是与公司的长期绩效目标相结合，而不是个人的奖励因素。通常的长期激励计划形式是股票期权和股票奖励，以使员工薪酬与企业未来股票价格和经营业绩密切相关。长期激励一般占高层管理人员全部薪酬的40%左右。

长期激励较常用的方式主要有六种，见表7—4。

表7—4　　长期激励较常用的方式

长期激励方式	详细说明
赠送股份	1. 期初赠送：期初向高层管理人员赠送一定数量的公司股票 2. 期末送股：根据公司的业绩情况，向高层管理人员赠送一定数量的公司股票

续表

长期激励方式	详细说明
股票购买特权	在规定的期间内按约定价格购买公司股票的权利，其中有资格获得优惠税收待遇的某些股票购买特权被称为“奖励性股票购买特权”，不满足这些条件被称为“无资格特权”
虚拟股票	给高层管理人员在一定期限内购买名义股票而非真实股票的期权。其收益主要来自溢价收入和股利收入两个方面
股票期权	经营者以一定的当前成本获得未来某一段时间、按某一约定价格，买进（或卖出）一定数量股票的权利
限制性股票	公司高层管理人员对股票的拥有权受到一定的限制。经营者在得到限制性股票时，不需要付钱去购买，但在限制期内不得随意处置股票
绩效股	是公司授予高层管理人员的股票或成功奖金授予额，是以公司能够实现某些特定的经营目标为条件的充分奖励

4）福利津贴

高层管理人员所享受的福利津贴除养老金、住房补贴、医疗保健、带薪休假等一般性福利外，还可以享受如下补充福利（见表 7—5）。福利津贴一般占高层管理人员全部薪酬的 10％左右。

表 7—5　　企业补充福利办法

补充福利	具体说明
补充人寿保险	如各大寿险公司推出的保障水平相对较高的商业保险
金色降落伞	当高层管理人员因公司所有权更换或公司被接管而停职时为其提供的工资和福利
配备交通工具	为企业高层管理人员配备专门交通工具，以便于其工作的顺利开展
其他福利	包括弹性工作日、俱乐部会员、经理餐厅、头等舱旅行等

2. VIP 福利

企业高层管理人员并非通过高薪就可以获得或留住的，他们除需获得薪酬之外，企业还需要为他们投入相当具有激励性的福利。VIP 福利就是企业用于激励高层管理人员的福利措施，包括仿真股票期权、延期支付、企业内创业和管理层收购等，见表 7—6。

表 7—6　　高层管理人员 VIP 福利

VIP 福利项目	具体内容
仿真股票期权	它是指非上市公司制订经营者股票期权计划，给予经理人以特定的价格购买公司仿真股票的期权。仿真股票需经投资专家通过模拟市场的方法，推算出若该公司上市，其股票所应具有的合理价格，由此来决定经理人行权所获得的差价收益
延期支付	它是为了激励企业管理者行为长期化，将他们的部分收入延迟到若干时期的再分期兑现。这样，管理者不仅要考虑任期内的企业绩效指标，而且需要为企业长期绩效贡献力量，因为其延期收入是与企业的长期绩效挂钩的
企业内创业	企业内创业的激励目标是通过企业来吸引有市场创新能力的核心人才，同时有效控制新产品的投资风险
管理层收购	它是指高层管理者利用自有资产或借贷所融资本购买本公司的股份，改变本公司所有权结构、控制权结构和资产结构，从而使企业的原经营者变成了企业的所有者，进而达到重组该公司并获得预期收益的一种收购行为

7.1.3　中层管理人员薪酬体系设计

中层管理者在组织中的位置介于高层管理者和基层管理者之间，因而在很大程度上充当了两者之间信息沟通渠道的角色。通常情况下，中层管理人员的薪酬设计可参考高层管理人员薪酬管理，或纳入同一体系。

1. 基本薪酬

通过对知识、能力、绩效等方面的评估，将中层管理人员划分为不同的职能等级，并依此确定其基本薪酬（见图 7—8）。随着中层管理人员职能等级的晋升，其基本工资也不断上升。

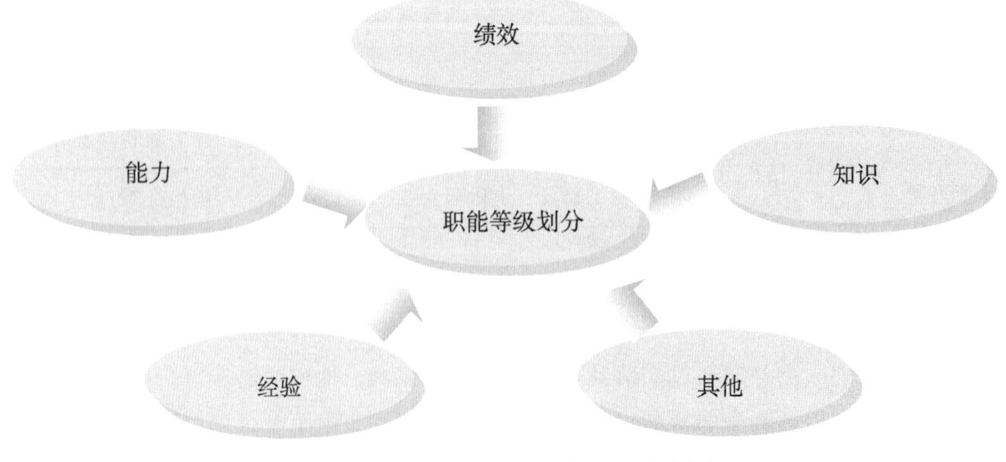

图 7—8　中层管理人员职能等级的划分依据

2. 奖金和红利

中层管理人员奖金和红利设计与高级经理人员的薪酬结构相仿，不过在额度上要相对低一些。

3. 福利与津贴

中层管理人员福利计划设计中，企业可为中层管理人员提供“自助式福利套餐”，由中层管理人员自己选择福利项目组合。

7.1.4　基层管理人员薪酬体系设计

企业的基层管理人员主要负责对一线员工的工作进行监督，并给他们提供直接的指导和帮助。基层管理人员薪酬设计的重点在于如何通过薪酬设计和管理，改善其工作绩效，提高其管理效能。

基层管理人员的薪酬通常由基本薪酬、奖金、福利组成，这三部分在基层管理人员薪酬中所占比例并不固定，会随着地区、行业、企业经济性质的不同而有所差异。如有的企业将其比例设置为：基本薪酬占 60%左右，奖金占 20%左右，福利占 20%左右。

1. 基本薪酬

基层管理人员的基本薪酬水平的确定主要受到以下因素的影响，见表 7—7。

表 7—7　　基层管理人员基本薪酬的影响因素

影响因素	具体内容
一般因素	企业规模、组织盈利水平、销售状况、所占市场份额、组织的层级结构、其他员工群体的薪酬水平等
重要因素	基层管理人员所监管的普通员工的人员类型、数量以及他们的薪酬水平等

2. 短期奖金

企业所支付的短期奖金，主要是对基层管理人员在特定时间段里为组织绩效做出的贡献所进行的补偿和奖励，它与企业总体经营业绩之间关系更为紧密。基层管理人员的短期奖金的确定主要受以下因素影响，如图 7—9 所示。

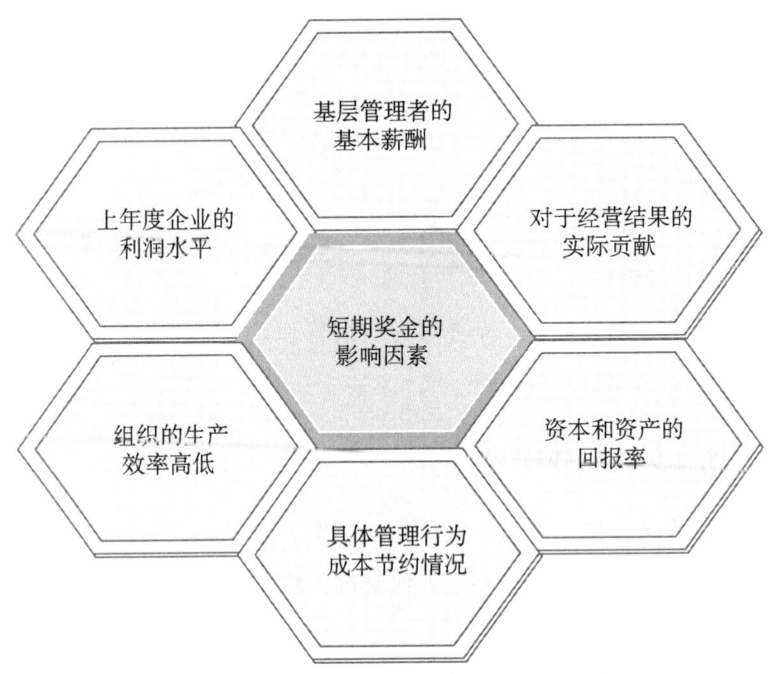

图 7—9　**基层管理人员短期奖金的影响因素**

3. 福利

对于基层管理人员而言，其福利计划的设计和选择也应具有其自身的特点，见表7—8。

表 7—8　**基层管理人员福利计划**

序号	基层管理人员工作特点	福利计划选择
1	基层管理人员承担着对员工进行直接指挥的任务，对其技术技能要求较高	可开展一些技术业务方面的培训计划，帮助其提高技术技能
2	管理任务繁重、工作时间长	可提供子女入托、家务料理服务等家庭服务，以解决基层管理人员的后顾之忧
3	基层管理人员长期坚守本岗位，生活紧张、枯燥、乏味	可选择为基层管理人员在工作场所设置体育设施、送各种赛事入场券等福利
4	基层管理人员工作在生产第一线，其工作环境与中高层管理人员存在较大差距	可为基层管理人员工作环境设置福利，如夏天提供饮料和避暑药品、冬天提供取暖设备、定期体检等

7.2　经营管理人员薪酬方案设计范例

7.2.1　经营者薪酬设计方案

方案名称	××集团总经理年薪制设计方案	编　　号	
		执行部门	

一、方案制定目的

上年度底本集团制定了年利润创××亿元的经营目标。为进一步提高总经理的职业化水平，调动其工作的积极性，提高企业的经济效益，集团特制订本方案。

二、年薪收入

1. 年薪收入构成

公司设定的其总经理年薪收入由基本年薪、效益年薪、奖励年薪三部分构成，其权重分别为60%、30%、10%。

年薪收入＝基本年薪×60%＋效益年薪×30%＋奖励年薪×10%

2. 基本年薪的确定

基本年薪是总经理年度的基本收入。其年薪的确定以年度职工平均工资为基数，3倍于公司职工平均工资为标准确定。

3. 效益年薪的计算

(1) 计算方法

效益年薪主要通过关键业绩指标对总经理实际生产经营管理业绩进行考核，进而确定效益年薪，其计算公式为：

效益年薪＝1.5倍基本薪酬×考核指标完成系数

其中，考核指标完成系数的确定标准见表1。

表1　　考核指标完成系数

年度考核得分	完成系数
95分＜年度考核得分≤100分	1.5
80分＜年度考核得分≤95分	1.0
65分＜年度考核得分≤80分	0.8
60分＜年度考核得分≤65分	0.5
60分以下	0.2

(2) 考核实施

对总经理实际生产经营管理业绩进行考核，主要从经营收入、利润率、净资产回报率等方面展开，详情见表2。

表 2　经营者生产经营业绩考核

考核指标	权重（%）	绩效目标值	考核得分
新业务拓展计划完成率	15	新业务拓展计划完成率达____%以上	
投融资计划完成率	10	投融资计划完成率达____%以上	
产品市场占有率	15	产品市场占有率不低于____%	
品牌价值增长率	10	品牌价值增长率达____%以上	
企业经营收入	15	年度经营收入不低于____万元	
净利润增长率	15	净利润增长率不低于____%	
成本费用利润率	10	成本费用利润率达____%	
资产负债率	10	资产负债率低于____%	
综合得分			

4. 奖励年薪的计算

奖励年薪根据企业的经营状况而定，其计算公式为：

奖励年薪＝0.5倍基本年薪×奖励系数

经营者年薪奖励系数具体计算标准见表3。

表 3　年薪奖励系数的标准

等级	奖励系数	经营状况指标	
		企业经营收入	企业利润增长率
一级	2.0	1 500万元＜经营收入≤3 000万元	10%＜增长幅度≤15%
二级	1.5	1 000万元＜经营收入≤1 500万元	5%＜增长幅度≤10%
三级	1.0	800万元＜经营收入≤1 000万元	3%＜增长幅度≤5%
四级	0.8	经营收入≤800万元	增长幅度≤3%

三、年薪的支付和管理

1. 年薪支付时间

基本年薪按照基本年薪的80%分月支付，基本年薪的20%按月转入风险抵押金；效益年薪和奖励年薪均在下一年度的1月15日之前予以支付。

2. 年薪调整

为更加合理地确定总经理的基本年薪，全面考核其贡献，充分体现公平、合理的原则，企业应根据实际情况对总经理年薪作适当调整。

3. 其他说明

（1）公司总经理任期届满，其尚未变现的风险抵押金按以下办法处理：

1）离任审计结果与其在任期间年度审计报告基本相符，则在离任的次年一次性支付全部风险抵押金。

2）离任审计结果与其在任期间年度审计报告有一定差异，则以差异数为基础，按考核办法计算并扣减风险抵押金，剩余部分按上款规定处理。

3）离任审计结果与其在任期间年度审计报告存在重大差异，扣减未变现的全部风险抵押金。

（2）当发生不可抗力因素致使本方案无法履行或无法全部履行时，公司董事会应在 15 日内，将有关情况书面通知公司总经理，其方案中的相关条款由双方协商制定。

编制人员		审核人员		批准人员	
编制日期		审核日期		批准日期	

7.2.2 高层管理人员薪酬设计方案

方案名称	高层管理人员年薪制设计方案	编　　号	
		执行部门	

一、方案制定目的

为更好地维护本集团各总监高层管理岗位人员的利益，形成稳定的经营者团队，保证公司的长远发展，特制定本方案。

二、年薪收入构成

本公司高层管理人员年薪收入是由固定工资、季度绩效工资、年度绩效工资三部分组成，其比例分别为 40%、20%、40%。

三、年薪基数确定

集团公司总监及以上岗位年薪基数＝年薪基准数×岗位系数×历史业绩系数

子公司总经理年薪基数＝年薪基准数×岗位系数×历史业绩系数×规模系数

1. 年薪基准数

本集团年薪基准数由绩效与薪酬委员会在年初根据公司的资产规模、经营难度、行业特点、工作责任的大小等因素确定，以更充分地体现责任、利益、风险相一致的原则。高层管理者年薪可根据企业相应的变化进行调整。

2. 岗位系数

岗位系数表示岗位价值的大小，主要依据岗位评价结果确定，高层管理岗位的岗位系数值见表 1。

表 1　　年薪制岗位系数

岗位名称	岗位系数
分公司总经理、集团营销总监	1.1
集团技术总监、集团财务总监	1.0
集团生产总监、集团人力资源总监	0.85

3. 历史业绩

历史业绩系数主要根据任职者上一年度在该岗位的绩效考核结果确定。

考核优秀者：历史业绩系数为 1.05

考核合格者：历史业绩系数为 1.0

初次担任该岗位工作者：历史业绩系数为 0.9

4. 规模系数

规模系数主要用于确定子公司总经理年薪，本集团共有 8 个子公司，根据生产经营规模将其分为 A、B、C 三类，详情见表 2。

表 2　　年薪制规模系数

企业规模	分类	规模系数
500 万元以上	A 类	1.0
300 万～500 万元	B 类	0.9
300 万元以下	C 类	0.8

四、薪酬计算

高层管理人员月度工资＝岗位年薪基数÷12×40%

高层管理人员季度绩效工资＝岗位年薪基数÷12×20%×个人季度绩效考核系数

高层管理人员年度绩效工资＝岗位年薪基数×40%×集团年度绩效考核系数×个人年度绩效考核系数

五、薪酬支付和管理

1. 支付时间

（1）高层管理人员月度工资每月×日前发放。

（2）高层管理人员月度绩效工资在季度考核后发放。

（3）高层管理人员年度绩效工资在年度考核后发放。

2. 薪酬调整

为更加合理地确定高层管理人员的年薪，全面考核高层管理者的业绩和贡献，充分体现公平、合理的原则，企业应根据实际情况对高层管理人员年薪作适当调整。

六、相关说明

1. 当发生不可抗力因素导致本方案并无法履行或全部履行时，公司董事会应在××日之内，将有关情况书面通知高层管理人员，由双方进行协商解决。

2. 本方案经集团公司董事会批准后实施，修改时亦同。

编制人员		审核人员		批准人员	
编制日期		审核日期		批准日期	

7.2.3　高层管理人员股票期权实施办法

制度名称	××公司授予中高层管理人员股票期权的实施办法	编　　号	
		执行部门	

第 1 章　总则

第 1 条　实施目的

为激励公司的中高层管理人员，充分发挥其自身价值，最大限度地调动其工作积极性，确保其利益与公司利益保持一致，以尽快达成公司战略目标，特制定本办法。

第 2 条　授予对象

股票期权主要授予对象是企业的中高层管理人员。

第 2 章　股票期权的管理

第 3 条　股票期权的执行机构

股票期权由公司股东大会、董事会下设股票期权薪酬委员会，负责全面实施，其成员由公司股东会选派独立的外部专家和公司内部薪酬专员组成。期权薪酬委员会主要负责如下工作。

1. 股票认股权的管理，包括决定每年发放的股票期权额度、授予对象、股票期权的授予时机、认股权证、登记名册、净资产记账、行权登记、红利分配等事项。

2. 向董事会或执行董事报告股票认股权的执行情况。

3. 出现突发事件时对股票期权计划进行解释或做出重新安排。

4. 在董事会或执行董事授权下根据认股权管理规则有权变更股票认股权计划，甚至中止该计划。

第 4 条　股票期权的监督机构

股东大会、董事会为股票期权计划的决定机构，监事会为该计划的监督机构。

第 5 条　股票期权在授予后不可随意转让、质押。

第 3 章　股票期权的授予时间及价格

第 6 条　授予时间

股票期权一年授予一次，并纳入股票期权受益者年度绩效考评体系。

第 7 条　价格的确定

公司未上市之前，受益者与公司签订的“股票期权合同书”中规定的授权价，及股票期权薪酬委员会决定的授权价为基准。

公司上市后，以公司与受益者签订股票期权合同当时的平均市价或前7日的交易日平均价的较低价格为基准。

第4章 股票期权额度的确定

第8条 股票期权名义额度的确定原则

1. 一个会计年度内，由董事会确定授予经营者群体的股票期权名义额度总金额不超过本年度该公司总资本的××%；由董事会确定授予经营者个人的股票期权名义额度金额不得超过该经营者年薪收入的××%。

2. 授予总经理的名义额度，应在本次授予该公司经营者群体名义额度总金额的××%～××%之间。

3. 每年授予股票期权名义额度金额增加幅度不得超过税后利润和每股收益率增长幅度，否则需要报经股东大会批准。

第9条 股票期权名义额度的执行标准

1. 计算公式

股票期权名义额度＝（4×年薪×岗位重要度）元/每股期权价格

其中，岗位重要度一般分为：总经理岗位系数为1，经营者群体中各岗位的系数根据其重要程度分别在0.7～0.4之间。

2. 调节原则

(1) 如果授予高层管理人员的名义额度大于年薪的××%，则以4倍年薪为名义额度。

(2) 如果授予高层管理人员的名义额度大于一次授予总额度的××%，则以总额度的××%为名义额度。

(3) 如果授予高层管理人员的名义额度大于年薪的××%，同时大于授予总额度的××%，则以较小的授予额度为名义额度。

3. 股票期权实际额度的确定

股票期权实际额度＝年末绩效考评成绩（%）×股票期权名义额度

第5章 股票期权的行使

第10条 股票期权行使的相关要求见表1。

表1　股票期权行使的相关要求

股票期权的行使	相关规定
行使时间的限制	在上市公司的重大信息披露前后××周内不得行使
行使期间的比例	1. 授予一年以后，可以行使××% 2. 授予两年以后，可以行使××% 3. 授予三年以后，可以行使××% 4. 其余的××%可以在第五年年底全部行使
股票期权提前行使	经营者若希望在规定的行使期间提前行使股票期权，必须得到董事会的批准，并按照公司相关规定执行

第 11 条　股票期权的股息及税收

1. 股息

在行使股票期权后，按所行使的持股数量享有股息。

2. 税收

公司为经营者行使股票期权时所支付的约定价与行使之日该股票市价的差额部分，视为经营者个人所得，根据所得税法，应由个人缴纳个人所得税。

第 6 章　股票期权的出售及变更

第 12 条　在上市公司重大信息披露前后周内获受人不得将所持的股票期权出售。

第 13 条　股票期权变更及丧失

在高层管理人员任职期满或退休、离职、公司经营发生变动等情况下，股票期权也会相应地发生变化，表 2 列举了股票期权变更及丧失的 6 种情况及相应的股票期权的执行办法。

表 2　股票期权的变更及丧失

变更或丧失情况	股票期权变动
任职期满或退休	股票期权计划不变
股票期权所有者死亡	董事会可根据高层管理者的业绩，重新决定股票期权的执行计划
自行离职	1. 高层管理者在股票期权计划行使期内自行离职，从离职日起 90 日内，高层管理者可以对当年可行使部分的 80%行使期权，如已经行使了当年的全部期权，上市公司将追索已经行使的 20% 2. 如自行离职后，在第二年内从事与公司具有竞争性的工种或公司，则从离职之日起所行使的所有期权如数退还公司 3. 高层管理者在股票期权计划行使期前自行离职，则不能行使任何期权
非自行离职	1. 由组织安排调动的，原期权计划不变 2. 高层管理者因严重失职等非正常原因而终止聘用关系的，从发生之日起，对未行使的期权计划予以终止
公司并购和破产	1. 高层管理者所在公司被并购时，董事会可授权高层管理者将未行使的股票期权计划全部在并购前加速行使 2. 公司破产时，高层管理者在公司破产案件受理前，可行使其所获受的股票期权计划
资本变动	当公司资本发生变动时，原授予的股票期权数量和约定价应随之变化。对已行使的股票期权享有红股、转增股、配股、配增新股的权利

第 7 章　附则

第 14 条　本办法由股东大会、董事会核准后实施。

第 15 条　本办法具体事宜由股票期权薪酬委员会负责解释。

编制人员		审核人员		批准人员	
编制日期		审核日期		批准日期	

7.3 专业系列人员薪酬体系设计

7.3.1 销售人员薪酬体系设计

在现代市场经济条件下，销售人员作为市场竞争的一个重要方面受到企业的普遍关注。能否通过合理的薪酬设计，保证销售人员尽自己最大努力，使企业的产品占领市场，将直接关系到企业的业绩与未来。

1. 销售人员的工作特点

销售人员相对于管理人员、技术和研发人员来说，具有明显的群体特征，其工作也表现出独特性，如图 7—10 所示。

1. 销售人员时间分配取决于客户，很难有确定的工作时间
2. 工作方式灵活性高，很难对其进行监督
3. 工作绩效可以由具体成果显示
4. 工作绩效不稳定、波动性大

图 7—10　销售人员的工作特点

2. 销售人员薪酬设计的影响因素

影响销售人员薪酬的因素如图 7—11 所示。

3. 销售人员薪酬设计模式

目前，企业中运用比较多的销售人员薪酬模式有以下 5 种。

（1）纯佣金模式

纯佣金模式是指在销售人员的薪酬体系中没有基本薪酬，其全部收入由佣金构成。佣金通常是以销售额的一定百分比来提取的，这个比例的确定应考虑产品性质、顾客、地区特性、计单大小、毛利率、业务状况的变动因素等。

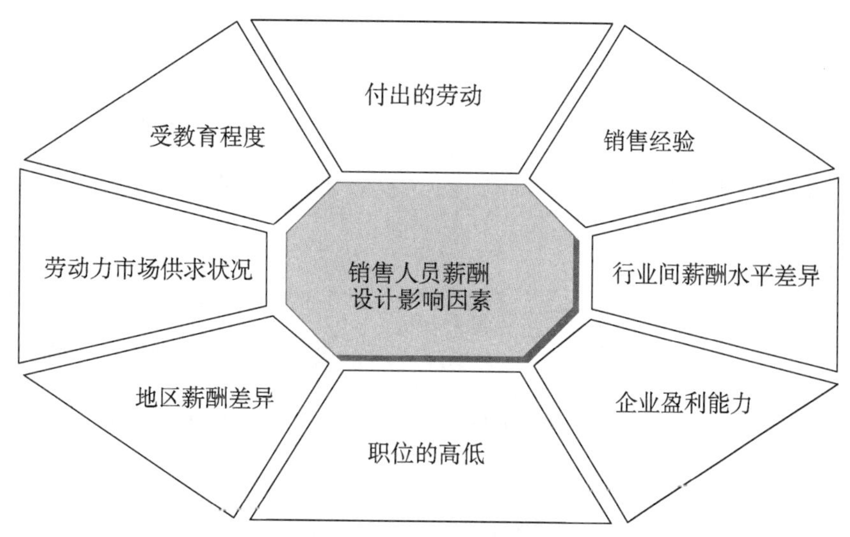

图 7—11　销售人员薪酬设计影响因素

纯佣金模式具有自身的优点和缺陷，如图 7—12 所示。

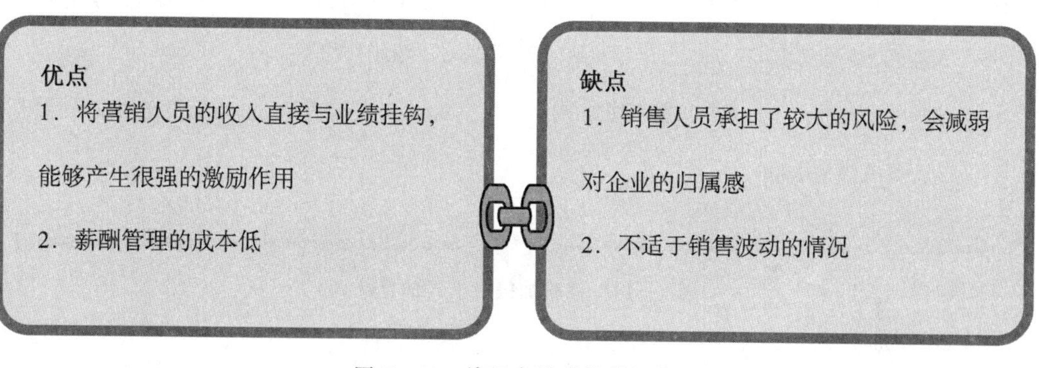

图 7—12　纯佣金模式的优缺点

（2）纯薪金模式

纯薪金模式是指无论销售人员的销售额是多少，均可领取固定的基本薪酬。此类薪酬制度多适用于销售文秘兼内勤，或适用于集体努力的销售工作。纯薪金模式的优缺点如图 7—13 所示。

（3）底薪加提成模式

底薪加提成模式是以单位销售额或总销售金额的一定百分率作为佣金，连同固定工资一起支付员工工资的一种工资制度。这种模式下，销售人员一般都有一定销售定额，当月不管是否完成定额，都可得到底薪；如果完成销售额超过设置的销售定额，超出部分按比例提成。

底薪加提成模式实质上是纯佣金模式和纯薪金模式的综合，这种模式的优缺点如图 7—14 所示。

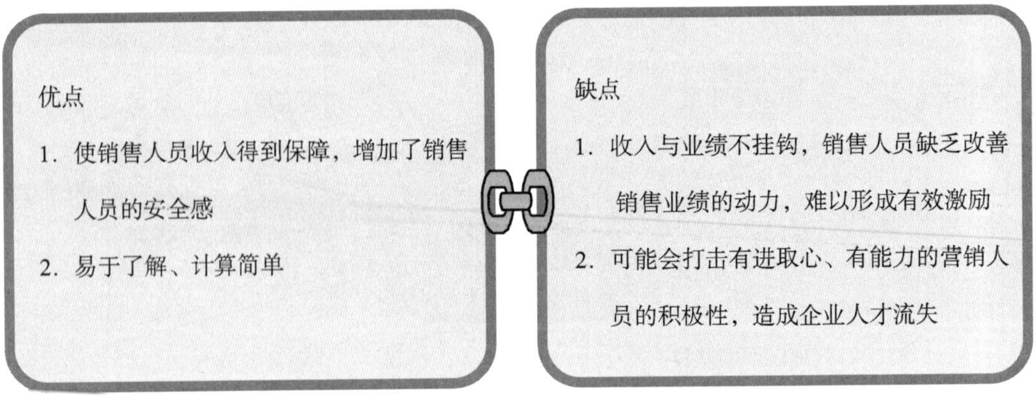

优点

1. 使销售人员收入得到保障，增加了销售人员的安全感
2. 易于了解、计算简单

缺点

1. 收入与业绩不挂钩，销售人员缺乏改善销售业绩的动力，难以形成有效激励
2. 可能会打击有进取心、有能力的营销人员的积极性，造成企业人才流失

图 7—13　纯薪金模式的优缺点

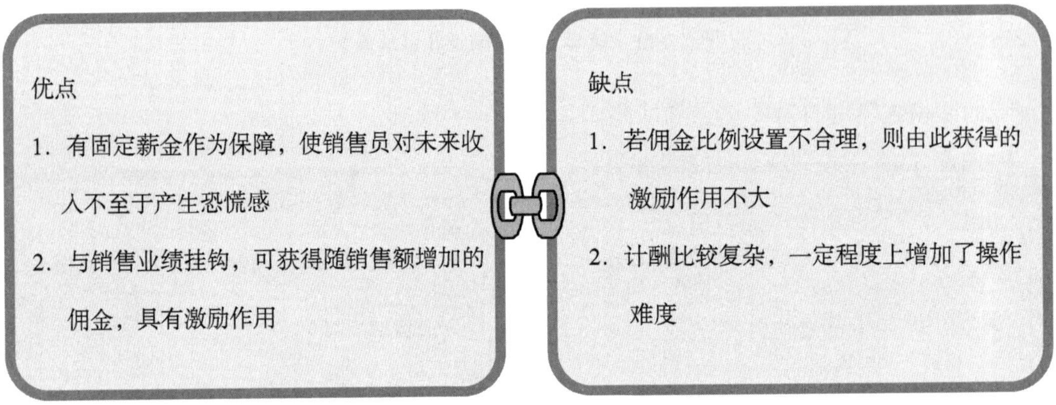

优点

1. 有固定薪金作为保障，使销售员对未来收入不至于产生恐慌感
2. 与销售业绩挂钩，可获得随销售额增加的佣金，具有激励作用

缺点

1. 若佣金比例设置不合理，则由此获得的激励作用不大
2. 计酬比较复杂，一定程度上增加了操作难度

图 7—14　底薪加提成模式的优缺点

（4）底薪加奖金模式

底薪加奖金模式是销售人员除了可以获得一定薪水外，还可获得数额不等的奖金。这种模式与底薪加提成模式类似，两种模式的优缺点也基本相同。

虽然销售人员获取的奖金和佣金都与销售业绩挂钩，但二者之间也存在一定区别，详情见表 7—9。

表 7—9　销售人员奖金与佣金的区别

区别项	销售人员奖金	销售人员佣金
获取条件	只有当销售人员的销售业绩达到一定水平时才能获得奖金	无论销售人员的业绩如何都能获得，差别仅在于佣金获取的多少

续表

区别项	销售人员奖金	销售人员佣金
相关因素	奖金设计中，与市场开拓、客户投诉状况等不易量化的指标相关	佣金设计中，只与量化的销售业绩指标（销售收入、销售量、销售利润等）挂钩

（5）底薪加提成加奖金模式

底薪加提成加奖金模式使销售人员每月有固定的底薪外，还可以获得销售额一定比例的佣金，当销售业绩达到既定标准时，还可以获得奖金。在企业产品进入成长期、成熟期，销售人员为“开拓型”或“管理型”时均可考虑采用这类报酬制度。

底薪加提成加奖金模式将纯薪金模式、底薪加提成模式、底薪加奖金模式集合在一起，具有明显的优点，但仍存在不足，如图 7—15 所示。

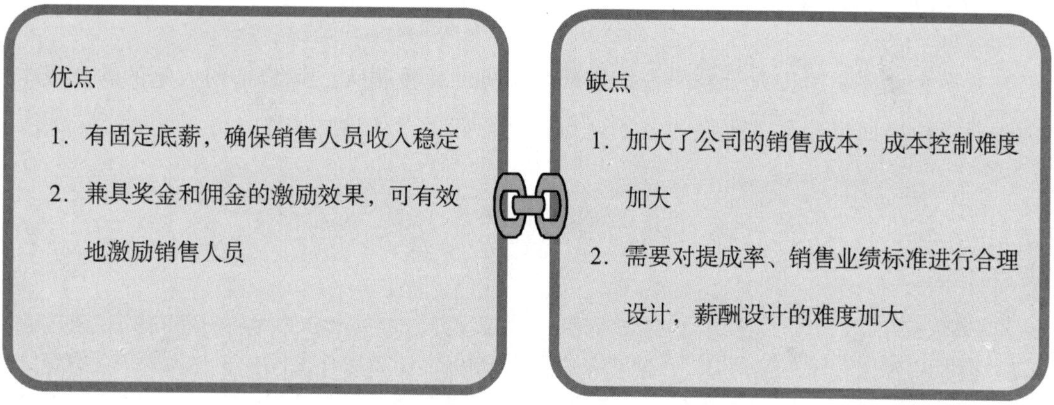

优点

1. 有固定底薪，确保销售人员收入稳定
2. 兼具奖金和佣金的激励效果，可有效地激励销售人员

缺点

1. 加大了公司的销售成本，成本控制难度加大
2. 需要对提成率、销售业绩标准进行合理设计，薪酬设计的难度加大

图 7—15　底薪加提成加奖金模式的优缺点

4. 销售人员薪酬模式选择

对于企业而言，在对销售人员薪酬进行设计中，具体选择哪种薪酬模式，还需综合考虑其所处的行业、企业所能提供的产品和服务特点、企业生命周期等多种因素。这些因素的差异，导致企业薪酬模式的选择也有所不同，见表 7—10。

表 7—10　企业对销售人员的薪酬模式选择

行业/企业特点	销售人员薪酬模式选择
销售技术含量低、销售对象广泛、产品销售周期较短的行业（如营养品、化妆品等）	“低底薪＋高提成”的底薪加提成模式

续表

行业/企业特点	销售人员薪酬模式选择
专业性很强、产品销售过程需高含量技术支持、市场相对狭窄、销售周期较长的行业	“高底薪+低提成”的底薪加奖金或底薪加提成的模式
企业刚上市、产品知名度比较低、产品性能不稳定、市场开拓困难	“高底薪+低提成”的底薪加奖金或底薪加提成模式
企业进入快速成长期，产品性能进一步改进、市场开拓显露成效	“低底薪+高提成”的底薪加提成或底薪加奖金模式
企业进入成熟和衰退期时，客户群相对稳定、市场份额逐渐缩小	“高底薪+低提成”的底薪加提成或底薪加奖金模式

5. 薪酬设计有效性评价

在很多企业中，销售人员薪酬占销售部门预算的比重很大。销售部门大笔的薪酬成本支出能否获得相应回报，通常可以通过下列指标进行衡量，详情如图 7—16 所示。

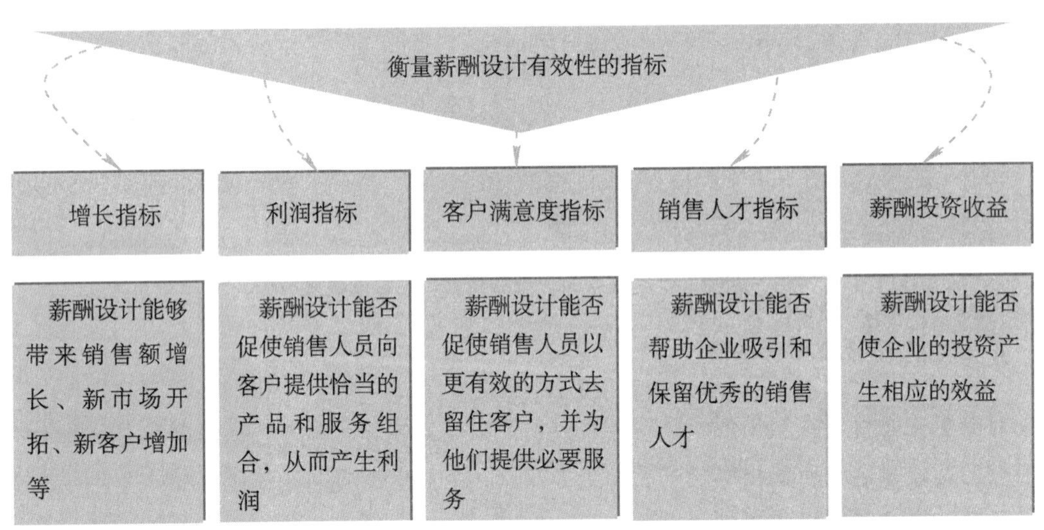

图 7—16　衡量销售人员薪酬设计有效性的指标

7.3.2　技术人员薪酬体系设计

技术人员是企业培育核心竞争力、获取竞争优势的关键环节，其薪酬体系的设计也受到越来越多的重视。

一般来讲，专业技术职位主要分为以下三类，见表 7—11。

表 7—11　专业技术人员分类

类别	特点	举例
第一类	在特定领域需要一定造诣的工作职位	律师
第二类	需要创新精神和创造力的职位	设计人员
第三类	需要具备经营知识和市场洞察力的职位	财务人员

1. 技术人员的工作特点

与一般工作人员相比，技术人员的工作具有自身的特点，如图 7—17 所示。这些特点导致其薪酬体系设计与其他人员相比也存在明显差异。

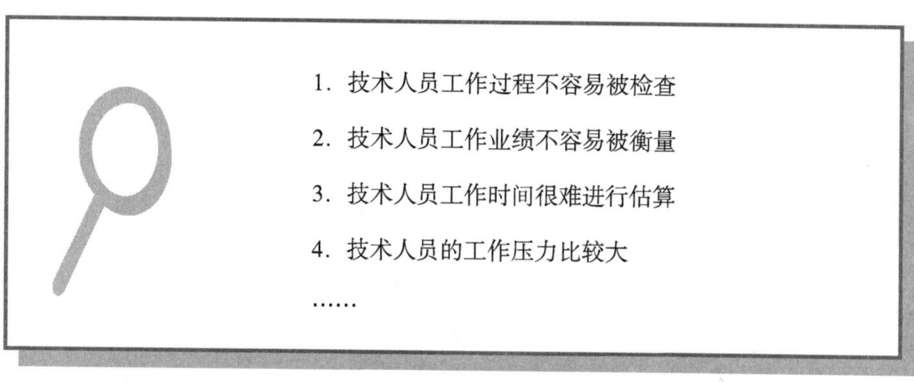

图 7—17　技术人员的工作特点

2. 技术人员的薪酬设计模型

通常情况下，技术人员薪酬模型设计主要有两种，即技能取向型薪酬模式和价值取向型薪酬模式。

(1) 技能取向型薪酬设计模式

1) 技能取向型薪酬设计

技能取向型薪酬模式是根据技术人员的技术职务设计薪酬。技术人员技术职务提升与其专业技能成长紧密相关。这种薪酬体系的优点和缺点如图 7—18 所示。

2) 职位等级薪酬与专业技术职务薪酬的衔接

职务等级薪酬与专业技术职务薪酬之间衔接的主要方式是每一个专业技术职务都有相应的职位等级与之相对应，表 7—12 是某企业设计的专业技术职务与职位等级对照表。

优点

1. 将员工薪酬与技能结合，调动员工学习和提升技能的积极性
2. 将员工薪酬与职业发展结合起来，有利于员工的职业发展，以及职业管理水平的提升

缺点

1. 片面强调技能提升本身，而忽视技能提升的经济价值
2. 没有建立起员工薪酬提升机制与企业经济效益提升机制的有机联系

图 7—18　技能取向型薪酬模式的优缺点

表 7—12　专业技术职务与职位等级对照表

职等	管理职位	技术职务	学历	薪酬标准
一等	总裁		博士	×××××
二等	副总裁	资深专家	博士	×××××
三等	总经理	高级工程师	博士	×××××
四等	副经理	高级工程师	硕士	×××××
五等	主任	工程师	硕士	××××
六等	副主任	一级助理工程师	硕士	××××
七等	主管	二级助理工程师	硕士	××××
八等	副主管	三级助理工程师	本科	××××
九等	科员	技术员	大专	××××
十等	办事员		中专	××××

（2）价值取向型薪酬设计模式

1）价值取向型薪酬设计

价值取向型薪酬设计模式是根据技术人员拥有的技能和业绩因素的多少或者等级确定其组合薪酬待遇。该模式的优缺点如图 7—19 所示。

2）设计中应注意的问题

价值取向型薪酬设计将专业技术能力、员工业绩与其薪酬紧密地联系了起来。实施这种薪酬体系需要建立一套科学合理的技能和业绩指标体系，具体来说，要注意以下几个问题，如图 7—20 所示。

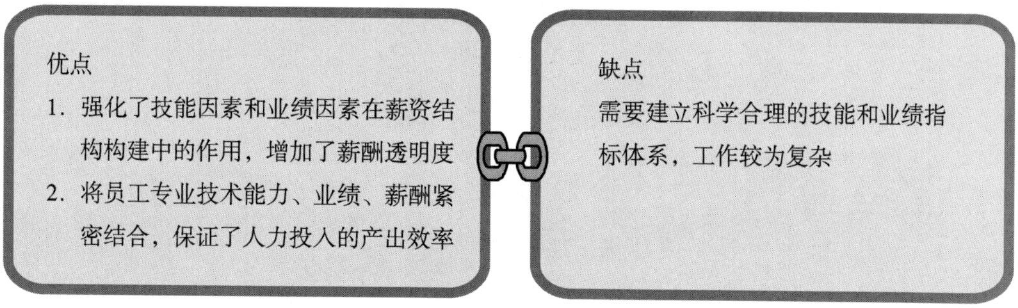

优点

1. 强化了技能因素和业绩因素在薪资结构构建中的作用，增加了薪酬透明度
2. 将员工专业技术能力、业绩、薪酬紧密结合，保证了人力投入的产出效率

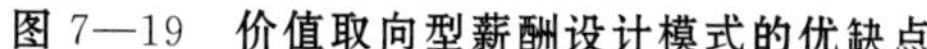

缺点

需要建立科学合理的技能和业绩指标体系，工作较为复杂

图 7—19　价值取向型薪酬设计模式的优缺点

1. 技能和业绩指标的选择
2. 各指标之间权重比例的确定
3. 整个薪酬水平的高低

图 7—20　价值取向型薪酬设计的作用

3. 技术人员的薪酬结构

（1）基本薪酬与加薪

技术人员的基本薪酬往往取决于他们所掌握的专业知识与技术的广度与深度、运用这些知识的熟练程度等因素。技术人员对于企业的贡献更多地取决于其知识水平和技术能力，因此，很多企业对技术人员的基本薪酬设计采用技能薪酬体系，而非职位薪酬体系。

在基本薪酬一定的情况下，技术人员加薪主要取决于以下因素，如图 7—21 所示。

（2）奖金

市场经济条件下，由于专业知识和技能具有明确的价值，因此，技术人员通常获得较高的基本薪酬，奖金所占比例并不是很大。

通常情况下，企业可采取各种股权激励形式、技术专利和科技成果折价入股、技术贡献者享有分红和表决权利等方法，留住那些影响企业长期发展的核心专业技术人员。

（3）福利与服务

在福利方面，应针对科研及技术人员工作特点和个人需要，为其提供继续教育、国外进修、参加学术活动、住房保障、定期体检、良好的工作环境和设施、弹性工作时间等福利。

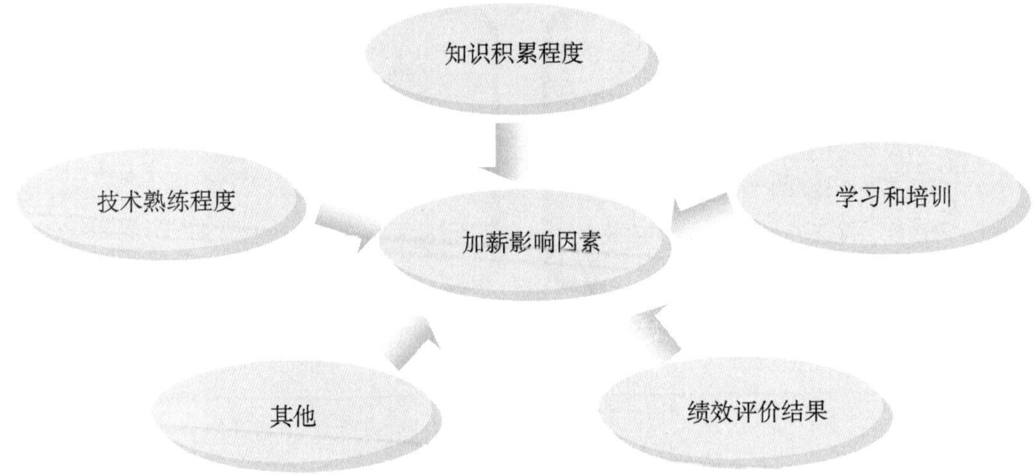

图 7—21　技术人员加薪的影响因素

7.3.3 研发人员薪酬体系设计

研发人员是企业中最具创造力的驱动因素，是高新技术企业的战略资源，他们对企业直接经济效益的增长、市场销售能力的提高、产品制造能力的增强都具有重要作用。有激励作用的薪酬制度是激发研发人员积极性和创造性的保证，是企业生存和发展的基础。

1. 研发人员的行为特征

研发人员的行为与其他人员相比具有自身的特征，如图 7—22 所示。

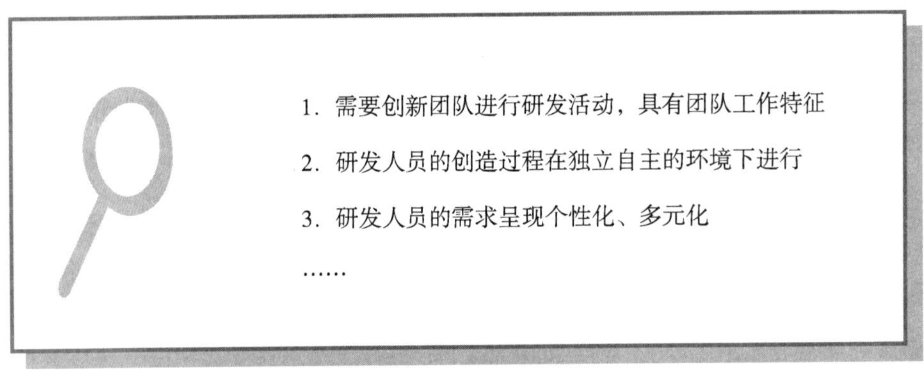

图 7—22　研发人员的行为特征

2. 研发人员薪酬体系设计

研发人员需求呈现个性化、多元化，因此对其进行薪酬设计时应突破单一的现金形式。根据不同层次员工的不同需求确定不同的薪酬体系，以起到应有的激励作用。研发人员薪酬体系设计主要包含以下层次，见表 7—13。

表 7—13　　研发人员薪酬体系设计示例

研发人员	薪酬设计	
辅助人员	考虑因素	他们的主要任务是学习相关知识和积累经验，他们在整个研发过程中并不能创造更多的价值，因此可考虑较低的固定薪资，对项目有特殊贡献的给予特别奖励
	薪资结构	总体薪酬＝基本工资 ＋ 加班工资 ＋ 各种补贴 ＋ 特殊贡献工资 ＋ 晋升机会
中坚层	考虑因素	中坚层的研发实力是高新技术企业的核心竞争力，其薪酬水平应与辅助人员拉开距离，并通过给予更多的学习机会、将技术股份部分所有权给予研发人员等方式对其进行激励
	薪资结构	总体薪酬＝基本工资 ＋ 加班工资 ＋ 各种补贴 ＋ 项目工资 ＋ 特殊贡献工资 ＋ 晋升机会 ＋ 技术股份
核心层	考虑因素	核心层研发人员的精力主要在于为企业赢得竞争优势，对这类人员的薪酬激励应以股权激励为主，构建利益共同体，同时还可通过拓展其个人能力、给予发展事业机会等方式予以激励
	薪资结构	总体薪酬＝基本工资 ＋ 加班工资 ＋ 各种补贴 ＋ 项目工资 ＋ 特殊贡献工资 ＋ 股权

7.4　专业系列人员薪酬设计实例

7.4.1　销售人员薪酬体系设计方案

方案名称	××公司销售人员薪酬设计方案	编　号	
		执行部门	

【企业性质】民营企业

【主营业务】日常家用电器

【企业规模】截至 20××年××月底，本公司共有员工××人，企业年销售额突破××××万元

【竞争实力】中上等

一、方案制订目的

随着日常家电行业的竞争日趋激励，为实现公司市场攻坚目标，吸引和保留企业的主要销售人员，提高销售人员的销售技能，激励销售人员高效地工作，公司特进行销售人员薪酬方案设计和调整。

二、销售人员薪酬结构

销售人员薪酬结构由基本工资、福利、年终奖金三部分组成。

1. 基本工资

销售人员的基本工资主要由岗位工资和效益工资两部分组成。

(1) 岗位工资

销售人员岗位工资的制定要以销售人员的销售技能高低、工作的复杂程度、责任大小等因素为基础，分为四个等级，详情见表1。

表1　销售人员岗位工资等级分配

岗位级别	岗位名称	岗位工资标准（元）	年签单任务量（万元）
1	资深业务员	4 000	300
2	高级业务员	3 000	200
3	中级业务员	1 800	120
4	初级业务员	1 300	80
说明：年签单任务量按上年度签单完成情况进行核定，本年度新进入企业的销售人员一律从初级业务员开始起评			

(2) 效益工资

为确保企业的正常运转，销售人员的效益工资同销售额及货款回收情况直接挂钩。在完成每月定额销售任务基础上，销售额增加部分最高提成系数为回款额的2.5%，共分为两档，实行超额累进制，详情见表2。

表2　销售人员回款提成系数

档次	收款完成率	提成系数
第一档	0～80%	1.5%
第二档	80%～100%	2.5%
注：所有20××年××月××日起新签订合同（含在原有合同基础上续签的合同）及产生第一笔回款的合同则不区分档，统一按照2.5%执行		

举例：销售员×××，在完成月定额销售任务基础上，又超额完成10万元，这10万元在本月回款额为8万元，那么执行第一档系数1.5%，本月发放效益工资8万×1.5%＝1 200元；余下尾款2万元，待回收后，在回收月发放效益工资2万×2.5%＝500元

2. 福利

销售人员福利待遇参照公司薪酬福利制度执行。

3. 年终奖金

为控制销售成本和促进销售完成，公司特设置年终奖励。具体规定如下：

（1）销售任务完成 95%以上，年终奖金奖励系数为 2.5%。

（2）销售任务完成 75%～95%，年终奖金奖励系数为 1%。

（3）销售任务完成低于 75%，年终奖金奖励系数为 0。

（4）除了因销售任务完成优异给予奖励外，销售人员在工作上的其他优异表现也应给予奖励，奖金的发放标准参考公司奖惩管理办法。

三、薪酬发放

1. 每月××日前支付销售人员上月薪酬，如遇节假日提前至假前最后一个工作日支付。

2. 本方案解释权归属公司人力资源部。

编制人员		审核人员		批准人员	
编制日期		审核日期		批准日期	

7.4.2　电商运营人员薪酬体系设计方案

方案名称	××公司电商运营人员薪酬设计方案	编　　号	
		执行部门	

一、方案制订目的

为了加强对电商运营人员薪酬的管理，努力建立客观、公正、合理的分配制度，充分调动电商运营人员工作的积极性和创造性，做实、做强、做大××商城，特制订本方案。

二、薪酬设计原则

1. 业绩导向原则：把绩效考核的结果作为确定薪酬的直接依据，电商运营人员薪酬的增长与业绩考核的结果直接挂钩，鼓励电商运营人员提高工作效率，为公司多做贡献。

2. 效率优先，兼顾公平原则：公司不在价值分配上搞平均主义，薪酬政策必须向为公司持续创造价值的电商运营人员倾斜，对电商运营人员所创造的业绩予以合理的回报。

3. 可持续发展原则：电商运营人员薪酬的确定必须与公司的发展战略相适应，必须与公司的整体利益的提高和电子商务部的发展相适应，通过薪酬来吸引人才，留住关键人才，提高公司的核心竞争力。

三、方案使用范围

本方案适用于电子商务部运营主管、运营客服及其他运营人员。

四、电商运营人员薪酬结构

电商运营人员薪酬由基本工资、销售提成、年终奖励、福利保险等项目共同构成。

1. 基本工资

电商运营人员的基本工资根据员工所在的岗位、承担的工作责任大小、工作复杂性、工作经验、工作能力技术要求等因素确定，具体见表 1。

表 1　　电商运营人员基本工资

职务类型	岗位级别	基本工资标准
运营主管	主管一级岗	____元/月
	主管二级岗	____元/月
	主管三级岗	____元/月
运营专员	资深	____元/月
	高级	____元/月
	中级	____元/月
	初级	____元/月
推广专员	资深	____元/月
	高级	____元/月
	中级	____元/月
	初级	____元/月
网络在线客服	资深	____元/月
	高级	____元/月
	中级	____元/月
	初级	____元/月
美工	资深	____元/月
	高级	____元/月
	中级	____元/月
	初级	____元/月
文案策划专员	资深	____元/月
	高级	____元/月
	中级	____元/月
	初级	____元/月

2. 销售提成

销售提成包括个人销售提成及团队销售提成。

（1）个人销售提成

个人销售提成计算标准见表 2。

表 2　　电商运营人员个人销售提成

职务类型	提成计算依据	提成计算比例（%）	提成金额（元）
运营主管	总销售额＜__万元	___%	—
	___万元≤总销售额≤__万元	___%	___～___
	___万元以上	___%	___以上
运营专员	总销售额＜__万元	___%	___
	___万元≤总销售额≤__万元	___%	___～___
	___万元以上	___%	___以上
推广专员	总销售额＜__万元	___%	___
	___万元≤总销售额≤__万元	___%	___～___
	___万元以上	___%	___以上
网络在线客服	个人销售额＜__万元	___%	___
	___万元≤个人销售额≤__万元	___%	___～___
	___万元以上	___%	___以上

（2）团队销售提成

团队本月超额完成销售任务，超额___万元以上、___万元以下，给予团队___元奖励；超额___万元以上，给予团队___元奖励。具体团队内个人销售奖励的发放由运营主管根据电商运营人员的贡献及工作表现制定“团队销售提成发放表”报上级经理及人力资源部审批通过后实施。

3. 年终奖励

（1）年度销售冠军，奖励个人___元；年度销售亚军，奖励个人___元；年度销售季军，奖励个人___元。

（2）最佳推广奖：网络推广取得实际效果，对销售有极大的推动作用，奖励推广专员个人___元。

（3）突出贡献奖：对电子商务部业绩提升出谋划策，方案实施效果显著者，奖励个人___元。

4. 福利保险

电商运营人员享受国家法定的福利保险项目。

五、电商运营人员薪酬调整

在以下情况下，公司可根据相关规定对电商运营人员的薪酬进行调整。

(1) 因公司阶段性战略目标的实现或效益大幅增长而进行的普遍调整。

(2) 职位或岗位变化而带来的调整。

(3) 根据员工的工作表现和绩效，公司进行的调整。

(4) 员工个人岗位技能变化申请通过后的调整。

六、电商运营人员薪酬发放

薪酬采用月给制，当月薪酬于次月 15 日发放（遇节假日顺延)。

编制人员		审核人员		批准人员	
编制日期		审核日期		批准日期	

7.4.3 研发人员薪酬体系设计方案

方案名称	××公司研发人员薪酬设计方案	编　　号	
		执行部门	

一、制定目的

为吸引和留住研发人才，加快项目研发进度，保证企业的快速发展，公司特设计制订本薪酬方案。

二、设计思路

企业采用宽带薪酬的模式将研发人员的薪酬等级由原有的 8 个级别合并为 4 个技术级别，级别少而宽。至于具体每一位研发人员的薪酬处于哪个级别，需要通过能力评估来确定。

三、评估框架

1. 建立能力素质模型

结合本企业内外部情况和发展方向，经过调研、数据收集和分析，最终确定了本公司研发人员所需能力要求。

(1) 研发人员的核心能力：创新能力、灵活应变能力、分析判断能力。

(2) 研发人员的一般能力：专业技术能力、专业知识、技术应用、快速学习能力。

2. 建立能力评估框架

针对研发人员，首先，将职位按照上述能力予以评估，确定该职位处于哪个宽带技术等级；其次，在每个宽带技术等级中再设三个级别，即入门级、应用级和拓展级，详情见表 1。

表 1　技术级别及能力定义

技术级别	能力定义
入门级（基本要求）	研发人员在这项能力方面只有基本水平的技能，应努力提高自己在这方面的知识和能力
应用级（完全胜任）	研发人员在这项能力方面能够全面胜任或达到娴熟的水平，处于这个能力级别的人是整个研发团队的中坚力量
拓展级（创新应用）	研发人员的表现超出了期望水平，并且能够在该项领域有所创新。处于这个能力级别的人通常能够完成超过期望水平的任务

四、薪酬构成

研发人员的薪酬主要包括基本薪酬、绩效薪酬、学历津贴和福利四部分。

1. 基本薪酬

研发系统宽带等级划分，一般每组宽带薪酬设立 3～4 个级别。通过能力评估确定能力等级后，根据薪酬调查结果和公司自身发展情况制定薪酬方案，核心研发人员以领先市场中位水平为基准，一般研发人员以市场中值为基准。

在新的薪酬系统中，等级越高，基本薪酬差距越大，最低和最高薪酬幅度相差 100%～150%，如图 1 所示。

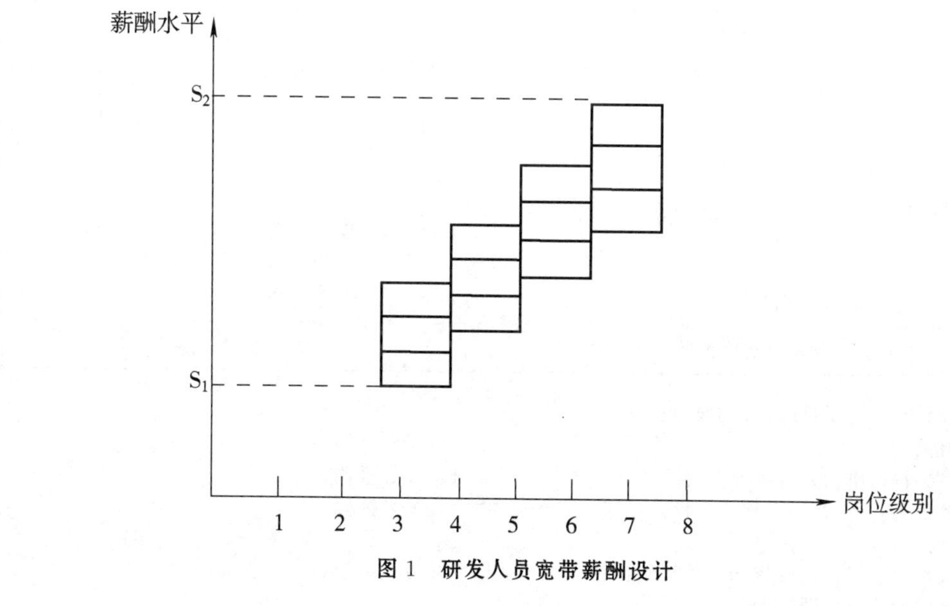

图 1　研发人员宽带薪酬设计

2. 绩效薪酬

绩效薪酬的表现形式主要是项目奖金。

(1) 项目经理不参与项目奖金的分配，项目经理奖金由项目评审委员会确定，原则上为项目研发人员平均奖金的120%～160%不等。

(2) 项目奖金的分配根据研发项目难度的不同、进程的不同，其奖励标准也不同，详情见表2。

表2　项目奖金发放标准

研发项目	难度系数	项目进度	奖励标准
项目甲	≤0.4	提前12天以上完成	110%A
		提前9～11天完成	80%A
		提前6～8天完成	60%A
		提前3～5天完成	40%A
项目乙	0.4<难度系数≤0.6	提前12天以上完成	110%B
		提前9～11天完成	80%B
		提前6～8天完成	60%B
		提前3～5天完成	40%B
项目丙	0.6<难度系数≤0.8	提前12天以上完成	110%C
		提前9～11天完成	80%C
		提前6～8天完成	60%C
		提前3～5天完成	40%C
项目丁	0.8<难度系数≤1	提前12天以上完成	110%D
		提前9～11天完成	80%D
		提前6～8天完成	60%D
		提前3～5天完成	50%D
说明：A、B、C、D均为研发项目的奖金总额			

(3) 项目奖金在项目通过内部验收后的当月发放。

3. 学历津贴

学历津贴根据研发人员所拥有的不同学历按月计发，其计发标准为：

硕士及以上：×××元/月；本科：×××元/月；大专：×××元/月

4. 福利

研发人员由于工作性质特殊，其福利设计应主要从以下几方面入手：

(1) 提供学习和培训的机会

（2）自助式福利套餐

自助式福利套餐是在福利定额一定的情况下，公司提供多种可选的福利项目，让研发人员自由做出尽可能符合自己的选择。

另外，对公司希望留住的核心研发人员，在公司条件允许的情况下，可采取股份期权的方式，并将其纳入长期的激励体系。

五、薪酬管理机制

为确保新制定的薪酬体系能够顺利实施并达到预期效果，公司还同时采取以下配套措施：

1. 营造一个尊重科技、尊重人才的良好文化氛围。

2. 公司要提供学习机会，既可以是正规的培训，也可以是在职培训，不断提高研发人员的核心竞争力。

3. “双跑道”的薪酬管理，即当研发人员职业发展达到一定阶段的时候，员工就有机会自主选择是从事管理岗位还是继续做专业技术工作。

4. 为员工建立能力发展档案，保证能力评价的持续性和可信度。

编制人员		审核人员		批准人员	
编制日期		审核日期		批准日期	

7.4.4　技术人员技能取向型薪酬设计方案

方案名称	××公司专业技术人员技能取向型薪酬设计方案	编　　号	
		执行部门	

【背景介绍】

××公司国有电信企业，共有员工×万人，专业技术人员占全部员工人数的55%。20××年以前公司的薪酬体系为单一的职位薪酬制，员工薪酬的增长主要依靠职位的提升，因此很多专业技术人员不愿意从事技术工作，想转到管理岗位，这直接造成管理队伍的庞大和专业技术人才的匮乏。

为了有效地改善这一现状，更好地调动专业技术人员工作的积极性、主动性，确保企业各项任务保质保量进行，公司改变了过去单一职位薪酬制，为专业技术人员增设了技能取向型薪酬模式。

【职称划分】

公司根据专业技术人员工作的性质和需要，设立专业的职务级别，在专业技术岗位工作的员工，根据被聘用的专业技术职务，享受相应的薪资等级。

公司技术人员专业技术等级共分为八级，分别为资深专家、主任工程师、高级工程师、工程师、一级助理工程师、二级助理工程师、三级助理工程师、技术员。

【薪酬结构】

技术人员薪酬由工资（基本工资、技能工资）、福利组成。

1. 工资

（1）基本工资

本公司专业技术人员基础工资统一为××××元/月。

（2）技能工资

技术人员的技能工资取决于专业技术等级所对应的薪酬基数、岗位重要程度与绩效考核的结果，其计算公式如下所示。

技能工资＝薪酬基数×岗位系数×绩效系数

1）薪酬基数：是指专业技术等级所对应的薪酬等级额。它是构成专业技术工资的基础。共划分为8个等级，具体标准见表1。

2）岗位系数：是指在同一个等级内岗位的重要程度，本公司岗位系数共分为A、B、C、D四个等级，具体标准见表1。

3）绩效系数：是指在月度绩效考核中所获得的考核等级对应的系数。绩效考核等级分为A、B、C、D四个等级，具体标准见表1。

4）对于新入职的没有技术职称的将按照学历由高到低给予相应的工资。具体标准见表1。

表1　　专业技术等级划分

级别	职务	职称	学历	薪酬基数	岗位系数				绩效系数			
					A	B	C	D	A	B	C	D
1	总经理		博士	××××	5	4.8	4.6	4.4	1.2	1	0.8	0.6
2	副总	资深专家	博士	1 800	4.2	4	3.8	3.6	1.2	1	0.8	0.6
3	经理	主任工程师	博士	1 700	3.8	3.6	3.4	3.2	1.2	1	0.8	0.6
4	副经理	高工	硕士	1 600	3.4	3.2	3	2.8	1.2	1	0.8	0.6
5	主任	工程师	硕士	1 500	3	2.8	2.6	2.4	1.2	1	0.8	0.6
6	副主任	一级助工	硕士	1 400	2.6	2.4	2.2	2	1.2	1	0.8	0.6
7	主管	二级助工	本科	1 300	2.2	2	1.8	1.6	1.2	1	0.8	0.6
8	专员	三级助工	本科	1 200	1.8	1.6	1.4	1.2	1.2	1	0.8	0.6
9	科员	技术员	大专	1 100	1.4	1.2	1	0.8	1.2	1	0.8	0.6

其他说明：

1）具有职称的专业技术人员如果从事管理岗位工作须按照管理职务序列给付工资。

2）非应届毕业生从事专业技术工作的，如果没有职称则在应届毕业生标准上适当上调一个等级。

2. 福利

公司技术人员与其他非技术人员享受同样的福利待遇，同时还能够享受如下福利：

（1）继续教育；

（2）专业技术培训。

【薪酬发放及调整】

1. 薪酬调整

公司每年 3 月 1 日统一调整薪酬等级，凡新取得职称或学历证书的必须在 2 月 15 日前上报人力资源部作为调整的依据。

2. 薪酬的支付

（1）每月××日前支付技术人员上月薪酬，如遇节假日提前至假前最后一个工作日支付。

（2）员工薪酬总额为扣除保险和个人所得税的最后数额。

编制人员		审核人员		批准人员	
编制日期		审核日期		批准日期	

7.4.5 技术人员价值取向型薪酬设计方案

方案名称	××公司技术人员价值取向型薪酬设计方案	编　　号	
		执行部门	

一、方案制订目的

××集团公司是一家以机械设备制造为主导产业，集科研、开发、生产、销售为一体的大型企业集团。现有从业人员××人，各类专业技术人员××名，资产总值××亿元，销售收入××亿元，下属不仅有生产企业，还有研究中心。

近年来，随着市场人才竞争日趋激烈，集团内部人才流失较为严重，特别是专业技术人才流失率更高。为有效控制专业技术人员流失，公司决定采用新的薪酬策略来吸引和留住高素质技术人才，为此特构建了一套价值取向型薪酬体系。

二、薪酬的构成

集团内部专业技术人员薪酬主要由基本工资、知识价值薪酬、岗位工资三部分组成。

1. 基本工资

基本工资是保障技术人员基本生活所需的工资。集团根据员工所处的职业时期不同，对基本工资进行如下划分：

正式员工：××××元/月；试用期员工：××××元/月；实习期员工：×××元/月

2. 知识价值薪酬

集团规定，专业技术人员的知识价值薪酬由学历价值、职称价值、科技成果价值、评优评先价值四个付酬因素确定，其具体的计算公式为：

知识价值薪酬＝学历价值 ＋ 职称价值 ＋ 科技成果价值 ＋ 评优评先价值

（1）学历价值

学历价值根据专业技术人员所拥有的学历按月计发不同的薪酬，计发标准为：

博士：×××元/月

硕士：×××元/月

本科：×××元/月

大专：×××元/月

中专及以下：×××元/月

(2) 职称价值

职称价值是按照每个专业技术人员所拥有的职称等级按月计发不同的薪酬，计发标准为：

高级工程师：×××元/月

副高级工程师：×××元/月

工程师：×××元/月

助理工程师：×××元/月

技术员：×××元/月

(3) 科技成果价值

科技成果价值是指两年内专业技术人员在企业的技术活动中所取得的成果价值，集团根据员工所取得的科技成果档次的不同分别给予员工不同的薪酬激励，一般实行当月的成果在当月薪酬中体现的原则，并给予支付。

科技成果的评判以国家相关机构评判为标准，如果据此不能够确定，则以本集团科技委员会的评定结果为准。

(4) 评优评先价值

评优评先价值是专业技术人员在年度专业技术职称考核和年度科技人员评先中，被评为优秀、良好及优秀科技工作者等称号后，在称号拥有期间内获得的薪资提升。其标准为：

国家优秀科技工作者：×××元/月

省级优秀科技工作者：×××元/月

市级优秀科技工作者：×××元/月

公司科技标兵：××元/月

年度考核优胜：××元/月

3. 岗位工资

岗位工资是按照不同的职务和不同的技术等级核定不同的月薪资档级，进而根据绩效考核的等级确定工资。其具体计算公式为：

岗位工资＝岗位等级工资×绩效系数

(1) 岗位等级工资

集团根据技术人员岗位等级不同，制定不同工资标准，见表1。

表1　技术人员岗位等级标准

级别	职务	技术等级	岗位基础工资
1	总经理		××××
2	副总		××××
3	经理		××××
4	副经理		××××
5	主任	技术一级	××××

续表

级别	职务	技术等级	岗位基础工资
6	副主任	技术二级	××××
7	主管	技术三级	×××
8	专员	技术四级	×××
9	办事员	技术五级	×××

（2）绩效系数

绩效系数根据绩效考核结果设定，集团将技术人员绩效考核结果划分为四个等级，见表 2。

表 2　　绩效系数标准

考核级别	考核分数	绩效系数
A 级	95 分以上	1.2
B 级	80～95 分	1.0
C 级	65～80 分	0.7
D 级	65 分以下	0

三、薪酬评定与核发

1. 薪酬评定

（1）专业技术人员如果晋升到管理岗位则按照管理岗位标准确定薪酬。

（2）每年×月 1 日统一对技术人员的薪酬进行调整。

2. 薪酬核发

每月××日前支付技术人员上月薪酬，如遇节假日提前至假前最后一个工作日支付。

编制人员		审核人员		批准人员	
编制日期		审核日期		批准日期	

7.4.6 手游开发团队薪酬体系设计方案

方案名称	××公司手游开发团队薪酬体系设计方案	编　　号	
		执行部门	

一、方案制订目的

为了完善公司的薪酬体系，更好地激励手游开发团队的工作，充分利用薪酬杠杆调节作用，调动员工潜能与工作热情，结合公司实际，特制订本方案。

二、方案适用范围

1. 本方案适用于本公司所有手游开发团队。

2. 手游开发团队包括手游开发经理、手游策划人员、程序开发人员、美术设计人员、动画师、手游测试员等岗位。

三、设计原则

1. 竞争性原则：整体收入位居市场行情中上游水平，具有较强的外部竞争力。

2. 公平性原则：制定严密的薪酬区分标准，并形成规范方案，避免人为因素主导薪酬区分。

3. 激励性原则：依据岗位性质合理调整薪酬结构，加大浮动收入比例，提高薪酬的激励效应。

4. 人性化原则：奖金、福利等元素要充分考虑员工多元化需要，尽量避免"一刀切"，体现"以人为本"的特点。

5. 动态性原则：公司整体薪酬结构以及薪酬水平要根据公司经营效益、同行业薪酬市场行情、宏观经济因素变化等因素适时调整，适应公司发展和公司人力资源开发的需要。

四、薪酬结构

手游开发团队的薪酬采用"基本工资＋技能工资＋激励薪酬＋福利"的薪酬结构。

五、基本工资设计

根据行业、地区及本公司的实际情况，手游开发团队员工的基本工资统一定为____元/月。

六、技能工资设计

1. 技能工资是由手游开发团队员工的能力和技术水平确定的。技能工资计算公式如下：

技能工资＝技能工资标准×岗位系数

2. 由人力资源部每年组织评定手游开发团队员工的技能等级，确定技能工资标准。技能等级根据手游开发所需胜任素质、技术能力、专业资质和开发经验及成果综合评定，具体评定方法参考公司相关制度。手游开发团队的技能工资标准见表1。

表1　　技能工资标准

技能等级	薪等	技能工资标准
初级	一等	____元
	二等	____元
	三等	____元

续表

技能等级	薪等	技能工资标准
中级	一等	____元
	二等	____元
	三等	____元
高级	一等	____元
	二等	____元
	三等	____元
资深级	一等	____元
	二等	____元
	三等	____元

3. 岗位系数计算

岗位系数由所在手游开发团队中的岗位角色决定，手游开发经理由于负有团队管理责任，岗位系数最高，程序开发人员次之；手游策划人员、美术设计人员、动画师岗位系数保持平级；测试员最低，具体见表 2。

表 2　　　　手游开发团队岗位系数

岗位	岗位系数
手游开发经理	____%
程序开发人员	____%
手游策划人员	____%
美术设计人员	
动画师	
手游测试员	____%

七、激励薪酬设计

手游开发团队的激励薪酬主要包括项目分红和股票期权两部分。

1. 项目分红设计

项目指的就是手游开发团队所开发的所有手游项目。手游开发团队的项目分红从手游上市盈利后的第二个月开始计提发放。

$$项目分红 = \sum(项目净利润 \times 分配系数 \times 难度系数)$$

其中，分配系数由手游开发团队各岗位的绩效考核结果确定，具体标准参见本公司手游开发团队绩效考核办法；难度系数由开发部设置标准，于手游开发项目立项时经公司审批确定执行。

2. 股票期权激励

手游开发经理且技能等级达到资深级，且在公司服务超过____年的，除项目分红外还享受股票期权激励，分配比重为__%，具体实施参照公司股票期权激励管理办法执行。

八、福利设计

公司手游开发团队享有以下福利。

1. 法定福利。
2. 交通补贴、餐饮补贴，执行公司统一标准。
3. 定期免费体检。
4. 每年一次____天的带薪休假/集体旅游。

九、薪酬发放与调整

1. 手游开发团队的薪酬除股票期权激励外均按月发放，发放时间与形式执行公司统一标准。
2. 手游开发团队的技能工资每年调整一次，于每年初由人力资源部进行技能等级评估考核后，统一审核调整。

编制人员		审核人员		批准人员	
编制日期		审核日期		批准日期	

第 8 章

薪酬调控

8.1 薪酬控制

8.1.1 薪酬分析

1. 薪酬均衡性分析

企业薪酬均衡性是个总括性的概念，它主要包括三个方面：外部均衡性、内部均衡性和个体均衡性。

外部均衡性主要是指企业的薪酬要有合理定位，并不是企业的薪酬水平在对应的市场上定位越高就越算是外部均衡，外部均衡是薪酬水平达到合理的市场定位；内部均衡性指的是每个岗位员工的工资与员工创造价值的比值均等，这里就牵涉到岗位测评的技术和方法；个体均衡性是指根据员工个人价值的差异而给予不同的报酬。

Compa 是一个通用的、有效的指标，用来审核和评估薪酬体系。它是一个相对的指标，表示薪酬数值与工资范围中点的关系程度。

Compa 指标可以应用于衡量薪酬体系的各个方面：外部竞争力、内部一致性和个体公平性，它是薪酬决策者一个有力的计划和控制工具。其相关内容见表 8—1。

表 8—1　Compa 指标相关说明

Compa 值	说明	可能出现的原因
Compa 值>1	薪酬非均衡地集中于高端区间，企业在薪资竞争力上是领先型的	1. 企业人工成本控制失调，总体成本过高 2. 按照现有的绩效考评体系，多数员工的绩效确实优秀 3. 最高薪酬由于某种特殊原因与一般员工薪酬差距较小
Compa 值=1	说明薪酬均衡	—
Compa 值<1	说明薪酬非均衡地集中于低端区间	1. 缺乏晋升通道或职业通道设计不合理，很多员工难以晋升到中高层 2. 企业整体薪酬水平过低，外部竞争力较弱 3. 按照现有的绩效考评体系，多数员工的绩效不高或者达不到设定的绩效目标 4. 极差范围太大，即最高薪酬远远高出一般水平，且高端人数较少，从而抬高了中点值

（1）薪酬竞争性分析

薪酬外部比对模型是参考市场价位指标来衡量企业在市场上的价位水平，从而评估企业薪酬的外部竞争力。通过该模型，可以调整并实施企业的薪酬政策。需要注意的是：由于调查样本的局限性以及薪酬本身的保密性，调查数据有一定的局限性。企业须在结合自身情况的分析上参考使用。

1）工资指导线

工资指导线中的基准线是对大多数生产发展正常、经济效益有所增长的企业适度增长职工工资的基本要求。工资指导线可用于薪酬增长幅度比对。

2）社会平均工资

对于企业而言，最有实践意义的是企业所在地区的社会平均工资标准，通过企业平均工资水平与所在地区的社会平均工资水平对比，可以看出企业的薪酬水平是否具有外部公平性和竞争力。由于社会平均工资的统计具有一定的局限性，加上各个行业与企业性质不同导致的薪酬水平的差距，因此社会平均工资只能作为企业衡量外部公平性和竞争性的一个参考因素。企业的工资水平低于社会平均工资并不能说明企业的薪酬不具竞争力，要结合企业所属行业的性质与企业自身的性质来进行综合分析判断。

3）分类在岗职工平均工资

由于该指标是分地区、分行业及分企业类型发布，所以对企业的参考性较好。企业通过与所在地区的平均工资、所在行业的平均工资、同类性质企业的平均工资对比，可以比较明显地看出企业薪酬的外部公平性与竞争性情况。

4）商业薪酬调查数据

企业可以根据自身需要向商业调查公司定制相应地区、行业、职位的薪酬数据，更有针对性。通过与薪酬调查数据的对比，企业薪酬外部公平性与竞争力的分析将更加有效。

（2）内部激励性分析

关于企业薪酬的内部激励性分析主要有以下两个指标和一个薪酬分布百分比饼图工具。

1）关键值指标

企业薪酬分析常用的关键值指标有：极大值（Max）、极小值（Min）、四分位数（Quartile）、极差。关键值指标是极端值以及位于25%、50%、75%位置的数据，通过关键值指标可以粗略把握薪酬整体水平。结合平均数等指标，将关键值指标与外部薪酬数据相比，可以判断该企业的市场价位。

极差，也称全距，是极大值（最高薪酬）与极小值（最低薪酬）的差，说明薪酬两个极端标志值的差异范围。它是反映薪酬幅度的一个重要指标。分析中应尽可能排除极端值过于偏离中心值的特殊情况，需结合其他指标才能全面反映薪酬的变异程度。薪酬差距须根据行业、地区和企业实际情况确定，大的差距能拉开薪酬激励幅度，增加薪酬晋升等级，增强薪酬激励效果，但是如果差距过大，也会严重影响薪酬内部公平性，耗散企业向心力。

2）离散趋势指标

离散趋势指标有：平均差（Average Deviation）、标准差（Standard Deviation）、方差（Variance）。离散趋势指标反映的是数据离散程度。离散趋势分析如图8—1所示。

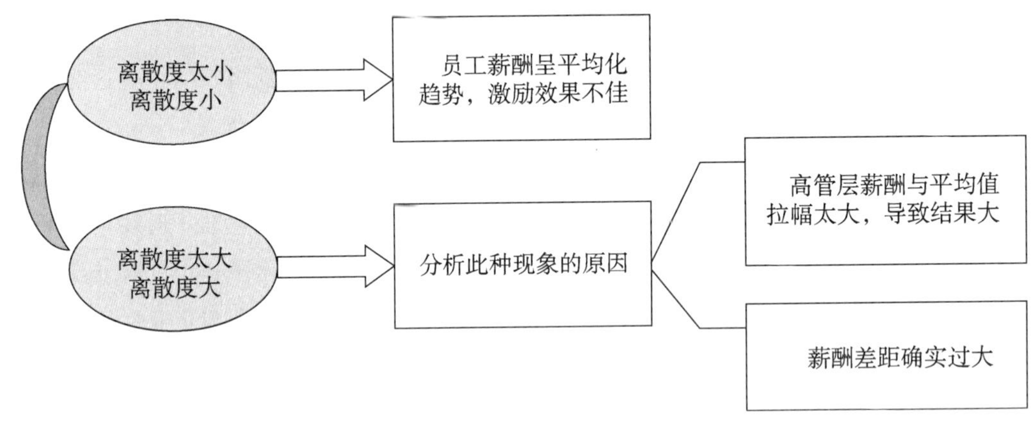

图8—1　离散趋势分析

3）薪酬分布百分比饼图

薪酬分布百分比饼图是在薪酬范围内按一定跨度划分若干薪酬区间，以分布在该区间的人数占总人数的百分比为数据绘制出薪酬分布百分比饼图。薪酬分布百分比饼图可以直观反映企业薪酬在各个区间的分布比重。

2. 薪酬增长分析

（1）工资指导线

工资指导线是政府对企业的工资分配进行规范与调控，使企业工资增长符合经济和社会发展要求，促进生产力发展的企业年度货币工资水平增长幅度的标准线。它包括工资增长基准线、上线和下线。基准线是指企业货币平均工资平均增长幅度，代表了一般的水平；工资增长上线也称为预警线，是指企业货币平均工资增长允许达到的最高幅度；下线是企业货币平均工资增长应达到的最低幅度，可以是零增长也可以是负增长。三种线适用于不同的企业（见图8—2）。

工资指导线可用于薪酬增长幅度比对，企业要结合自身的情况进行薪酬增速分析，看企业的薪酬增速是否合理。

（2）薪酬增长率

薪酬增长率是企业进行薪酬增长分析的一个重要指标，它与行业薪酬增长率、同性质企

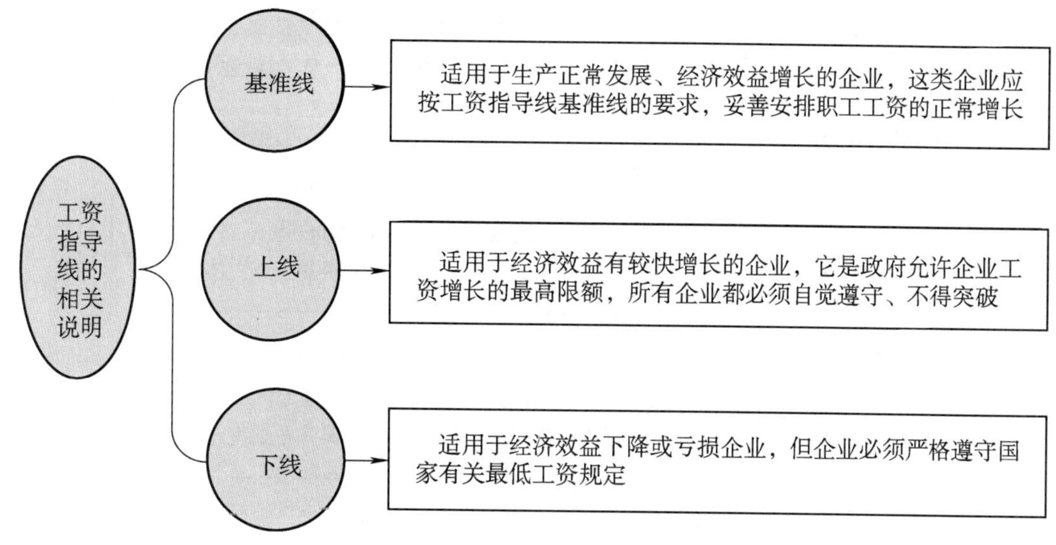

图 8—2　工资指导线及适用企业

业薪酬增长率及同地区企业薪酬增长率进行对比，再结合企业自身所处的发展阶段，分析得出企业的薪酬增长情况。

3. 薪酬合理性分析

企业在进行薪酬分析时可以从各个方面判断企业薪酬是否合理，例如薪酬等级是否合理、薪酬幅度是否合理、薪酬结构是否合理，而且分析的方法有多种，下面以薪酬排列线模型进行举例说明。

薪酬排列线是将企业所有薪酬数据点从低到高排列，以散点图或折线图方式绘制出的一条曲线。薪酬排列线可以直观反映企业全体员工整个薪酬走势，以及高低差距。因为预先对薪酬数据点进行了从低到高的排列，所以薪酬排列线的斜率只能是大于等于 0。通过分析曲线斜率，可以分析薪酬的走势、分布。

对于薪酬排列线的斜率说明如图 8—3 所示。

4. 人工成本分析

所谓人工成本是指企业在一定时期内生产经营和提供劳务活动中因使用劳动力所发生的各项直接和间接人工费用的总和。按现行企业财务会计制度，这些费用要纳入企业财务成本项目，所以称之为人工成本。企业人工成本包括：职工工资总额、社会保险费用、职工福利费用、职工教育经费、劳动保护费用、职工住房费用、工会经费和其他人工成本支出等。

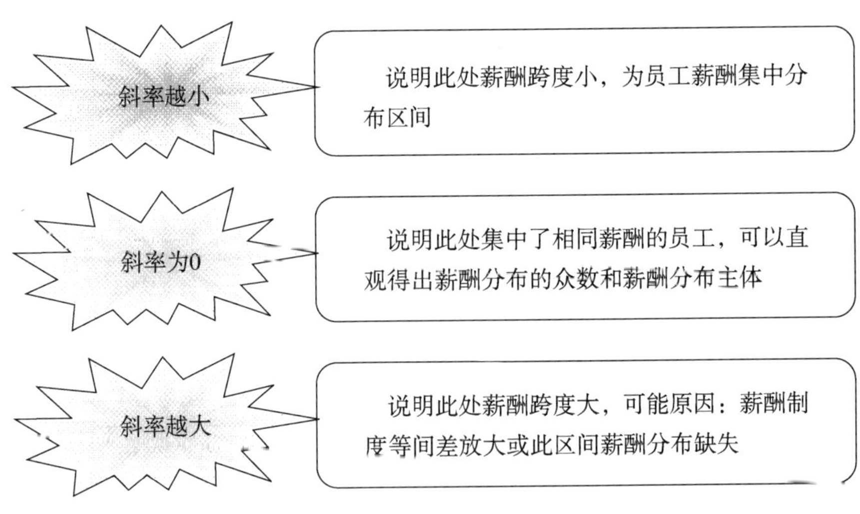

图 8—3 企业薪酬排列线斜率分析

企业人工成本分析常用的指标有以下三类：人工成本总量、人工成本结构、人工成本比率（见表 8—2）。

表 8—2 人工成本分析三类指标

指标类别	指标项	指标公式	指标说明
人工成本总量指标	人工成本总额	—	反映的是企业人工成本的总量水平
	人均人工成本	人均人工成本＝人工成本总额/职工人数	反映了企业职工薪酬福利水平，可以进行外部横向比较，是反映企业薪酬外部竞争力的重要指标
人工成本结构指标	人工成本某部分所占比重	报告期该部分数额/报告期人工成本总量×100%	反映各部分在人工成本中的结构的比例变化
人工成本比率指标	人工成本占总成本的比重	人工成本占总成本的比重＝（人工成本总额/总成本）×100%	比率型指标是相对数指标，有利于外部企业横向比较。但应该注意的是不同行业的企业之间，由于资本有机构成或劳动装备水平不同、增加值率和利润率不同，人工成本分析比率型指标存在明显差异
	劳动分配率	劳动分配率＝（人工成本总额/增加值）×100%	
	人事费用率	人事费用率＝（人工成本总额/销售收入）×100%	

8.1.2　薪酬评估

1. 薪酬预算

薪酬预算是管理者在薪酬管理过程中进行的一系列的薪酬成本开支方面的权衡和取舍。薪酬预算的目的在于实现薪酬总额的控制。薪酬预算的方法有两种：一种是自下而上法；一种是自上而下法。见表 8—3。

表 8—3　薪酬预算方法

方法	说明	优点	缺点
自下而上	预估企业每一位员工在未来一个时点的薪酬数字，计算出整个部门所需要的薪酬支出，然后汇总所有部门的预算数字，编制公司整体的薪酬预算	实际可行性高，部门经理只需要按照既定的原则计算出加薪的幅度和薪酬额，再汇总即可	不易控制人工成本
自上而下	先由公司高层决定公司整体的薪酬总额与加薪幅度，然后分解到每一个部门，确定各部门的薪酬总额，各部门根据部门薪酬总额与员工的特点再分解到每一个员工	能有效地控制人工成本	缺乏灵活性，总额确定时主观因素多，准确性不够，不利于调动员工的积极性

选择了合适的薪酬预算方法之后，还要着手制定一张薪酬预算表，以便于统计与分析。表 8—4 是一张较为典型的薪酬预算表范例。

表 8—4　薪酬预算

职位	姓名	工龄	最近一次调薪数目、日期	现在基本薪酬	工作表现	预算增薪	增薪后基本薪酬
总计							

2. 薪酬控制

当企业发现其薪酬成本过高，超过自身最大支付能力时，无疑要进行薪酬成本控制，其中最主要的是对薪酬费用总额的控制。

(1) 通过控制雇佣量进行薪酬控制

控制雇佣量不仅是控制员工数量，也是控制工时数量。相关内容如图 8—4 所示。

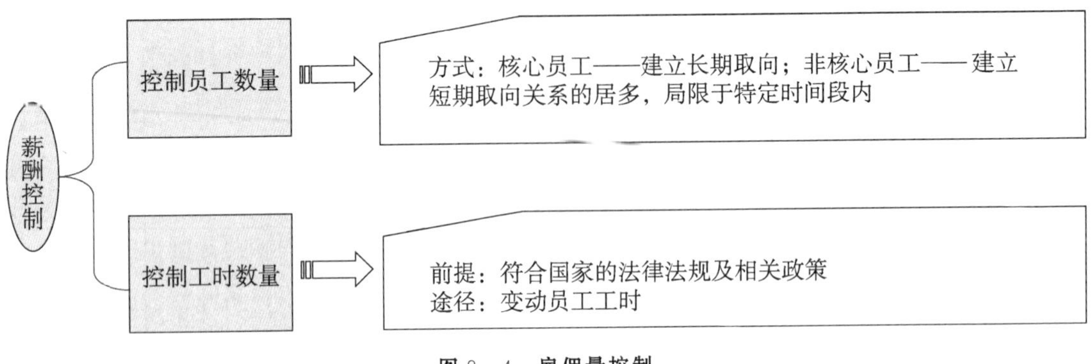

图 8—4 雇佣量控制

(2) 通过薪酬水平和薪酬结构进行薪酬控制

薪酬水平是具有刚性的，直接降薪会引起员工的极大反感，挫伤员工的积极性，甚至会引起人才流失。因此直接的薪酬降薪在企业是不大常用的，企业采用的是薪酬冻结、延缓提薪、控制间接薪酬支出等方式。薪酬冻结是让员工的薪酬在一段时间内保持不变。薪酬结构的控制是控制可变薪酬部分，以达到企业对薪酬控制的目的。通过薪酬水平和薪酬结构进行的薪酬控制见表 8—5。

表 8—5 通过薪酬水平和薪酬结构进行薪酬控制说明

控制类型	控制方法	说明
薪酬水平	薪酬冻结	暂时的薪酬冻结能稳定员工情绪，增加企业实力，节省下来的资金可用于企业再生产或者开辟新的销售渠道，可用于短期的薪酬控制
	延缓提薪	延缓提薪是应该提薪的员工，暂时推迟一段时间，等企业经济效益好转之时再提，使用此种方法的前提是与员工事先进行良好的沟通
	控制间接薪酬支出	适当压缩企业在薪酬福利方面的开支，可以避免强行降薪带来的不利影响
薪酬结构	—	前提是企业薪酬构成既有基本薪酬也有可变薪酬。可变薪酬对于基本薪酬所占的比例越大，企业薪酬总额的成本变化余地越大，管理者进行薪酬控制的余地也越大

（3）通过薪酬技术进行潜在的薪酬控制

企业可以利用工作评价、薪酬调查、薪酬结构、薪酬宽带、最高最低薪酬水平控制、成本分析、薪酬比例比较等薪酬技术手段，来促进或改善薪酬成本控制。

8.2　薪酬调整

薪酬调整是指公司薪酬体系运行一段时间后，随着企业发展战略以及人力资源战略的变化，现行的薪酬体系可能不适应本企业发展的需要，这时对本企业薪酬管理做出系统的诊断，确定新的薪酬策略，同时对薪酬体系做出更为切实的调整措施。

薪酬调整是保持薪酬动态平衡、实现组织薪酬目标的重要手段，也是薪酬管理的日常工作。薪酬调整包括薪酬水平调整、薪酬结构调整和薪酬要素组合调整三个方面。

8.2.1　薪酬水平调整

薪酬水平调整，是指薪酬结构、等级要素、构成要素等不变，调整薪酬结构上每一等级或每一要素的数额。

1. 影响薪酬水平调整的因素

（1）同行业外部市场薪酬水平。主要是参考市场薪酬率的变动，以适应企业外部竞争力的需要。

（2）绩效。为了鼓励绩效较好的员工，企业会对部分绩效良好的员工的薪酬水平进行调整。

（3）员工工作能力。对公司认可的与工作相关的能力也会给员工带来调薪的机会，例如，为了满足对一些急需专业技能的需求，企业会在岗位和职务上发生变动的情况下，给具有这些特殊技能的员工提高薪酬待遇。

（4）工作岗位。在对岗位重新进行评估时，将其归入相应的薪酬等级或者对于岗位发生变化的员工，其薪酬也要与员工的职位结合起来。

（5）工龄。主要对在企业工作已有一段时间的员工进行工龄工资调整。

2. 薪酬水平调整的类型

薪酬水平调整包括薪酬整体调整、薪酬部分调整以及薪酬个人调整三种类型。这三种类型的调整如图8—5所示。

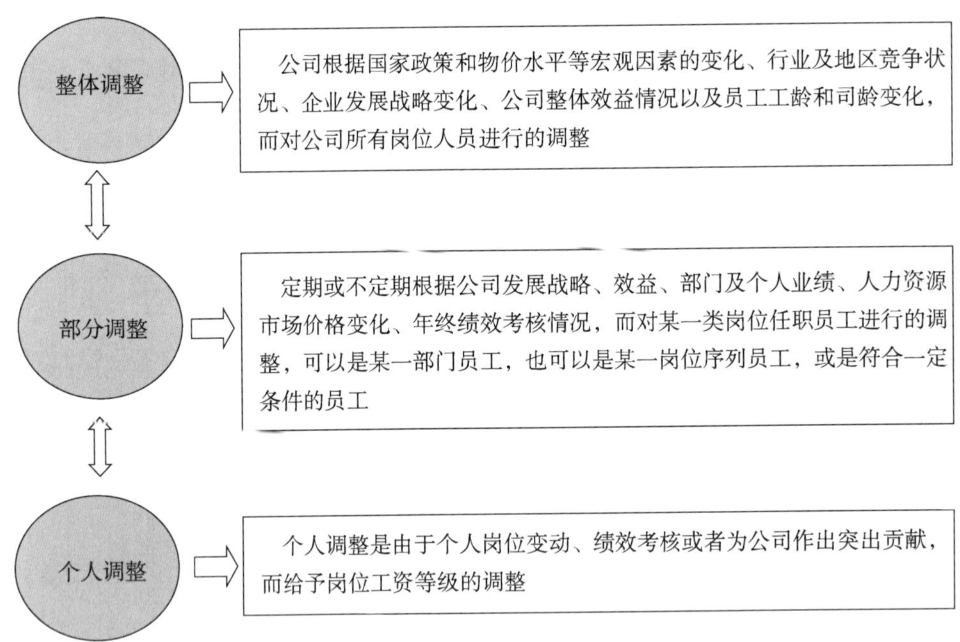

图 8—5　**薪酬水平调整类型**

其中，薪酬整体调整就是整体调高或调低所有岗位和任职者薪酬水平，调整方式一般有以下几种：等比调整、等额调整、综合调整。它们的含义及适用情况见表 8—6。

表 8—6　薪酬整体调整方式

调整方式	方式说明	适用情况
等比调整	所有员工都在原工资基础上增长或降低同一百分比	外部竞争性调整 公司效益调整
等额调整	不管员工原有工资高低，一律给予等幅调整	物价上涨因素调整 工龄（司龄）因素调整
综合调整	综合调整考虑了等比例调整和等额调整的优点，同一职等岗位调整幅度相同，不同职等岗位调整幅度不同，一般情况下，高职等岗位调整幅度大，低职等岗位调整幅度小	外部竞争性调整 公司效益调整

8.2.2　薪酬结构调整

薪酬体系运行过程中，随着公司发展战略的变化，组织结构应随着战略变化而调整，尤其是在组织结构扁平化的趋势下，公司的职务等级数量会大大减少；另外，由于受到劳动力市场供求变化的影响，公司不同层级、不同岗位薪酬差距可能发生变化，这些都会对薪酬结构的调整提出要求。

薪酬结构的调整包括纵向结构调整和横向结构调整两个方面。纵向结构是指薪酬的等级结构，横向结构是指各薪酬要素的组合。

1. 薪酬等级调整的内容

企业定期对企业内部员工的薪酬结构进行调整。主要从工资标准和薪酬等级两个方面进行。

（1）对某一薪酬等级的人员的调整，例如，在薪酬总额不变的情况下，对高、中、低不同层次的人员进行缩减或增加。

（2）对整体薪酬水平的调整，例如，对薪酬等级线、薪酬级差进行调整。

2. 薪酬等级的调整方法

（1）增加薪酬等级

增加薪酬等级的主要目的是为了细化岗位之间的差别，从而更加明确岗位和职位付薪原则。它比较适用于规范化的制造业、加工业和机械化程度较高的大型企业。

（2）减少薪酬等级

减少薪酬等级就是将等级结构“宽波段化”。所谓宽波段化，就是将薪酬等级线延长；减少薪酬类别，由原来的十几个减少至三五个，使得每种薪酬类别包含更多的薪酬等级和薪酬标准，使各薪酬类别之间的薪酬支付标准有一定的交叉和重叠的部分。

（3）调整不同等级的人员规模和比例

它是指企业可以在薪酬等级结构不变的前提下，定期对每个等级的人员数量进行调整，即调整不同薪酬等级的人员规模和比例进行薪资调整。

（4）调整薪酬标准和薪酬率

这种调整主要适用于绩效薪酬制和弹性薪酬制的企业，以便企业在员工收入分配上具有更大的灵活性。

通过调整薪酬水平和薪酬结构，让企业的薪酬管理“动”起来，不仅有助于增强企业薪酬的外部竞争力，有效地吸引和保留人才；还有助于实现企业薪酬的内部公平，有效地激励员工。

3. 薪酬标准档次的调整

薪酬标准档次的调整主要包括“技变”晋档、“学变”晋档、“龄变”晋档、“考核”晋档四种，具体如图 8—6 所示。

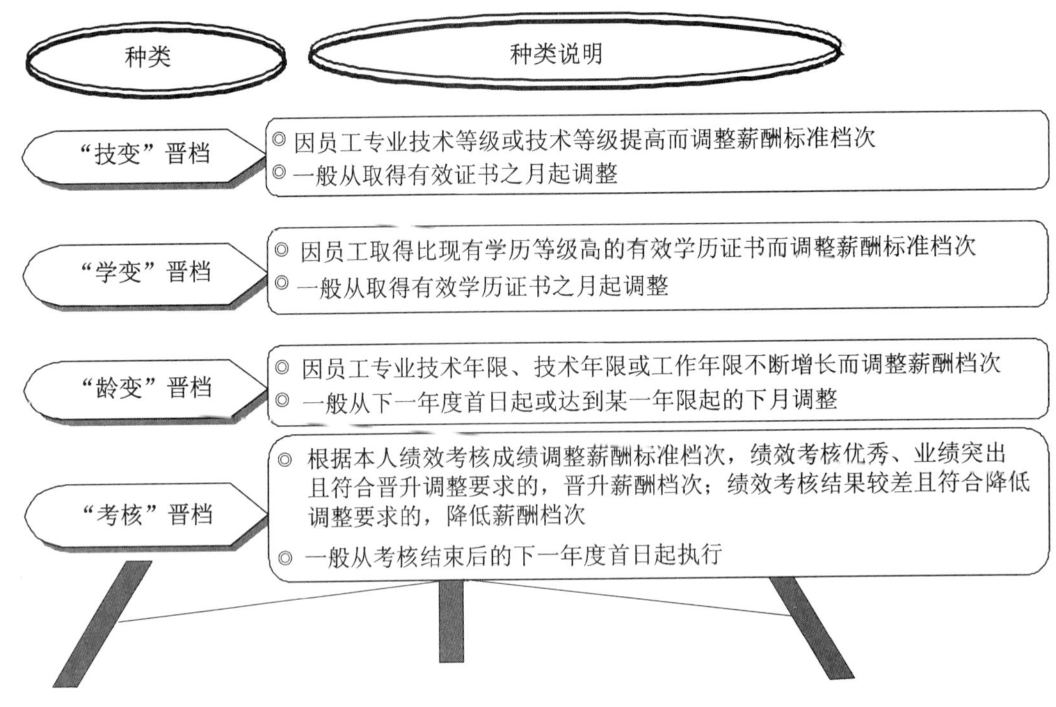

图 8—6　薪酬标准档次的调整种类

8.2.3　薪酬要素组合调整

在薪酬构成的不同部分中，不同的薪酬要素分别起着不同的作用，其中，基本薪酬和福利薪酬主要承担适应劳动力市场外部竞争力的功能；而浮动薪酬则主要通过薪酬内部的一致性达到降低成本与刺激员工努力提高业绩的目的。

薪酬要素组合调整重点在于是否增加新的薪酬要素。

1. 薪酬要素组合调整方式

（1）在薪酬水平不变的情况下，重新配置固定薪酬与浮动薪酬之间的比例。

（2）通过薪酬水平变动的机会，增加某一部分薪酬比例。

2. 薪酬要素组合调整方法

（1）加大员工薪酬中奖金和激励薪酬的比例，拉大绩优员工与其他员工之间的薪酬差距。

（2）采取风险薪酬方式，即让员工的薪酬部分处于变动中，使员工的稳定收入比重缩小，不稳定收入比重增加。

(3) 将以工作量为基础的付薪机制转变为以技能和绩效为主的付薪机制，报酬向高技能、高绩效员工倾斜。

根据宏观经济形势、市场行情及企业自身的情况（包括企业规模、企业发展阶段、企业战略目标、企业性质等因素），结合薪酬预算与薪酬分析，企业调整薪酬要素组合，使得调整后的薪酬要素组合可以降低企业薪酬费用，同时又具有竞争力。